体育教学方法与模式创新

刘桂敏 管 涛 薛玉行 ◎ 著

光明日报出版社

图书在版编目（CIP）数据

体育教学方法与模式创新 / 刘桂敏，管涛，薛玉行著. -- 北京：光明日报出版社，2024.8. -- ISBN 978-7-5194-8166-7

Ⅰ.G807.01

中国国家版本馆CIP数据核字第20249C6G46号

体育教学方法与模式创新
TIYU JIAOXUE FANGFA YU MOSHI CHUANGXIN

著　　者：刘桂敏　管　涛　薛玉行	
责任编辑：周文岚	责任校对：张　丽
封面设计：研杰星空	责任印制：曹　诤

出版发行：光明日报出版社
地　　址：北京市西城区永安路 106 号，100050
电　　话：010-63169890（咨询），010-63131930（邮购）
传　　真：010-63131930
网　　址：http://book.gmw.cn
E - mail：gmrbcbs@gmw.cn
法律顾问：北京市兰台律师事务所龚柳方律师

印　　刷：北京佳益兴彩印有限公司
装　　订：北京佳益兴彩印有限公司
本书如有破损、缺页、装订错误，请与本社联系调换，电话：010-63131930

开　　本：170mm×240mm　　　　印　张：18
字　　数：300 千字
版　　次：2024 年 8 月第 1 版
印　　次：2024 年 8 月第 1 次印刷
书　　号：ISBN 978-7-5194-8166-7

定　　价：86.00 元

版权所有　翻印必究

前　言

　　发展体育事业是实现中国梦的重要内容。体育更是培养人们坚忍意志、团队合作精神和竞争意识的重要途径。随着社会的飞速发展和生活水平的日益提高，大众对体育的认识也在不断深化。体育教学作为这一过程中的关键环节，其意义和价值越发凸显。体育教学在中学阶段与大学阶段的方法与模式创新尤其重要。

　　体育教学的意义不仅仅在于技能的传授和身体的锻炼，更在于对体育精神的传承。本书第一章详细探讨了体育教学的意义，指出体育教学不仅关乎个体的全面发展，也是社会文化传承的重要载体。体育教学的文化价值，不仅体现在对学生身体健康的促进，更在于其能够培养学生坚韧不拔的意志、团结合作的团队精神和勇于进取的拼搏精神。这些精神品质，正是社会文化的重要组成部分，也是中华民族繁荣发展不可或缺的精神支柱。

　　体育教学的目标设定，是指导教学实践的重要指南。在本书中，笔者强调了体育教学的多元目标，包括技能掌握、身体健康、心理健康和社会适应等方面。这些目标的设定，旨在促进中学与高校学生的全面发展，使他们在体育教学中不仅能够强身健体，更能够培养健全的人格和良好的社会适应能力。

　　心理学和教育学是体育教学的重要理论基础。在第二章，笔者深入剖析了体育教学与心理发展的密切关系，探讨了教育学原理在中学体育教学中的应用。笔者认为，体育教学应遵循学生的心理发展规律，注重培养学生的自主学习能力和合作精神，激发他们的学习兴趣和动机，从而实现体育教学的最优化。

　　中学体育教学作为整个体育教学体系中的重要一环，其现状与挑战不容忽视。在第三章，笔者详细分析了中学体育教学的特点、存在的问题以及中学生身心发展与体育教学需求之间的关系。针对这些问题提出了一系列的改进建议，以期为提高中学体育教学的质量和效果提供有益的参考。

游戏化教学法、多元智能理论、心理健康教育等前沿理念和方法在体育教学中的应用，是本书的重点内容之一。在第四章至第六章，本书分别介绍了这些理念和方法在中学体育教学中的具体应用和实践案例。希望通过这些内容的阐述，能够为广大体育教师提供一些新的教学思路和手段，激发他们的教学创新精神，提高体育教学的趣味性和实效性。

高校体育教学作为培养高素质人才的重要环节，其特点与发展方向同样值得我们深入探讨。在第七章，本书详细分析了高校体育教学的独特性、发展趋势以及大学生身心发展与体育教学需求之间的关系。笔者认为，高校体育教学应注重培养学生的终身体育意识和能力，加强体育与健康教育的融合，推动体育教学的创新与发展。

混合式教学法、翻转课堂模式、慕课与微课教学模式以及自主学习与合作学习模式等前沿教学方法在高校体育教学中的应用，是本书的又一重点内容。在第八章至第十一章，本书分别对这些教学方法在高校体育教学中的具体应用和实践案例进行了深入剖析。希望通过这些内容的介绍，能够为高校体育教学提供一些新的教学模式和手段，推动高校体育教学的改革与创新。

最后，本书着重探讨了通过体育教学培养大学生的创新能力这一重要议题。我们认为，体育教学不仅能够锻炼学生的身体，更能够激发他们的创新意识和创造能力。通过高校体育教学培养大学生的创新能力，不仅有助于提升他们的综合素质和竞争力，更有助于推动社会的进步和发展。

《体育教学方法与模式创新》由沈阳市第九十一中学刘桂敏、石家庄铁道大学四方学院管涛、中国民航大学薛玉行共同撰写完成。具体分工如下：著者刘桂敏负责第三章、第四章、第五章及第六章的内容撰写，共计10万字；著者管涛负责第九章、第十章、第十一章及第十二章的内容撰写，共计10万字；著者薛玉行负责第一章、第二章、第七章及第八章的内容撰写，共计10万字。

在撰写本书的过程中，笔者深刻认识到了体育教学的复杂性和多样性。每一种教学方法和理念都有其独特的适用范围和实施条件，需要广大体育教育工作者根据实际情况进行灵活选择和运用。同时，笔者也意识到体育教学的发展是一个长期而持续的过程，需要我们不断地探索和实践，总结经验和教训，以推动体育教学事业的不断进步与发展。

目　录

第一章　体育教学的意义与目标 …………………………………… 1
第一节　体育教学的意义 ……………………………………… 1
第二节　体育教学的文化价值 ………………………………… 8
第三节　体育教学的目标设定 ………………………………… 13

第二章　体育教学的心理学与教育学基础 …………………………… 24
第一节　体育教学与学生心理发展的关系 …………………… 24
第二节　教育学原理在中学体育教学中的应用 ……………… 31

第三章　中学体育教学的现状与挑战 ………………………………… 40
第一节　中学体育教学的特点 ………………………………… 40
第二节　中学体育教学存在的问题 …………………………… 46
第三节　中学生身心发展与体育教学需求 …………………… 51

第四章　游戏化教学法在中学体育的应用 …………………………… 57
第一节　游戏化教学法的原理 ………………………………… 57
第二节　游戏化教学法在中学体育的实施 …………………… 63
第三节　中学体育课堂中的游戏化教学法案例 ……………… 68

第五章　多元智能理论在中学体育的应用 …………………………… 73
第一节　多元智能理论的概述 ………………………………… 73
第二节　多元智能理论在中学体育的应用价值 ……………… 75
第三节　基于多元智能的体育课程设计理念 ………………… 81
第四节　基于多元智能的中学体育课程实施策略 …………… 88

· I ·

第五节　基于多元智能的中学体育教学效果评估与反馈 …………… 95

第六章　心理健康教育与中学体育教学的融合……………………104
　　第一节　心理健康教育的重要性 …………………………… 104
　　第二节　心理健康教育在中学体育教学中的作用机制 ……… 110
　　第三节　融合心理健康教育的中学体育教学策略设计 ……… 114
　　第四节　心理健康教育在中学体育教学中的实践案例 ……… 120
　　第五节　融合心理健康教育的中学体育教学效果评估与改进建议 …… 126

第七章　高校体育教学的特点与发展方向……………………………132
　　第一节　高校体育教学的独特性 …………………………… 132
　　第二节　高校体育教学的发展趋势 ………………………… 138
　　第三节　大学生身心发展与体育教学需求的关联 …………… 145
　　第四节　高校体育教学的创新与挑战 ……………………… 149
　　第五节　未来高校体育教学的发展方向 …………………… 153

第八章　混合式教学法在高校体育教学中的应用……………………159
　　第一节　混合式教学法的基本原理 ………………………… 159
　　第二节　高校体育混合式教学法的设计与实施 ……………… 164
　　第三节　混合式教学法在高校体育教学中的实践案例 ……… 173
　　第四节　混合式教学法的效果评估与反馈 ………………… 177
　　第五节　混合式教学法在高校体育中的发展前景 …………… 183

第九章　翻转课堂模式在高校体育教学中的应用……………………189
　　第一节　翻转课堂的教学理念 ……………………………… 189
　　第二节　翻转课堂模式在高校体育教学中的应用 …………… 194
　　第三节　高校体育翻转课堂的教学案例 …………………… 200
　　第四节　翻转课堂在高校体育教学中的应用效果评估 ……… 205
　　第五节　翻转课堂在高校体育教学中的发展 ………………… 209

第十章　慕课与微课在高校体育教学中的应用　215

　第一节　慕课与微课概述　215

　第二节　慕课与微课在高校体育教学中的应用策略　219

　第三节　高校体育教学中慕课与微课的实践应用案例　225

　第四节　慕课与微课在高校体育教学中的应用效果评估　228

　第五节　慕课与微课在高校体育教学中的发展　232

第十一章　自主学习与合作学习在高校体育教学中的应用　239

　第一节　自主学习的理念与培养策略　239

　第二节　高校体育教学中合作学习的模式与实践经验　246

　第三节　自主学习与合作学习在高校体育教学中的结合运用　251

　第四节　高校体育教学中实施自主学习与合作学习的挑战与对策　255

　第五节　体育教学中自主学习与合作学习的实施效果评估与改进　260

第十二章　如何在体育教学中培养大学生的创新能力　264

　第一节　创新能力的定义与重要性　264

　第二节　高校体育教学与创新能力培养的关联与策略　266

　第三节　体育教学中培养大学生创新能力的实践案例与效果评估　269

　第四节　体育教学中培养大学生创新能力的挑战与对策　271

参考文献　276

第一章 体育教学的意义与目标

第一节 体育教学的意义

一、促进学生身体健康发展

（一）增强学生体质，提高身体机能

1. 为体质增强打好基础

在体育教学中，学生通过参与各种体育活动，如田径、篮球、游泳等，能够有效地提升自身体质。体育锻炼对学生骨骼、肌肉、心肺功能等多方面都有显著的增强作用。特别是在学生的青春期，适当的体育锻炼能够促进学生身体的正常发育，增强身体各系统的功能，为学生的健康成长奠定坚实的基础。

例如，长跑和游泳等有氧运动能够增强学生的心肺功能，加快血液循环，使得学生在进行日常活动时更加轻松自如。而力量训练，如举重、俯卧撑等，可以增强学生肌肉的力量和耐力，让学生拥有更加强健的体魄。

2. 促进身体机能的提升与全面协调发展

身体机能是指人体各器官系统的功能状态和工作能力。体育教学通过各种运动项目的训练，能够全面提升学生的身体机能。不同的运动项目能有效提升相应的身体机能，提升速度、力量、柔韧性、协调性等。通过多样化的体育教学，学生可以全面提升身体素质，提高身体各项机能水平。

在体育教学中，教师可以通过设计不同的教学内容，采取不同的训练方法，有针对性地提升学生的身体机能。例如，通过短跑、跳远等项目的训练，可以提高学生的速度和爆发力；通过拉伸、瑜伽等项目的练习，可以增强学生身体的柔韧性和协调性。这些训练不仅能够改善学生的身体机能，还能够增强他们的运动表现和自信心。

3.培养终身体育意识

体育教学不仅是锻炼身体的过程，更是健康生活方式的培养过程。在体育课上，教师可以通过引导学生参与体育活动，帮助他们建立起健康的生活习惯。学生需要遵守课堂纪律和运动规则，尊重对手和裁判，这些行为习惯的养成也有助于他们在日常生活中形成良好的道德品质和高度的社会责任感。

更重要的是，通过体育教学，可以培养学生终身体育的意识。他们会在运动中找到乐趣，认识到体育锻炼对身体健康的重要性，从而在日常生活中更加注重身体锻炼，养成坚持运动的好习惯。这种终身体育的意识对于学生的身体健康和全面发展具有重要意义。

（二）预防疾病，提升学生抵抗力

1.体育锻炼与疾病预防

现代社会的生活方式让很多人养成了久坐不动的习惯，而长时间的久坐和缺乏运动是导致许多慢性疾病的重要因素，运动可以促进血液循环，增强心肺功能，提高身体免疫力，从而降低患病风险。体育教学通过引导学生进行适当的体育锻炼，可以有效地预防疾病。特别是对于青少年学生来说，他们正处于生长发育的关键时期，适当的体育锻炼对于预防近视、肥胖等常见健康问题具有显著效果。体育教学可以帮助学生养成健康的生活习惯和运动习惯，从而降低疾病的发生率。

2.增进整体健康水平

体育教学的目标不仅仅是增强学生的体质和预防疾病，更重要的是通过体育锻炼，通过多样化的运动项目和训练方法来全面提升学生的整体健康水平，包括身体健康、心理健康和社会适应能力等多方面。例如，团体运动项目可以培养学生的团队合作精神和人际交往能力，挑战性强的运动项目可以锻炼学生的意志力和心理素质，户外运动项目可以让学生接触自然、放松心情、缓解学习压力。这些不同类型的运动项目都可以为学生的整体健康水平提升做出贡献。

3.培养健康意识

除了直接的体育锻炼效果，体育教学还能够帮助学生认识到健康的重要性，并教会他们通过合理的饮食和锻炼来维护自己的身体健康。教师可以通过讲解健康知识、演示正确的运动方式和方法、分享健康的生活方式等途径来培养学生的健康意识。当学生意识到健康的重要性并学会正确维护自己的身体健康时，他们就会在日常生活中更加注重身体锻炼和合理饮食，从而形成健康的生活习惯和生活方式。这种健康意识将伴随学生一生，为他们的身体健康和全面发展提供有力的保障。

二、培养运动技能与运动习惯

（一）教授基本运动技能和专项技术

1. 基本运动技能的重要性

体育教学首先着眼于教授学生基本运动技能。这些技能如跑、跳、投等，构成了所有体育运动的基础。它们不仅对于提高学生的运动能力至关重要，还是学生日常生活中所必需的基本身体能力。例如，跑步是人们日常生活中最常进行的运动形式之一，对于提高心肺功能、增强体质具有重要作用。跳跃和投掷技能则在学生的游戏和日常活动中频繁出现，掌握这些技能可以让他们更加自如地进行各种活动。

基本运动技能的掌握也是学生学习更复杂运动技能的基础。只有在熟练掌握基本技能的基础上，学生才能更进一步地学习各种专项技术，提高自己的运动水平。

2. 专项技术的教授与提升

除了基本运动技能，体育教学还会根据学生的兴趣和特长，教授一些专项技术，包括但不限于篮球、足球、乒乓球等，帮助学生更深入地了解某项运动的规则和技巧，提升自己的运动水平。

专项技术的教授通常会更注重技术的细节和精准度。例如，在篮球教学中，教师会指导学生如何正确握球、传球、投篮等。在足球教学中，教师会教授学生如何控球、传球、射门等。这些专项技术的掌握不仅能够提升学生的运动表现，还能增强他们的自信心和成就感。

更重要的是，通过学习专项技术，学生可以找到自己真正热爱的运动项目，并将这项运动融入日常生活，形成长期的运动习惯。这种对运动的热爱和坚持，对学生的身心健康和全面发展具有深远影响。

3. 技能学习与个人发展

体育教学的技能学习过程，实际上也是学生个人成长和发展的过程。学习期间，学生需要不断尝试、练习、反思和改进。这个过程不仅锻炼了学生的身体，还培养了他们的耐心、毅力和团队合作精神。

同时，运动技能的掌握也为学生提供了更多展示自己的机会。在各种体育竞赛和活动中，学生可以通过展示自己的运动技能来获得认可和成就感，进一步激励学生坚持运动，形成良性循环。

（二）培养定期参与体育活动的习惯

1. 体验运动的乐趣与益处

体育教学的核心目标之一是让学生通过亲身体验，感受到运动带来的乐趣和益处。只有当学生真正喜欢运动，认识到运动对身心健康的重要性，他们才会愿意主动参与到体育活动中去。

为了达成这一目标，教师需要运用多样化的教学方法和手段来激发学生的学习兴趣。例如，通过设置有趣的游戏和竞赛，让学生在轻松愉快的氛围中学习并掌握运动技能。同时，教师还可以通过分享自己的运动经验和故事，来激励学生积极参与到体育活动中去。

2. 培养定期参与的习惯

通过体育课上的学习和锻炼，学生不仅能够掌握运动技能，还能逐渐养成定期参与体育活动的习惯，这对学生的身体健康和全面发展具有重要意义。

定期参与体育活动可以帮助学生维持良好的身体状态，帮助学生释放压力、增强自信心和团队协作能力。

3. 丰富课余生活与提高生活质量

养成定期参与体育活动的习惯不仅能促进学生的身体健康发展，还能丰富他们的课余生活，提高他们的生活质量。在课余时间，学生可以选择自己喜欢的运动项目进行锻炼，这不仅能让他们保持身体健康，还能让他们结交更多志同道合的朋友，拓展社交圈子。

同时，定期参与体育活动能帮助学生形成良好的生活规律。他们会更加注重自己的身体健康和心理健康，从而更加注重生活质量，形成积极的生活态度和健康的生活方式。

三、提升心理素质和社会适应能力

（一）通过体育活动培养学生坚韧不拔的意志

1. 助力学生勇敢面对困难与挑战

在体育教学过程中，学生经常需要面对各种身体和心理上的挑战。例如，在长跑练习中，学生可能会经历体力透支、腿部肌肉酸痛等困难；在球类竞技中，他们可能会遇到技术瓶颈、比赛失利等挑战。这些困难和挑战为学生提供了锻炼和提升自己心理素质的机会。

通过不断面对和克服这些困难，学生可以逐渐培养坚韧不拔的意志，学会在逆境中保持冷静，不放弃任何一个机会，努力追求自己的目标。这种心理素质的提升，使学生在面对未来生活中的各种挑战时能够更加从容和坚定。

2. 培养勇往直前的精神

应对体育活动中的困难和挑战，也为学生提供了培养勇往直前精神的机会。这不仅能够帮助学生在体育活动中取得更好的成绩，还能够激励他们在生活中积极面对各种问题和挑战。

通过体育教学中的锻炼，学生可以逐渐培养出一种积极向上的生活态度。他们会更加珍惜每一次挑战和机会，勇于用自己的实际行动去证明自己的能力和价值。这种勇往直前的精神，将成为学生未来生活和事业发展的强大动力。

3. 促进心灵的磨砺与成长

体育教学不仅是促进学生身体锻炼的过程，更是促进他们心灵磨砺和成长的过程。在体育活动中，学生需要不断地调整自己的心态和情绪，以适应各种变化和挑战。这种心灵的磨砺和成长，使学生在面对生活中的挫折和困难时，能够更加坚强和乐观。

通过体育教学的锻炼，学生可以逐渐培养出一种健康、积极、向上的心态。这种心灵的磨砺和成长，将成为学生人生旅途中宝贵的财富。

（二）增进团队合作精神，提高人际交往能力

1. 强化团队合作中的沟通与协作

在体育教学的团队活动中，如篮球比赛、足球比赛等，学生需要与队友进行频繁的沟通和协作。这不仅关系到比赛的胜负，更能够锻炼学生的团队合作精神和人际交往能力。

在团队合作中，学生需要学会倾听他人的意见和建议，尊重他人的想法和选择。同时，他们也需要表达自己的观点和想法，争取得到队友的支持和理解。在沟通和协作的过程中，学生能够逐渐增进彼此之间的了解和信任，形成更加紧密的团队关系。

2. 提高人际交往能力

体育教学中的团队合作活动，也为学生提供了提高人际交往能力的机会。在团队中，学生需要与不同性格、不同背景的队友进行交流和合作。这种交往过程能够使学生更加了解人性，增强同理心，学会一些人际交往的重要技巧。

与人沟通和交往的艺术在当今社会尤为重要，因为它关系到个人的职业发展、人际关系的和谐以及社会的稳定与进步。

3. 培养集体主义精神

通过体育教学中的团队合作活动，学生还能够培养集体主义精神。他们会逐渐认识到个人与团队之间的关系是相互依存、相互促进的。他们在追求个人目标的同时，也会更加注重团队的利益和目标。这种集体主义精神不仅能够增强学生的团队归属感和荣誉感，还能够促进他们在未来生活和事业中更好地融入集体、发挥个人价值。

四、塑造健全人格

（一）培养公平竞争意识和胜不骄、败不馁的心态

1. 公平竞争意识的培养

体育教学，尤其是各种体育竞赛活动，为学生提供了一个培养公平竞争意识的绝佳平台。在这些活动中，每个学生都有机会展示自己的才能和技能，但同时也必须遵守比赛规则，尊重对手。通过参与这些活动，学生能够深刻意识到公平

竞争的重要性，并逐渐形成公平竞争的意识。

公平竞争意识的培养，不仅有助于学生在体育竞赛中保持公正、诚信的态度，更重要的是，这种意识会渗透到他们的日常生活中，使他们在面对各种社会竞争时，也能够坚守公平竞争的原则，不走歪路、不投机取巧。

2.胜不骄、败不馁心态的塑造

体育竞赛的结果往往受到多种因素的影响，有时参赛者即使付出了巨大努力，也可能无法获得预期的胜利。因此，体育教学需要引导学生学会接受失败，尤其要学会如何在失败后保持积极的心态，不气馁、不放弃。

通过体育教学的引导，学生能够逐渐形成一种胜不骄、败不馁的心态。无论是面对学业还是未来的职业生涯，他们都能够以平和的心态面对成功与失败，不因一时的得失而影响自己的信心和决心。

3.正确价值观的形成

公平竞争意识的培养和胜不骄、败不馁心态的塑造，都有助于学生形成正确的价值观。在体育竞赛中，学生需要遵守规则，尊重对手和裁判的判决。这种公平竞争的精神会渗透到他们的日常生活中去，使他们在面对各种社会竞争时能够保持公正、诚信的态度。

同时，通过体育教学中的团队合作和集体活动，学生还能够学会关心他人、帮助他人，形成集体主义精神和团队合作精神。这些正确的价值观将对学生的未来发展产生深远的影响。

（二）促进学生全面发展，包括智力、情感、社交等方面

1.促进智力发展

体育教学不仅关注学生的身体健康发展，还注重学生的智力发展。在体育活动中，学生需要运用各种知识和技能来解决问题、完成任务。例如，在篮球比赛中，学生需要灵活运用战术策略，判断对手的动向，把握比赛的节奏等。这都需要学生动脑筋、思考问题，从而有助于他们的智力发展。

通过体育教学的锻炼，学生可以提升自己的思维敏捷性、判断力和决策能力，有助于他们在未来的学习和工作中更好地应对各种挑战和问题。

2.丰富情感与提升素养

体育活动还能够丰富学生的情感体验。在运动中,学生会经历各种情感变化,如快乐、挫折、成功等。这些情感体验不仅能够使学生的情感世界更加丰富多彩,还能够提升他们的情感素养。

例如,在比赛中取得胜利时,学生会感受到成功的喜悦和自豪;在失败时,他们可能会感受到挫折和失落。但是,通过体育教学的引导和学生自身的努力,他们可以学会正确调整自己的情绪和情感状态,以更加积极、乐观的态度面对生活中的各种挑战和变化。

3.提高社交能力

体育教学还能提高学生的社交能力。在体育活动中,学生需要与队友、对手以及教练进行频繁的沟通和交流。

例如,在团队比赛中,学生需要与队友协商战术、分配任务等;在比赛中遇到争议或冲突时,他们需要学会与对手和裁判进行有效的沟通和协商。这些经历将使学生更加善于与人交往、处理人际关系问题,提高他们的社交能力。

第二节 体育教学的文化价值

一、传承与弘扬体育文化

(一)体育教学是体育文化传承的重要载体

1.体育教学中的文化传承角色

体育教学,作为学校教育活动的重要组成部分,一直以来都是体育文化传承的关键渠道。在教学过程中,教师通过言传身教,将体育文化的精髓传递给下一代。这种传承不仅仅是对技术动作的传授,更是对体育精神的延续。例如,在篮球教学中,教师不仅会教授学生如何运球、投篮,还会讲述篮球运动的历史、规则以及篮球场上的团队精神和竞争意识,这些都是体育文化的重要组成部分。

2.培养学生的终身体育意识

体育教学的长远目标是培养学生的终身体育意识,使他们能够将体育活动融入日常生活，成为生活的一部分。这不仅有利于学生的身体健康，更是对体育文化的一种长期传承。通过持续不断的体育教学，学生可以逐渐养成定期参与体育运动的习惯，从而在潜移默化中传承和弘扬体育文化。

3. 体育教学能促进体育文化传播

在现代社会，体育教学的形式和内容越来越多样化，这也为体育文化的传播提供了更多的途径。例如，多媒体教学、网络教学等新兴教学方式的出现，使得体育文化能够以更加生动、形象的方式呈现给学生。这些现代化的教学手段不仅提高了学生的学习兴趣，也有效地促进了体育文化的传承。

（二）弘扬体育精神

1. 体育教学中的历史传统教育

每一项体育运动都有其独特的历史背景和发展轨迹，这些都是体育文化的重要组成部分。在体育教学中，教师可以通过讲述运动项目的历史渊源和发展过程，帮助学生更好地理解和欣赏该项运动。例如，在教授武术时，教师可以向学生介绍武术的起源、流派以及在中国传统文化中的地位和影响，从而激发学生对武术文化的兴趣和尊重。

2. 规则教育在体育教学中的重要性

规则是体育文化的核心要素之一，保证了比赛的公平性。在体育教学中，教师可以通过对比赛规则的讲解和实践，帮助学生理解并遵守规则。规则教育不仅有利于学生在比赛中取得好成绩，更能够培养他们的规则意识和公平竞争精神。例如，在足球教学中，教师可以重点强调比赛规则的重要性，并通过实际比赛场景让学生亲身体验和理解规则的应用。

3. 体育教学与实践中的文化传承

体育教学不仅仅是对理论知识的传授，更是对实践技能的培养。通过组织学生参与各种体育比赛和活动，教师可以让学生在实践中亲身体验和感受体育文化的魅力。在比赛中，学生不仅可以锻炼自己的技能水平，还可以领悟到团队合作、拼搏进取等体育精神，这是体育文化中的重要元素，也是学生在成长过程中需要逐渐培养和形成的品质。

二、促进文化交流与多元融合

（一）体育教学可以引入世界各地的体育项目，促进文化交流

1. 拓宽学生视野

体育教学作为一个开放和多元的媒介，可以积极引入世界各地的体育项目。这些项目不仅包括田径、游泳、篮球等项目，还可以包括一些具有地域特色和文化内涵的项目，如日本的柔道、印度的瑜伽、巴西的卡波耶拉等，使学生有机会接触到更广阔的运动世界，了解不同国家和地区的体育文化，从而拓宽他们的国际视野。

2. 使学生在实践中感受多元文化魅力

体育教学不仅注重理论知识的传授，更要重视实践体验。当学生在课堂上亲身参与和学习这些来自不同文化的体育项目时，他们能够在运动中感受到不同文化的魅力。例如，通过练习瑜伽，学生可以体验到印度文化的内敛与冥想；通过学习卡波耶拉，他们可以感受到巴西文化的热情与活力。这些实践体验有助于学生更加直观地理解不同文化的特点和精髓。

3. 培养学生跨文化交流的能力

在学习和实践世界各地的体育项目过程中，学生不可避免地会接触到与之相关的文化背景和知识。这为他们提供了与来自不同文化背景的人进行交流的机会。学生可以借此锻炼自己的语言沟通能力和跨文化交流技巧，为他们将来在国际舞台上发挥更大的作用打下坚实的基础。

（二）增进学生对不同文化背景的理解与尊重

1. 接触多元体育项目，认识文化差异

通过体育教学引入的多元体育项目，使学生有机会接触到来自不同国家和地区的运动方式。这些运动方式往往与其所在的文化背景紧密相连，反映了该文化的价值观和审美观。例如，中国的太极拳强调内外合一、以柔克刚，体现了东方哲学的思想；而西方的橄榄球强调团队合作和力量对抗，体现了西方文化所推崇的竞争精神。通过学习这些不同的体育项目，学生可以更直观地认识到不同文化的差异性。

2.培养开放与包容的文化态度

在接触和学习不同文化背景的体育项目过程中,学生会逐渐意识到每种文化都有其独特的价值和魅力。这种意识有助于他们培养开放和包容的文化态度,学会欣赏和尊重其他文化。

3.跨文化理解与尊重对个人和社会的意义

增进学生对不同文化背景的理解与尊重不仅对学生的个人成长具有重要意义,也会对社会的发展产生积极影响。在个人层面,这种跨文化的理解和尊重可以帮助学生建立更加全面和客观的世界观和价值观,提高他们的综合素质和人文素养。在社会层面,可以促进不同文化之间的和谐共处和交流合作,为构建更加包容和进步的社会环境奠定基础。

三、打造校园体育文化

(一)体育教学有助于打造校园体育文化氛围

1.体育教学与校园体育文化氛围的形成

体育教学是塑造校园体育文化的重要途径。通过各种体育教学活动的组织和开展,学校可以逐渐营造出一种积极、健康的体育文化氛围。例如,定期的体育课、运动训练、体育比赛等活动,不仅能够锻炼学生的身体素质,还能在无形中培养他们的团队合作精神和竞争意识,这些都是校园体育文化的重要组成部分。

此外,体育教师在教学过程中的言传身教,也对学生产生着潜移默化的影响。教师的教学风格、专业素养以及对体育的热爱和投入,都会吸引学生模仿和学习。因此,体育教师在塑造校园体育文化方面扮演着举足轻重的角色。

2.校园体育文化反映学校办学理念与特色

每所学校都有其独特的办学理念和特色,这些理念和特色往往也会体现在校园体育文化上。例如,有的学校注重培养学生的竞技能力,因此在体育教学中会更加注重技能和战术的训练;有的学校则更侧重于通过体育活动促进学生的身心健康和全面发展,因此在体育教学中会更加注重趣味性和参与性。

校园体育文化作为学校文化的重要组成部分,不仅反映了学校的办学理念和特色,也成为学校对外展示自己的一张名片。通过校园体育文化,外界可以更加

3.校园体育文化激发学生的运动热情与集体荣誉感

丰富多彩的校园体育文化活动和比赛可以极大地激发学生的运动热情。当学生在比赛中取得好成绩时，他们会感受到成功的喜悦和自豪；团队在比赛中失利时，他们会感受到失落和遗憾。这些情感体验都会让他们更加珍视团队精神和集体荣誉感。

同时，校园体育文化还能培养学生的责任感和担当精神。在团队比赛中，每个学生都扮演着不同的角色，承担着不同的责任。为了团队的胜利，他们需要相互协作、共同努力。这种协作经历不仅能让他们学会如何与他人合作共事，还能培养他们的领导力和组织协调能力。

（二）提升学生的文化素养和审美情趣

1.体育教学与学生文化素养的提升

体育教学不仅仅是针对运动项目的训练，更是一种文化的传承和学习过程。在体育教学中，学生可以接触到各种运动项目的历史背景、文化内涵和比赛规则等知识。例如，在学习武术时，学生可以了解到武术的起源、发展和流派等文化信息；在学习足球时，他们可以了解到足球的历史渊源、比赛规则和战术策略等知识。这都有助于学生文化素养的显著提升。

2.体育教学与学生审美情趣的培养

体育教学不仅关乎学生的身体健康和运动技能发展，还与学生的审美情趣密切相关。在体育教学中，学生可以欣赏到各种优美的运动动作和体态，如艺术体操中的优雅舞姿、跳水运动中的空中姿态等。这些运动美学元素不仅能让学生感受到体育的魅力和美感，还能激发他们的审美情趣和创造力。

此外，体育教学过程中，教师还可以通过组织各种艺术性的体育活动和比赛来培养学生的审美情趣。例如，学校可以定期举办体育舞蹈比赛、健美操比赛等活动，让学生在参与和欣赏这些比赛的过程中提升自己的审美水平和艺术修养。

3.体育教学与学生想象力和创造力的激发

体育教学在塑造学生想象力和创造力方面也发挥着重要作用。在体育教学中，教师可以通过创设丰富多样的教学情境和任务来激发学生的想象力和创造力。例如，教师可以让学生自行设计一套健身操或舞蹈动作，并鼓励他们在创作中融入自己的想法和创意。这样的教学活动不仅能锻炼学生的身体素质和运动技能，还能培养他们的创新意识和实践能力。

同时，体育教学还能为学生提供广阔的探索空间和实践机会。在参与体育活动和比赛的过程中，学生会遇到各种问题和挑战，需要他们发挥自己的想象力和创造力来寻找解决方案。这种实践经历不仅能提升学生的问题解决能力，还能培养他们的创新思维和批判性思维。

第三节　体育教学的目标设定

一、知识与技能目标

（一）掌握基础运动技能和专项运动技能

1. 基础运动技能的重要性及其训练方法

基础运动技能是体育教学的基础，涉及跑、跳、投、抛、接等基本动作。这些技能对于提高学生的身体素质、增强身体协调性和灵活性具有重要意义。同时，基础运动技能也是学生后续学习更复杂、更高级的运动技能的基础。

为了让学生掌握这些基础运动技能，教师需要采用科学有效的训练方法。例如，可以通过分解动作、逐步练习、反复训练等方式，帮助学生逐步掌握每一个基础动作。此外，教师还可以利用游戏、竞赛等形式，增加训练的趣味性和实战性，激发学生的学习兴趣和动力。

2. 专项运动技能的培养及其实践应用

除了基础运动技能，体育教学还需要培养学生掌握一定的专项运动技能，如足球、篮球、游泳、网球等。掌握这些专项技能不仅可以提高学生的运动表现和竞技水平，还可以增强他们的自信心和团队合作能力。

在培养专项运动技能的过程中，教师需要注重实践。可以通过组织校内外的比赛、活动等形式，为学生提供展示自己技能的机会。同时，教师还可以邀请专业人士或教练来进行指导，帮助学生更好地掌握和运用专项技能。此外，教师还可以鼓励学生自主参与各种运动俱乐部或社团，与更多志同道合的同学一起交流学习，共同提高。

3. 技能掌握的评估与反馈机制

为了确保学生真正掌握所学的运动技能，体育教学需要建立有效的评估和反馈机制。教师可以通过观察学生的训练过程、记录学生的表现数据、与学生进行沟通交流等方式，全面了解学生的技能掌握情况。同时，教师还可以定期组织技能测试或比赛，检验学生的技能水平，并根据测试结果给予针对性的指导和建议。

通过评估和反馈机制，教师可以及时发现学生的问题和不足，帮助他们更好地掌握和运用所学的运动技能。同时，这种机制还可以激发学生的学习积极性和竞争意识，促进他们的全面发展。

（二）理解运动原理和规则，提升学生的运动表现

1. 运动原理的掌握与应用

运动原理是指导运动训练和实践的基本理论，对于提升学生的运动效率和表现具有重要意义。在体育教学中，教师需要向学生传授相关的运动原理知识，帮助他们了解人体运动的基本规律和特点。例如，教师可以讲解力学原理、能量代谢原理等与运动密切相关的理论知识，并引导学生将这些原理应用到实际的运动训练中。

通过掌握运动原理，学生可以更加科学地进行锻炼和训练，从而提升自己的运动效率和表现。同时，了解运动原理还可以帮助学生预防运动损伤、保持身体健康。

2. 运动规则的理解与遵守

了解并遵守运动规则是体育教学中必不可少的一部分。运动规则不仅保证了比赛的公平性和顺利进行，还能够培养学生的规则意识和公平竞争精神。在体育教学中，教师需要向学生详细讲解各项运动的规则和要求，并引导他们在实际比赛中严格遵守这些规则。

通过理解和遵守运动规则，学生可以更好地融入团队。同时，这种规则意识还可以迁移到学生的日常生活中去，帮助他们成为遵纪守法、具有良好道德品质的人。

3.运用运动原理和规则提升运动表现

掌握运动原理和规则并不仅仅是为了让学生应对考试或比赛的要求，更重要的是帮助他们将这些知识和理论应用到实际的运动训练中去，从而提升运动表现。在体育教学中，教师需要引导学生将所学的运动原理和规则与实践相结合，通过反复练习和总结经验教训来不断提高自己的运动水平。

例如，在篮球教学中，教师可以结合篮球运动的规则和特点来讲解相关的运动原理，如"三角进攻""挡拆配合"等战术理念的应用。从而帮助学生更好地理解篮球运动的内涵和精髓，提高他们的实战能力和团队协作能力。同时，教师还可以鼓励学生多参加校内外的篮球比赛或活动，以检验自己的学习成果并积累实战经验。

二、过程与方法、目标

(一) 培养学生自主学习和合作探究的能力

1.自主学习能力的培养在体育教学中的重要性

自主学习能力的培养是现代教育理念中重要一环，在体育教学中同样重要。自主学习能力的培养，可以让学生根据自己的身体状况、兴趣爱好以及学习目标，自主选择学习内容和方法，从而更有效地提升运动技能和身体素质。

在体育教学中，教师应该通过创设良好的学习环境，引导学生发现问题、提出问题，并鼓励他们通过自主学习寻找答案。例如，教师可以设定开放性的学习任务，让学生自主选择探究课题，通过查阅资料、实践操作等方式，完成学习任务。这样的教学方式不仅能够激发学生的学习兴趣，还能让他们在自主学习的过程中提升解决问题的能力。

2.合作探究能力的培养及其在体育教学中的实施策略

合作探究能力的培养是体育教学中不可或缺的一部分。体育运动以团队性活动为主，需要团队成员之间相互协作和配合。因此，在体育教学中，教师应该注重培养学生的合作探究能力，让他们学会在团队中发挥自己的作用，为团队的胜利贡献力量。

为了培养学生的合作探究能力，教师可以采用小组合作学习的教学模式。通过将学生分成若干小组,让他们在完成共同任务的过程中,学会相互沟通、协商和配合。例如,在篮球教学中,教师可以让学生分组进行战术演练,让他们在实战中体验团队合作的重要性,并学会与队友有效沟通、协同作战。

3. 自主学习与合作探究相结合的教学模式探讨

自主学习和合作探究并不是孤立存在的,而是相互结合、相辅相成的。在体育教学中,教师应该探索如何将自主学习和合作探究有效地结合起来,以提升学生的综合素质。

一种可行的教学模式是"翻转课堂"。在这种模式下,教师可以提前发布学习任务和资源,让学生在课前进行自主学习。课堂上,教师可组织学生进行小组讨论和合作探究,共同解决学习中遇到的问题。这样的教学模式既能够培养学生的自主学习能力,又能够提升他们的合作探究能力。

另外,教师还可以利用现代信息技术手段,如在线教育平台、社交媒体等,为学生营造更加灵活多样的学习环境。在这些平台上,学生可以自主选择学习内容、进度和方式,同时也可以与同伴进行在线交流和讨论。这样的学习方式有助于培养学生的自主学习和合作探究能力。

(二)学会运用科学的方法进行自我锻炼和评价

1. 科学自我锻炼方法的重要性及其实践应用

科学的自我锻炼方法是提高身体健康水平、预防运动损伤的关键。在体育教学中,教师应该教会学生根据自己的身体状况和运动需求,安排合理的锻炼计划,并坚持执行。这不仅能够提升学生的身体素质,还能够培养他们终身锻炼的习惯。

为了让学生掌握科学的自我锻炼方法,教师可以结合实例进行讲解和示范。例如,教师可以向学生介绍如何设计个性化的锻炼计划、选择合适的运动项目和时间、控制运动强度等。同时,教师还可以鼓励学生分享自己的锻炼经验和心得,以便大家相互学习和借鉴。

2. 自我评价在体育教学中的作用与实施策略

自我评价是指学生对自己的运动表现和身体状况进行客观的分析和评估。通过自我评价,学生可以及时发现自己的不足,并采取相应的措施进行改进。在体育教学中,教师应引导学生掌握正确的评价标准和方法,培养他们的自我评价能力。

为了实施自我评价，教师可以为学生列出明确的评价标准和指标。例如，评价学生的运动技能时，教师可以列出具体的技能要求和评分标准，让学生对照这些标准进行自我评价。同时，教师还可以鼓励学生写运动日记或训练日志，记录自己的锻炼情况和感受，以便更好地进行自我反思和评价。

3. 教会学生结合科学锻炼与自我评价开展长期运动规划

科学的锻炼方法和准确的自我评价是制定长期运动规划的基础。在体育教学中，教师应该教会学生将这两者结合起来，制定出适合自己的长期运动规划。

教师要帮助学生理解科学的锻炼原则和方法，包括运动的频率、强度、时间和类型等要素的合理安排。学生需要了解不同类型的运动对身体的不同影响，以及如何根据自己的目标和身体状况选择合适的运动项目。

教师要引导学生掌握自我评价的技巧。学生应学会关注自己的身体反应和运动表现，及时调整锻炼计划。例如，如果感到过度疲劳或不适，就应该适当减少运动量或改变运动方式。此外，学生还可以通过记录运动数据（如运动时间、距离、心率等）来更客观地评估自己的运动状态。

教师要指导学生将科学的锻炼方法和自我评价相结合，制定出切实可行的长期运动规划。这个规划应该包括明确的目标、合理的运动安排和适时的自我调整。通过不断的实践和调整，学生可以逐渐找到最适合自己的运动方式，从而保持身体健康，提高运动水平。

三、情感态度与价值观目标

（一）培养学生对体育活动的兴趣和爱好

1. 兴趣与爱好的重要性

在体育教学中，培养学生对体育活动的兴趣和爱好是至关重要的。兴趣是学生最好的老师。它能够促使学生积极主动地参与体育活动，并享受运动带来的快乐。当学生对体育活动产生浓厚兴趣时，他们会更加专注于运动技能的学习和提高，从而更好地实现体育教学的目标。因此，教师需要关注学生的个性特点和兴趣爱好，通过丰富多样的教学手段和活动内容来激发学生的学习兴趣。

教师可以根据学生的年龄特点和兴趣爱好，设计富有趣味性和挑战性的体育活动。例如，通过引入游戏元素、组织趣味运动会等方式，让学生在轻松愉快的氛围中体验运动的乐趣。同时，教师还可以借助多媒体教学资源，如体育比赛视频、运动员训练纪录片等，让学生了解不同运动项目的魅力和精彩瞬间，从而激发他们对体育活动的向往和热情。

2. 激发与维持学生的兴趣

要激发学生对体育活动的兴趣，教师需要关注教学方法和手段。首先，教师应该具备良好的专业素养和教学能力，能够为学生提供专业且有趣的指导。其次，教师可以通过创新教学手段来吸引学生的注意力，如将体育游戏、音乐、舞蹈等元素融入体育教学中，使学生在轻松愉快的氛围中学习和掌握运动技能。

此外，为了维持学生对体育活动的兴趣，教师还可以定期组织各类体育竞赛和活动，让学生在实战中检验自己的学习成果，并享受竞争带来的刺激和成就感。同时，教师也要关注学生的个体差异，针对不同学生的特点和需求，提供个性化的教学方案和辅导，帮助他们找到适合自己的运动项目和锻炼方式。

3. 兴趣与爱好的培养策略

为了更有效地培养学生对体育活动的兴趣和爱好，教师需要采取一系列策略。首先，教师可以通过问卷调查、观察等方式了解学生的兴趣和需求，从而安排针对性的教学计划。其次，教师可以与家长保持沟通，鼓励他们支持孩子参与体育活动，共同关注学生的健康成长。最后，教师还可以利用课余时间组织一些轻松有趣的体育活动或成立俱乐部，为学生提供更多的运动机会和社交平台，让他们在运动中结交志同道合的朋友，共同享受运动的快乐。

（二）树立健康第一的理念，引导积极向上的生活态度

1. 树立健康第一的理念

体育教学的核心目标之一是帮助学生树立健康第一的理念。健康是人生的基石，没有健康就没有一切。因此，在体育教学中，教师应通过引导学生了解健康知识，掌握科学的锻炼方法，养成良好的生活习惯，始终强调健康的重要性，帮助学生认识到保持身体健康对个人成长和发展的重要性，为他们的未来发展奠定坚实的基础。

为了让学生更好地理解健康第一的理念，教师可以结合实例进行讲解。例如，可以分享一些成功人士的健身经验和故事，让学生看到健康对个人事业和生活的重要影响。同时，教师还可以邀请专业人士或医生为学生进行健康讲座或体检，让学生从专业角度了解健康的重要性。

2. 培养积极向上的生活态度

除了树立健康第一的理念，体育教学还应致力于帮助学生形成积极向上的生活态度，从而更好地应对生活中的各种压力和挑战。

教师可以采用以下方法。首先，通过正面的激励和鼓励来增强学生的自信心和自尊心；其次，引导学生关注自己的进步和成就，而不是过分关注失败和挫折；最后，教师可以组织学生参加一些具有挑战性的活动或比赛，让他们在实践中体验成功的喜悦和失败的教训，从而培养他们坚韧不拔、勇往直前的精神品质。

3. 开展理念与态度相融合的教育

要将健康第一的理念和积极向上的生活态度融入体育教学中，教师需要注重教学方法的多样性和灵活性。例如，可以通过组织户外拓展活动、开展心理健康教育课程、举办体育文化节等方式来丰富学生的体育学习体验。同时，教师还要关注学生的个体差异和需求，为他们提供个性化的指导和支持。通过这些措施的实施，教师可以帮助学生树立健康第一的理念并促使他们形成积极向上的生活态度，为他们的全面发展奠定坚实的基础。

（三）增进团队合作精神和公平竞争意识

1. 团队合作精神的培养

在体育教学中，团队合作精神的培养至关重要。教师应引导学生在团队中发挥自己的作用，为团队的胜利贡献力量。

为了增进学生的团队合作精神，教师可以组织一些需要团队协作的体育活动或游戏。例如，足球、篮球等团队运动项目可以让学生亲身体验到团队合作的重要性。在这些活动中，教师可以引导学生学会倾听队友的意见、尊重他人的想法、主动分担团队责任等合作技巧。同时，教师还可以定期组织团队建设活动，如拓展训练、野外生存等，让学生在实践中锻炼团队合作能力。

2. 公平竞争意识的培养

公平竞争是体育精神的重要组成部分。在体育教学中，教师应该强调公平竞争的重要性，引导学生在比赛中遵守规则、尊重对手并坚守诚信的原则。通过公平竞争，学生可以学会正确地面对挑战、承受压力并保持冷静的心态。

教师可以采取以下措施。首先，在体育教学中强调比赛规则的重要性和遵守规则的必要性；其次，组织各种形式的体育比赛，让学生在实战中体验公平竞争的氛围；最后，教师可以通过案例分析、讨论等方式引导学生深入理解公平竞争的内涵和意义。

3. 促进团队与竞争意识的融合提升

团队合作精神和公平竞争意识是相互关联、相互促进的。在体育教学中，教师应该注重将这两种意识融合起来进行培养。例如，在组织团队比赛时，教师可以引导学生既关注团队的整体利益和目标实现，又尊重对手并遵守比赛规则。同时，教师还可以鼓励学生在比赛中发挥自己的特长和优势，为团队做出贡献的同时，也要学会接受失败并从中吸取经验教训。通过这样的教学方式，学生可以全面提升自己的团队合作精神和公平竞争意识，为未来的个人发展和融入社会打下坚实的基础。

四、社会适应能力目标

（一）提高学生的社会适应能力和抗压能力

1. 提高学生的社会适应能力

社会适应能力是个体在社会生活中所必需的心理素质和技能水平。在当今快速变化的社会环境中，提高学生的社会适应能力尤为重要。体育教学为此提供了一个绝佳的平台。

在体育教学中，教师可以通过模拟各种社会场景和挑战情境，帮助学生提前体验并应对可能遇到的社会问题。例如，教师可以设置一些团队任务，让学生在完成任务的过程中学会与不同性格、背景的人合作，从而培养他们的包容性和团队协作能力。此外，教师还可以引导学生参与组织体育活动或比赛，让学生在实践中学习如何协调资源、沟通信息和解决问题。

每个学生都有其独特的成长环境和性格特点,为了更有效地提高学生的社会适应能力,教师需要关注学生的个体差异和需求。例如,对于性格内向的学生,教师可以鼓励他们多参与团队活动,逐渐培养他们的社交能力;对于性格外向的学生,教师可以引导他们学会倾听和尊重他人的意见,培养他们的团队合作精神。

2. 提升学生的抗压能力

抗压能力是个体在面对压力和挑战时所表现出的心理韧性和应对能力。在体育教学中,教师可以通过多种方式帮助学生提升抗压能力。

教师可以组织具有挑战性的活动和比赛,让学生在实践中体验压力和挑战。例如,教师可以设置一些难度适中的体育项目,让学生在完成任务的过程中锻炼自己的意志力和毅力。同时,教师还可以引导学生将压力转化为动力,激发他们的斗志和进取心。

教师需要关注学生的心理状态和情绪变化。在面对压力和挑战时,学生可能会出现焦虑、紧张等负面情绪。此时,教师需要给予学生足够的关心和支持,帮助他们建立积极的心态。例如,教师可以定期组织心理健康教育活动,让学生了解心理健康的重要性,并学会运用科学的方法来调节自己的情绪和心态。

此外,教师还可以鼓励学生参加一些心理辅导课程或讲座,让他们学习更多的心理抗压技巧和方法。通过这些课程的学习和实践应用,学生可以更好地应对生活中的各种压力和挑战。

3. 关注社会适应能力与抗压能力的培养

社会适应能力和抗压能力是相互关联、相互促进的两种能力。在体育教学中,教师可以着重引导学生融合运用这两种能力。

具体来说,教师可以设计一些综合性的体育活动或任务,让学生在完成任务的过程中既锻炼社会适应能力又提高抗压能力。教师可以组织学生参与一些户外拓展训练活动,让学生在实践中学习如何与他人合作、如何面对挑战和压力。

教师还可以关注学生的个体差异和需求,为他们提供个性化的指导和支持。对于社会适应能力较弱的学生,教师可以鼓励他们多参与团队活动并给予他们更多的关注和支持;对于抗压能力较弱的学生,教师可以引导他们学习一些心理抗压技巧和方法,并帮助他们建立积极的心态,提高他们的情绪调节能力。

通过这些融合性的培养措施，学生可以全面提升自己的社会适应能力和抗压能力，为未来的个人发展和社会融入打下坚实的基础。

（二）培养人际交往及解决问题的能力

1. 培养学生的人际交往能力

人际交往能力是个体在社会生活中不可或缺的重要技能。在体育教学中，教师可以通过多种途径来培养学生的这一能力。

教师可以组织丰富多彩的团队活动和合作项目，让学生在与他人合作的过程中锻炼沟通技巧和团队协作能力。例如，通过足球、篮球等团队运动，学生可以学会如何在团队中发挥自己的作用，如何与队友进行有效的沟通和协作。

教师可以利用体育教学的特点，引导学生尊重他人、理解他人，并培养良好的团队协作精神。例如，在体育教学中，教师可以设置一些需要互相帮助才能完成的任务，让学生在实践中学会倾听他人的意见、关心他人的需求，并懂得感恩和回报。

为了更好地培养学生的人际交往能力，教师还可以邀请专业人士或心理咨询师为学生开展人际交往方面的讲座或辅导。通过这些活动，学生可以更加深入地了解人际交往的重要性和技巧，从而更好地适应社会生活。

2. 提升学生解决问题的能力

解决问题的能力是个体在面对问题时所表现出的分析、判断和应对能力。在体育教学中，教师可以通过设置具有挑战性的问题和任务来帮助学生锻炼解决问题的能力。

教师可以设计一些具有实际意义的问题或任务，例如，教师可以鼓励学生自行组织一场小型运动会，并要求他们在有限的时间和资源内完成筹备工作。通过这样的任务，学生可以锻炼自己的组织协调能力、资源整合能力和解决问题的能力。

教师可以引导学生学会从不同角度思考问题，培养他们的创新思维和批判性思维。例如，在体育教学中，教师可以设置一些开放性问题或讨论话题，让学生在思考和讨论的过程中拓宽视野、激发灵感并提高自己的思维水平。

3. 人际交往与解决问题能力的培养需融合并重

人际交往能力和解决问题的能力是相互关联、相互促进的两种能力。在体育教学中，教师可以通过融合这两种能力的培养来提高学生的综合素质和应对复杂社会环境的能力。

具体来说，教师可以设计一些需要团队合作和共同解决问题的教学活动或任务。例如，教师可以组织学生参与一些户外探险或定向越野等活动，让学生在实践中与他人合作解决问题并共同完成任务。在这一过程中，教师需要引导学生学会倾听他人的意见、尊重他人的想法，并鼓励他们发挥自己的特长和优势，为团队做出贡献。

这种融合性的教学方法也有助于培养学生的综合素质和全面发展，使他们在面对复杂的社会环境和挑战时能够更加从容地应对。

第二章 体育教学的心理学与教育学基础

第一节 体育教学与学生心理发展的关系

一、体育教学对学生心理发展的影响

（一）促进感知能力和动作协调发展

体育教学通过丰富多彩的身体活动，为学生提供了一个亲身体验和实践的平台，进而有力地推动了他们感知能力与动作的协调发展。在这一过程中，学生不仅锻炼了身体，更在无形中提升了自身的心理素质和综合能力。

1. 体育教学与感知能力发展的紧密联系

体育教学中的各项活动，都要求学生通过视觉、听觉、触觉等多种感官来接收和处理信息。例如，在篮球运球教学中，学生需要准确地感知球的形状、质量、弹性和运动轨迹，这些感知信息的准确性和速度直接影响到运球的效果。通过这种训练，学生的感知能力得到了极大的提高，他们能够更准确地捕捉和处理来自外界的信息，从而做出更为迅速和准确的反应。

2. 体育教学对动作协调性的促进作用

在体育教学中，学生需要通过不断的练习和调整，使自己的动作更加协调和流畅。这种动作协调性的训练，不仅提高了学生的运动技能，还有助于他们在日常生活中更好地控制自己的身体。例如，在健美操教学中，学生需要学会在音乐的节奏中准确地完成各种复杂的动作组合，这就要求他们具备极高的动作协调性。通过这种训练，学生的身体控制能力得到了显著的提升。

3. 感知能力与动作的相互促进

在体育教学中，感知能力和动作是相互联系、相互促进的。一方面，准确地感知能够引导学生做出更为精确和协调的动作；另一方面，流畅协调的动作又能

够反过来增强学生的感知能力。这种良性循环使学生在体育教学中不断地挑战自己、超越自己,从而实现感知能力与动作的全面协调发展。

(二)培养意志力与自信心

体育教学是增强学生体质的重要途径,更是培养学生意志力和自信心的重要方式。通过参与体育活动,学生能够在挑战和困难中锤炼意志,提升自信,为未来的生活奠定坚实的基础。

1. 体育教学对意志力的培养

在体育教学中,学生经常会面临各种挑战,如高强度的训练、激烈的比赛等。这些情境要求学生具备坚韧不拔的意志力,以克服困难并取得成功。例如,在长跑训练中,学生需要忍受身体的疲劳和不适,坚持完成预定的距离。通过不断地挑战和突破自己,学生会逐渐形成坚韧不拔、勇往直前的性格品质。

2. 体育教学对自信心的提升

体育教学是提升学生自信心的重要途径。在体育活动中,学生可以通过不断的努力和练习,提高自己的运动技能和表现力。当在比赛中取得好成绩或者在训练中有所突破时,他们会感受到成功的喜悦和成就感,从而提升自信心,使他们在面对困难和挑战时更加自信和从容。

3. 意志力和自信心的相互作用

在体育教学中,意志力和自信心是相互促进的。坚韧不拔的意志力能够帮助学生在面对困难和挑战时保持冷静和坚定,而自信心的提升又能够进一步增强他们的意志力。这种良性循环使学生在体育教学中不断地成长和进步,为未来的生活奠定坚实的基础。

(三)增强团队合作意识与沟通能力

体育教学,特别是团队运动和比赛项目,为学生提供了一个绝佳的平台,以培养团队合作精神和提高沟通能力。这些技能在当今社会尤为重要,因为它们不仅关乎个人在运动场上的表现,更对学生日常生活和工作中的协作与交流能力有深远影响。

在体育教学中,团队活动和比赛是培养学生团队合作意识的重要手段。例如,足球、篮球等团队运动项目,要求每个队员都要明确自己的角色和职责,同时与队友紧密合作，共同为团队的胜利而努力。这种合作不仅体现在共同的目标上，还体现在相互之间的信任、支持和理解上。通过参与团队运动，学生能够深刻地意识到团队合作的重要性，并学会在团队中积极发挥自己的作用。

在团队运动中，有效的沟通是取得胜利的关键。学生需要学会准确、迅速地传达自己的意图和想法，同时也要接收并理解队友的信号和反馈。这种沟通过程不仅要求学生具备良好的语言表达能力，还要求他们具备倾听和理解的能力。通过不断的实践和磨合，学生的沟通能力会得到显著提升。

在体育教学中，团队合作和沟通是相互关联、相辅相成的。良好的团队合作能够促进有效的沟通，而顺畅的沟通又能进一步增强团队的凝聚力和战斗力。在工作中与同事协作、在社交场合中与他人交流等，都需要学生具备良好的团队合作意识和沟通能力。

二、心理发展在体育教学中的应用

（一）运用心理学原理激发学生的运动兴趣

在体育教学中，激发学生的运动兴趣至关重要。运动兴趣是学生积极参与体育活动的内在动力，也是提高教学效果的关键因素。通过运用心理学原理，教师可以更有效地激发学生的运动兴趣，进而提升他们的学习积极性和参与度。

1. 设定明确的目标和奖励机制

根据目标设定理论，明确的目标能够激发人的动机和行为。在体育教学中，教师可以与学生共同设定明确的运动目标，如达到一定的运动成绩、掌握特定的运动技能等。同时，教师要建立与这些目标相匹配的奖励机制，如达标后奖励什么样的表彰、小奖品等，以激发学生的积极性。这种目标和奖励的结合，能够使学生更加明确自己的努力方向，从而增强运动兴趣。

2. 创设良好的教学情境和氛围

教学环境对学生的学习情绪有直接影响。在体育教学中，教师应努力创设积极、健康的教学情境和氛围。例如，可以通过播放激昂的音乐、设置丰富多样的运动场景等方式来调动学生的情感，使他们在轻松愉快的氛围中参与体育活动。此外，教师还可以运用生动的语言和丰富的肢体动作来讲解示范运动技能，以吸引学生的注意力并激发他们的学习兴趣。

3. 运用多样化的教学方法和手段

单一的教学方法和手段容易使学生感到枯燥无味，从而降低运动兴趣。因此，教师应根据教学内容和学生特点灵活运用多样化的教学方法和手段。例如，教师可以采用游戏化教学、小组合作学习、竞赛激励等方式来丰富课堂教学形式。同时可以借助现代教育技术手段如多媒体教学、网络教学等来增强教学的趣味性和互动性。这些多样化的教学方法和手段能够满足不同学生的学习需求，进而提升他们的运动兴趣。

（二）因材施教，开展个性化教学

在体育教学中，每个学生都展现出独特的心理特点和需求。这些差异不仅影响学生的学习方式和速度，还对他们的学习态度和兴趣产生深远影响。因此，个性化教学在体育教学中显得尤为重要。

1. 理解学生的心理特点

要实施个性化教学，教师首先需要深入了解每个学生的心理特点。这包括他们的性格类型（内向或外向）、学习动机、自信心水平以及对挑战和失败的容忍度等。例如，内向的学生可能更倾向于独自练习，而外向的学生可能更喜欢团队活动。通过观察和交流，教师可以更好地把握学生的心理特点，为个性化教学打下基础。

2. 定制个性化的教学计划

了解学生的心理特点后，教师可以为每个学生或学生群体定制个性化的教学计划。对于缺乏自信的学生，教师可以通过设定可达成的小目标，给予及时的反馈和鼓励，来帮助他们建立自信。对于好动和寻求挑战的学生，教师可以提供更具竞争性和挑战性的活动，以满足他们的需求。

3. 灵活调整教学策略

个性化教学不仅要求教学计划具有针对性，还需要教师在教学过程中灵活调整策略。例如，当发现某些学生在某项活动中表现出色时，教师可以及时调整教学内容，以进一步激发更多学生的学习兴趣和潜能。同时，教师也应根据学生的反馈和表现，不断优化和调整个性化教学计划。

4. 培养学生的自主学习能力

个性化教学的最终目标是帮助学生发现和发展自己的潜能，培养他们的自主学习能力。在体育教学中，教师可以通过引导学生设定个人目标、明确训练计划等方式，来培养他们的自主学习能力。这样，学生不仅能够在体育课上取得进步，还能将这种能力迁移到日常生活和其他学科的学习中。

三、心理健康教育在体育教学中的融合

（一）通过体育活动缓解学习压力

在当今社会，学生面临着巨大的学习压力，这些压力不仅来自学校繁重的课业负担，还来自家庭和社会的期望。长时间的紧张学习和应试心态往往会导致学生身心疲惫，甚至出现焦虑、抑郁等心理问题。因此，将心理健康教育融入体育教学，通过体育活动帮助学生缓解学习压力，尤为重要。

1. 体育活动的积极作用

体育活动本身具有释放压力、放松身心的功能。在体育教学中，教师可以通过安排一些轻松愉快的活动，如趣味接力、团体游戏等，让学生在运动中感受到快乐和自由，暂时忘却学习的烦恼，减轻心理压力。同时，体育活动还能促进学生的血液循环和新陈代谢，有助于消除疲劳，提高学生的身体素质和免疫力。

2. 合理安排学习与运动时间

为了帮助学生更好地缓解学习压力，教师需要引导学生学会合理地安排学习和运动时间。一方面，要保证学生有足够的休息和睡眠时间，避免过度疲劳；另一方面，要鼓励学生利用课余时间参加体育活动，如课间操、体育课等，让身体得到充分的锻炼和放松。此外，教师还可以与家长沟通，共同关注学生的身心健康，引导学生形成健康的生活习惯和学习方式。

3. 个性化教学策略

每个学生的身体素质和心理承受能力都有所不同，因此教师在体育教学中需要采用个性化的教学策略。对于身体素质较差或心理压力较大的学生，教师可以适当降低运动强度和要求，以避免给他们带来过大的负担。同时，教师还可以根据学生的兴趣和爱好，设计多样化的体育活动，让学生在运动中找到乐趣和成就

感,从而更有效地缓解学习压力。

（二）培养抗压能力

在人生的各个阶段,挫折和失败是不可避免的。对于学生而言,培养面对挫折的抗压能力至关重要,这不仅关系到他们的学业成绩,更影响着他们未来的生活和职业发展。体育教学作为一种实践性强、竞争性强的教育活动,为学生提供了锻炼抗压能力的绝佳平台。

1. 挫折教育的必要性

挫折教育是心理健康教育的重要组成部分。通过挫折教育,学生可以学会如何面对困难和挑战,涵养坚韧不拔的意志品质和积极乐观的人生态度。在体育教学中,教师可以通过设置一些具有挑战性的任务或模拟比赛场景,让学生体验到挫折和失败,并引导他们正确看待得失,从而培养他们的抗压能力。

2. 教授学生应对压力的方法与策略

面对挫折和失败时,学生需要学会调整心态、积极应对。教师可以通过心理疏导和技巧指导来帮助学生掌握应对压力的方法和策略。例如,教会学生用深呼吸、放松训练等方式缓解紧张情绪,引导学生学会积极自我暗示、转移注意力以调整心态,鼓励学生寻求帮助、与他人沟通交流以减轻心理压力。这些方法和策略不仅有助于学生在体育活动中取得更好的成绩,还能提升他们在日常生活中面对挫折的抗压能力。

3. 实践经验的重要性

实践是检验真理的唯一标准。在体育教学中,教师可以通过组织各种形式的比赛和活动,让学生亲身体验挫折和失败,并从中吸取经验教训。这种实践经验不仅能够增强学生的心理素质,还能提高他们的适应能力和解决问题的能力。同时,教师还可以引导学生对失败进行深入反思和总结,以便更好地应对未来的挑战。

（三）增进自我认知和情绪管理能力

自我认知和情绪管理能力是学生个人成长和发展的重要基础。在体育教学中,通过参与各种体育活动和比赛,学生可以更好地认识自己、了解自己的优点和不足,并学会管理自己的情绪和情感。这对学生未来的个人成长和职业发展具有深远的影响。

1. 提升自我认知

自我认知是指个人对自己内心世界和外在行为的了解和认识。在体育教学中，教师可以通过引导学生参与不同类型的体育活动和比赛，帮助他们发现自己的潜力和特长。例如，通过速度竞赛，学生可以了解自己的爆发力；通过耐力项目，学生可以认识自己的持久力；通过团体项目，学生可以认识到自己在团队合作中的角色和价值。这些经历不仅能帮助学生更好地认识自己，还能提升他们的自信心和自尊心。

2. 培养情绪管理能力

情绪管理能力是指人能够有效识别、表达、调节和运用情绪的能力。在体育教学和比赛中，学生常常会遇到各种挑战和压力，这些情境为学生提供了锻炼情绪管理能力的机会。教师可以通过引导和示范，教会学生如何在激烈的比赛中保持冷静和理智，调整自己的情绪并保持积极的心态。同时，教师还可以鼓励学生通过反思和与他人交流来增进对自己情绪的认识和理解，从而更好地管理自己的情绪。

3. 促进全面发展

自我认知和情绪管理能力是学生全面发展的重要组成部分。通过体育教学，学生不仅可以提升自己的身体素质和运动技能，还能在参与体育活动的过程中培养坚韧不拔的意志品质、团队合作精神以及积极乐观的人生态度。这些能力和品质将对学生未来的学习、工作和生活产生积极的影响，促进他们的全面发展。

第二节 教育学原理在中学体育教学中的应用

一、构建主义教学理论在体育教学中的应用

（一）以学生为中心，鼓励主动探索

1. 转变教师角色，促进学生自主探索

在构建主义教学理念下，教师的角色需要发生根本性的转变。教师不再是单纯的知识传授者，而变成了学生学习的引导者和促进者。在中学体育教学中，这一转变尤为重要。教师应该放弃传统的"填鸭式"教学，转而关注学生的个体差异和学习需求，鼓励他们在体育活动中主动探索和构建知识。

为了实现这一转变，教师需要做到以下几点。首先，要深入了解每个学生的身体素质、运动技能和兴趣爱好，以便为他们量身定制合适的学习任务；其次，要营造一种宽松的学习氛围，让学生敢于尝试、勇于创新；最后，要及时给予学生反馈和指导，帮助他们在探索过程中不断调整和完善自己的动作技能。

2. 激发学习动机和兴趣

在体育教学中，激发学生的学习动机和兴趣很重要。只有当学生对学习内容产生浓厚的兴趣时，他们才会全身心地投入学习中去。因此，教师需要运用各种教学手段和方法来激发学生的学习兴趣。

例如，教师可以通过讲述体育明星的故事、展示精彩的体育比赛视频等方式来吸引学生的注意力。同时，教师还可以根据学生的学习进度和表现，及时调整教学内容和难度，以保持学生的学习热情和动力。此外，教师还可以定期组织一些体育竞赛或活动，让学生在实践中体验运动的乐趣和挑战，从而进一步激发他们的学习动机和兴趣。

3. 培养自主学习能力

构建主义教学理论强调学生的自主学习能力。在中学体育教学中，教师应该注重培养学生的自主学习能力，让他们能够独立完成学习任务并解决实际问题。

教师需要做好以下几点。首先，要教会学生合理制订学习计划和学习目标；

其次，要引导学生学会利用各种学习资源，如教材、网络、同伴等；最后，要鼓励学生勇于尝试和创新，不怕失败和挫折。

（二）设计情境化的教学任务

1. 创设真实的体育学习情境

在体育教学中，创设真实的体育学习情境至关重要。真实的情境能够让学生更好地融入学习环境，激发他们的学习兴趣和动力。教师可以通过实地参观、模拟比赛、角色扮演等方式来创设真实的体育学习情境。

例如，在篮球教学中，教师可以组织学生观看一场真实的篮球比赛，并让他们模拟担任不同的角色，如球员、教练、裁判等。通过角色扮演，学生能够更深入地了解篮球比赛的规则和策略，提高实践能力。同时，真实的情境还能让学生更好地理解团队合作的重要性，培养团队协作精神。

2. 结合生活实际设计教学任务

设计教学任务时，教师应注重将学习内容与实际生活相结合，以使学生更好地理解知识的实际应用价值，提高实践能力。

例如，在设计足球教学任务时，教师可以结合学生日常生活中的实际场景，如校园足球联赛、课外足球活动等，让学生在实际比赛中运用所学技能。这样的教学任务不仅能够提高学生的足球技能水平，还能培养他们的团队合作精神和比赛策略意识。同时，教师还可以引导学生关注足球运动在社会文化中的重要性和价值，拓宽他们的视野和认知范围。

3. 利用现代技术手段丰富教学情境

随着科技的发展，现代技术手段为体育教学提供了更多的可能性。教师可以利用多媒体技术、虚拟现实技术等现代教学手段来丰富教学情境，提高学生的学习兴趣和参与度。

例如，教师可以利用多媒体课件展示足球动作要领和技巧，让学生通过直观的图像和视频资料更好地理解动作要求。同时，教师还可以利用虚拟现实技术为学生创造一个虚拟的足球训练环境，让他们在模拟的球场中练习技术。这些现代技术手段不仅能够提高学生的学习效果，还能培养他们的创新思维和实践能力。

二、差异化教学原理在中学体育教学中的实施

（一）识别并尊重学生的个性差异

1. 观察并了解学生特点

在中学体育教学中，实施差异化教学的第一步是深入了解每个学生的特点。教师需要细心观察学生在课堂上的表现、参与活动的积极性以及技能掌握的情况。通过观察，教师可以了解每个学生的运动能力、兴趣爱好和学习风格，从而为后续的教学提供参考。

2. 评估学生的运动能力与需求

除了观察，教师还可以通过评估来更准确地了解学生的能力和需求。评估可以包括体能测试、技能考核以及与学生的一对一交流。通过这些评估，教师可以掌握每个学生的具体水平，进而为他们制订更合适的教学计划。

3. 尊重并接纳学生的差异

每个学生都是独一无二的，他们有着不同的学习速度和方式。教师应该尊重这些差异，避免"一刀切"的教学方式。对于那些在学习上有困难或特殊需求的学生，教师需要给予更多的关注和帮助，确保每个学生都能在体育教学中得到成长。

（二）提供多样化的教学内容和方法

1. 设计多层次的教学内容

为了满足不同学生的学习需求，教师需要设计多层次的教学内容。这些内容应该涵盖基础技能、提高技能和拓展技能，以便学生根据自己的实际情况进行选择和学习。基础技能是所有学生都必须掌握的，而提高技能和拓展技能可以为那些有能力且有兴趣深入学习的学生提供更多的挑战。

2. 运用多样化的教学方法

除了教学内容，教学方法的多样化也是实施差异化教学的关键。教师可以采用讲解、示范、实践、小组合作等多种教学方法来激发学生的学习兴趣和积极性。同时，教师还可以利用多媒体和网络资源来辅助教学，使学生能够通过多种渠道获取知识和技能。

3.鼓励自主学习与探索

差异化教学不仅要求教师提供多样化的教学内容和方法，还要鼓励学生进行自主学习和探索。教师可以设置一些开放性的问题或任务，让学生在解决问题的过程中主动学习和思考。通过这种方式，学生可以更深入地理解体育知识和技能，同时也能培养他们的创新思维和解决问题的能力。

（三）实施分组教学

1.合理分组，确保组内异质、组间同质

在实施分组教学时，教师需要遵循"组内异质、组间同质"的原则。这意味着每个小组的学生应该在能力、性别、性格等方面具有一定的差异，以便他们能够互相学习和帮助；而各个小组之间的整体水平应该相对接近，以确保竞争的公平性。通过合理分组，教师可以更好地实施差异化教学，满足不同学生的学习需求。

2.针对不同小组制订不同的教学目标和计划

分组完成后，教师需要针对不同小组的特点设定相应的教学目标和计划。对于能力较强的小组，教师可以设置更高的目标和更具挑战性的任务；对于能力较弱的小组，教师则需要提供更多的指导和支持，帮助他们打好基础并逐步提高。通过这种方式，每个学生都能在适合自己的学习环境中得到成长和发展。

3.加强小组内的合作与交流

分组教学的另一个重要目的是加强小组内的合作与交流。教师需要鼓励学生在小组内积极发言、分享经验和观点，以便他们能够相互学习和启发。同时，教师还可以通过组织小组间的比赛或活动来增强学生的团队合作精神和竞争意识。通过这些合作与交流的机会，学生可以更好地理解和运用所学知识和技能，提高他们的学习效果和综合素质。

三、教学评价在体育教学中的作用

（一）采用多元化的评价方式

1.多元评价方式的必要性

在传统的体育教学中，评价方式往往单一，主要以考试成绩或者技能测试为

主,这种方式很难全面反映学生的实际学习情况和能力水平。因此,采用多元化的评价方式尤为重要。多元化的评价方式可以从多个角度、多个层面对学生的学习进行评价,更全面地反映学生的学习状况,有助于教师更准确地把握学生的学习进度和问题,从而进行更有针对性的指导。

2. 多元评价方式的实施方法

在中学体育教学中,实施多元化的评价方式可以从以下几方面入手。首先,教师可以通过观察学生在体育活动中的表现来评价他们的技能水平。例如,在篮球教学中,教师可以观察学生的运球、投篮、传球等基本技能,以及他们在比赛中的实际表现,据此评价他们的技能水平。其次,教师可以根据学生的学习态度来评价他们。例如,观察学生是否积极参与课堂活动,是否认真听讲、练习等。此外,教师还可以对学生的合作精神、创新能力等方面进行评价。除了教师评价,还可以引入学生自评和互评的方式,让学生从自己的角度和他人的角度对自己的学习进行评价,这样不仅可以更全面地了解学生的学习情况,还可以培养学生的自我认知能力和批判性思维。

3. 多元评价方式的效果

通过多元化的评价方式,教师可以更全面地了解学生的学习情况,发现学生的优点和不足,从而进行个性化的指导和帮助。同时,多元化的评价方式也可以激发学生的学习兴趣和动力,让他们更加积极地参与体育教学中来。此外,多元化的评价方式还可以培养学生的自我评价能力和批判性思维,提高他们的自主学习能力和创新能力。

(二)重视过程性评价

1. 过程性评价的意义

过程性评价是指对学生在学习过程中所表现出的学习态度、方法和能力进行评价。与结果性评价相比,过程性评价更注重学生的学习过程和努力程度,能够更真实地反映学生的学习情况。在中学体育教学中,重视过程性评价可以让学生更加关注自己的学习过程和方法,发现自己的不足和问题,并及时进行调整和改进。同时,过程性评价也可以让教师更加关注学生的个体差异和学习需求,为每个学生提供更有针对性的指导和帮助。

2.如何实施过程性评价

实施过程性评价需要教师在教学过程中对学生的各方面进行细致的观察和记录。首先，教师可以通过课堂观察来了解学生的学习态度、参与度以及合作精神等方面的情况。其次，教师可以通过学生的作业、练习以及课堂表现来评估他们的学习方法和能力水平。此外，教师还可以利用与学生的一对一交流、小组讨论等方式来获取更深入的评价信息。在实施过程性评价时，教师应该注重评价的客观性和公正性，避免主观偏见和片面评价。

3.过程性评价带来的积极影响

通过实施过程性评价，教师可以更准确地了解每个学生的学习情况和需求，为后续的教学提供有力的依据。同时，过程性评价还可以激发学生的学习兴趣和动力，让他们更加关注自己的学习过程和方法。对于学生而言，过程性评价可以帮助他们发现自己的优点和不足，便于及时调整学习策略和方法，提高学习效果。此外，过程性评价还可以培养学生的自主学习能力和自我管理能力，为他们更好的发展打下坚实的基础。

（三）通过教学评价反馈调整教学

1.教学评价反馈的重要性

教学评价反馈是教学过程中的重要环节。它可以帮助教师及时了解学生的学习情况和问题，从而调整教学方法和内容，更好地满足学生的学习需求。在中学体育教学中，教师可以通过教学评价反馈来发现学生的技能掌握情况、学习态度等方面的问题，为后续的教学提供参考。同时，教学评价反馈也可以促进教师与学生之间的沟通和交流，增强教学的针对性和实效性。

2.如何利用教学评价反馈调整教学

首先，教师需要认真收集和分析教学评价反馈的信息。这些信息可以来自学生的课堂表现、作业完成情况、技能测试成绩等多方面。通过分析这些信息，教师可以为后续的教学调整提供依据。其次，教师需要根据教学评价反馈的信息来调整教学方法和内容。例如，如果发现某些学生在某些技能上存在困难或问题，教师可以有针对性地加强这些技能的教学和训练；如果发现某些教学内容或方法不受学生欢迎或效果不佳，教师可以及时调整和改进。最后，教师还需要持续关注学生的具体表现和反馈意见，不断完善和调整教学方法和内容，以确保教学的有效性和针对性。

3. 教学评价反馈调整教学的效果

通过教学评价反馈调整教学可以带来多方面的积极效果。首先，它可以提高教学的针对性和实效性，更好地满足学生的学习需求。其次，它可以激发学生的学习兴趣和动力，让他们更加积极地参与体育教学中来。最后，还可以促进教师与学生之间的沟通和交流，增强教学的互动性和趣味性。最终，这些调整将有助于提升体育教学的整体质量和效果。

四、教育学原理指导下的体育教学策略

（一）创设积极的学习环境

1. 打造轻松愉快的课堂氛围

为了创设积极的学习环境，教师应首先致力于营造一种轻松愉快的课堂氛围。在体育课堂上，教师可以通过引入音乐、游戏和竞赛等元素，使学习内容更加生动有趣。例如，在热身活动中加入节奏感强的音乐，或者设计一些体育小游戏和团队竞赛，让学生在轻松的氛围中自然而然地投入体育学习中。这样的环境不仅能够降低学生的心理压力，还能激发他们的学习兴趣和积极性。

2. 用鼓励和赞扬增强学生的自信

在教学过程中，教师应该及时给予学生鼓励和赞扬。当学生完成一个动作或任务时，教师的肯定和赞赏能够极大地增强学生的自信心和学习动力。这种正面的反馈机制可以让学生更乐于参与体育活动中，从而提高学习效果。同时，教师还可以通过设立奖励机制，进一步激发学生的学习热情。

3. 建立良好的师生关系

良好的学习环境离不开良好的师生关系。教师应该尊重每一个学生，了解他们的需求和期望，与他们建立起信任和沟通的桥梁。在体育课堂上，教师可以通过与学生互动交流，了解他们的学习情况和感受，及时调整教学策略。这种亲密的师生关系能够让学生更加信赖教师，从而更加积极地投入学习中。

（二）设计具有挑战性的教学任务

1. 制定层次化的教学任务

为了促进学生的全面发展，教师需要结合教育目标，设计具有挑战性的教学任务。这些任务应该根据学生的实际水平和能力进行分层设计，既要确保基础较差的学生能够完成，又要给基础较好的学生提供足够的挑战。例如，在篮球教学中，教师可以设置不同难度的投篮、运球和传球任务，让每个学生都能在自己的水平上得到提升。

2. 引入竞赛和挑战性活动

教师还可以定期组织一些体育竞赛或挑战性活动，让学生在实战中检验自己的学习成果。这不仅能够激发学生的学习兴趣和动力，还能培养他们的竞争意识和团队合作精神。在竞赛过程中，教师应该注重引导学生正确对待胜负，培养他们胜不骄、败不馁的良好心态。

3. 培养学生的自主学习能力

具有挑战性的教学任务还应该包括培养学生的自主学习能力。教师可以引导学生通过自主探究和合作学习相结合的方式来完成任务。例如，学习新的体育技能时，教师可以先让学生自行尝试和探索，然后再进行点拨和指导。

（三）注重学生的情感体验

1. 关注学生的情感需求

在体育教学过程中，教师应该密切关注学生的情感需求。每个学生都有自己的个性和情感特点，教师应该尊重并理解他们。在课堂上，教师可以通过观察学生的表情、动作和语言等细节来了解他们的情感状态，及时给予关心和支持。同时，教师还可以定期与学生进行一对一的交流，了解他们在学习与生活中的困惑。

2. 培养学生的团队合作精神和协作能力

体育教学不仅是技能传授的过程，更是培养学生团队合作精神和协作能力的重要途径。教师可以通过组织一些团队活动或合作项目来培养学生的团队协作能力。在这些活动中，教师应该注重引导学生学会倾听、沟通和协作，让他们在共同完成任务的过程中增进彼此之间的了解和信任。同时，教师还可以通过团队建设活动来增强学生的集体荣誉感和归属感。

3. 倾听学生的想法，尊重学生的主体性

为了增强学生的情感体验和学习动力，教师还应该倾听学生的想法和意见。在教学过程中，教师应该鼓励学生发表自己的看法和建议，尊重他们的主体性地位。当学生对某个动作或任务有自己的理解和创意时，教师应该给予充分的肯定和支持，以此激发学生的学习兴趣和创新精神，让他们在体育学习中获得更多的成就感和满足感。

第三章　中学体育教学的现状与挑战

第一节　中学体育教学的特点

一、基础性

(一)为学生打下良好的体能基础

1. 科学训练与学生体能发展

中学阶段,学生的身体正处于快速发育期,骨骼、肌肉、心肺功能等都在迅速成长和增强,体育教学在这一阶段扮演着至关重要的角色。通过科学的训练方法,教师可以有针对性地提升学生的各项身体素质,包括力量、速度、耐力、灵敏性和协调性。例如,力量训练可以通过杠铃、哑铃等器械进行,以增强学生的肌肉力量和爆发力;速度训练则可以通过短跑等练习,提高学生的反应速度和移动速度。

2. 长跑训练与心肺功能提升

长跑是中学体育教学中常用的一种训练方法,对于提高学生的心肺功能具有显著效果。在长跑过程中,学生需要调整呼吸节奏,以适应身体的运动需求。这种训练不仅可以增强学生的腿部肌肉力量,还能改善心肺功能,提高身体的耐力和持久力。长跑训练还有助于培养学生的意志力和毅力,让他们在面对困难和挑战时能够坚持不懈。

3. 游泳训练与综合体能提升

游泳是一项全身性的运动,对于提高学生的水性、自救能力和身体协调性具有重要作用。在游泳训练中,学生需要掌握正确的呼吸方法和游泳姿势。游泳训练能够促进学生的血液循环和新陈代谢,对他们的身体健康产生积极影响。

4. 体能基础与未来发展

中学阶段打下的体能基础将对学生未来的学习和生活产生深远影响。无论是参与更高强度的运动训练,还是应对日常生活中的各种挑战,良好的体能基础都将为学生提供有力的支撑。因此,教师在体育教学中应注重培养学生的体能素质,为他们的未来发展奠定坚实的基础。

(二)侧重于基本运动技能和运动知识的教授

1. 基本运动技能的重要性

基本运动技能是学生参与各类体育项目的基础,包括跑、跳、投、抛、接等。这些技能不仅在日常生活中经常用到,也是学生进行更复杂运动技能学习的基础。因此,中学体育教学必须重视对这些基本运动技能的教授和训练。

2. 技能训练的步骤与方法

在体育教学中,教师应遵循由易到难、循序渐进的原则,引导学生逐步掌握各项基本运动技能。例如,教师在教授投掷技能时,可以先从简单的抛球开始,逐步过渡到更复杂的投掷动作。同时,教师还应注重学生技能的巩固和提高,通过指导学生反复练习和反馈,帮助他们熟练掌握各项技能。

3. 运动知识的传授

除了技能训练,中学体育教学还应注重运动知识的传授。这包括运动原理、技术要领、比赛规则等方面的内容。通过了解运动原理,学生可以更好地理解技能的运用要点,掌握技术要领有助于提高学生的运动表现,熟悉比赛规则是学生参与体育竞赛的基础。

4. 知识与技能的综合运用

教授基本运动技能和运动知识不仅是为了应对体育课程的考核,更是为了让学生在未来的体育活动中能够自如运用这些知识和技能。因此,教师在体育教学中应注重培养学生的实践能力和综合运用能力。

二、多样性

(一)教学内容涵盖多种运动项目

1. 传统运动项目的教授

中学体育教学注重传统运动项目的教授,如足球、篮球、排球等球类运动,这些运动在全球范围内广受欢迎,具有很高的竞技性和观赏性。学生不仅能掌握基本的运动技能，还能在团队协作中培养集体荣誉感和竞争意识。

2. 田径项目的训练

田径项目是中学体育教学的重要内容之一，包括短跑、跳远、跳高等。这些项目能够锻炼学生的速度、力量和协调性，提高他们的身体素质。在教学中，教师可以通过科学的训练方法，帮助学生掌握正确的技术动作，提高他们的运动表现。同时，田径项目的训练还能培养学生的毅力和耐力，让他们在面对困难和挑战时能够坚持不懈。

3. 新兴运动项目的引入

为了满足学生的多元化需求，中学体育教学还需要积极引入新兴运动项目，如攀岩、滑板等。这些项目具有时尚性和挑战性，能够激发学生的学习兴趣和热情。例如，攀岩教学可以帮助学生锻炼上肢力量和协调性，培养他们的冒险精神和自信心；而滑板教学能让学生在享受运动乐趣的同时，提高他们的平衡感和反应能力。

通过涵盖多种运动项目的教学内容，中学体育教学能够为学生提供更加丰富多彩的学习体验，满足他们的个性化需求。这种多样性的教学内容不仅有助于培养学生的体育兴趣，还能让他们在运动中享受快乐、提升自我。

（二）教学方法和手段多样化

1. 游戏化教学法在体育教学中的应用

游戏化教学法是通过将运动技能的学习与游戏相结合，使学生在轻松愉快的氛围中掌握知识和技能。在中学体育教学中，教师可以根据教学内容和学生的特点，设计具有趣味性和挑战性的体育游戏。例如，在教授篮球运球技能时，教师可以设计"运球接力"游戏，让学生在游戏中巩固运球技巧，提高控球能力。

2. 情境教学法的实施与效果

情境教学法是通过创设生动、具体的场景，让学生在模拟情境中学习和运用运动技能。在中学体育教学中，教师可以根据教学内容，创设与现实生活相近的情境，让学生在模拟情境中体验和感悟运动技能。例如，在教授足球传球技能时，教师可以设置"传球接力"情境，让学生在模拟比赛中体验传球的时机和力度，从而提高他们的实战能力。情境教学法能够帮助学生更好地理解运动技能在实际比赛中的运用，提高他们的应变能力和实战水平。

3. 小组合作学习的组织与意义

小组合作学习是通过将学生分成若干小组，让他们在小组内互相学习、互相帮助，共同完成学习任务。在中学体育教学中，教师可以根据教学内容和学生特点，合理分组，并分配不同的学习任务。通过小组合作学习，学生可以相互借鉴、取长补短，共同提高运动技能。同时，小组合作学习还能培养学生的团队协作精神和沟通能力。例如，在教授排球扣球技能时，教师可以让学生分组进行练习，并让他们在小组内互相评价和指导，从而提高扣球技能的准确性和稳定性。

总之，通过多样化的教学方法和手段，中学体育教学能够更加贴近学生的实际需求和兴趣爱好，提高他们的学习积极性和参与度，培养学生的自主学习能力、创新精神和团队协作能力。

三、实践性

（一）强调实践操作和运动技能的训练

1. 实践操作的重要性与实施方法

实践操作是中学体育教学的核心环节，其重要性不言而喻。通过实践操作，学生可以将理论知识转化为实际技能，从而更好地理解和掌握体育运动的要点。在实施实践操作教学时，教师需要设计合理的训练计划，明确训练目标和步骤，并为学生提供必要的指导和反馈。同时，教师还应注重实践操作的安全性，确保学生在训练过程中不受伤。

为了提高实践操作的效果，教师可以采用多种教学方法，如示范教学、纠错教学等。示范教学可以帮助学生建立正确的动作概念，纠错教学则可以帮助学生及时纠正错误动作，避免形成不良习惯。此外，教师还可以借助多媒体设备、运动分析软件等辅助实践操作教学，改进教学方法，提升学生学习的兴趣，提高教学效果。

2. 运动技能的训练与提升策略

运动技能是中学体育教学的重要内容之一。通过科学、系统的技能训练，学生可以掌握各种运动技能，提高运动的表现力。在训练中，教师应为学生设计个性化的训练方案。同时，教师还应注重技能训练的循序渐进，从基础技能入手，逐步提高学生的技能水平。

为了提升学生的运动技能，教师可以采用多种训练方法，如分解练习、完整练习、变换练习等。分解练习可以帮助学生逐步掌握运动技能的各个环节，完整练习可以帮助学生将各个环节整合在一起，形成完整的技能动作。变换练习则可以帮助学生适应不同的环境和对手，提高技能的运用能力和应变能力。

此外，教师还可以通过组织技能比赛、技能展示等活动激发学生的训练热情和竞争意识，进一步促进他们技能的提升。

（二）鼓励学生积极参与体育活动提升运动技能和体能

1. 亲身参与体育活动的意义与价值

积极参与体育活动是学生提升运动技能和体能的重要途径。多参与，学生才能更加深入地了解体育运动，感受到体育运动的魅力。同时，更及时地发现自己的优点和不足，从而更好地调整训练计划和提升策略。此外，还可以培养学生的团队合作精神和竞争意识，提高他们的社交能力和心理素质。

在积极参与体育活动的过程中，学生还可以学习到如何面对挫折和失败，如何调整心态和情绪。

2. 体育活动中的技能提升与体能锻炼

在体育活动中，学生可以通过实践来提升自己的运动技能和体能。例如，在篮球比赛中，学生需要运用所学的篮球技能来完成传球、投篮等动作，并通过比赛来提高自己的反应速度和移动能力。在足球比赛中，学生需要熟练运用所学的足球技能来完成控球、传球、射门等动作，并提高自己的耐力和爆发力。

除了比赛，教师还可以组织各种形式的体育活动，如趣味运动会、体能挑战赛等，来激发学生的参与热情和竞争意识，鼓励学生通过完成各种任务和挑战来提升自己的运动技能和体能。在趣味运动会中，教师可以设置各种趣味项目，如跳绳、踢毽子、拔河等，让学生通过参与这些项目来提升自己的协调性和灵敏性。在体能挑战赛中，教师可以设置各种体能测试项目，如引体向上、俯卧撑、仰卧起坐等，让学生通过挑战体能极限来提高身体素质和意志力。

3. 积极参与体育活动的心理效益

多参与体育活动不仅对学生的身体健康有益，还会对他们的心理健康产生积极影响。体育活动可以帮助学生释放压力、缓解焦虑情绪，增强自信心和自尊心。在团体运动中，学生还可以学会与他人合作、沟通的技巧，培养团队协作精神。这些心理效益对于学生的全面发展具有重要意义。

四、教育性

（一）兼顾技能传授与团队合作精神的培养

1. 技能传授与团队合作精神的结合

中学体育教学在传授运动技能的同时，也应着重培养学生的团队合作精神。在教授学生足球、篮球、排球等运动技能时，教师不仅要讲解和示范技术动作，还需强调团队成员之间的配合与沟通，让学生在实践中理解并体会团队合作的力量。

2. 团队活动的组织与团队合作精神的培养

为了培养学生的团队合作精神，中学体育教师需组织丰富多样的团队活动，包括团队接力赛、团队拔河比赛、团队趣味运动会等，学生需要相互协作才能共同完成任务。通过参与这些活动，学生不仅能够提高自己的运动技能，还能学会如何与他人合作，增强团队意识。

3. 团队合作精神对学生发展的重要性

团队合作精神是现代社会不可或缺的重要素质。在中学阶段培养学生的团队合作精神，有助于他们更好地适应未来社会的需求。通过体育教学培养学生的团队合作精神，可以促使他们在未来的工作和生活中更加注重团队协作，提高沟通能力和解决问题的能力。

（二）体育活动促进学生的全面发展

1. 锻炼身体素质

中学体育教学通过各种体育活动，能有效地锻炼学生的身体素质。长跑、游泳、跳远等运动项目能够增强学生的心肺功能，提高耐力和爆发力；篮球、足球等球类运动则能够锻炼学生的灵敏性、协调性和反应能力。

2. 锻炼与培养心理素质

在参与体育运动的过程中，学生会遇到各种挑战和困难，如比赛失利、技能难以掌握等。面对这些挑战，学生需要学会调整心态、保持冷静并坚持不懈。这种心理素质的培养对学生的未来发展具有重要意义，能够帮助他们更好地应对生活中的挫折和困难。

3. 提高社交能力

在团体运动中，学生需要与队友进行沟通和协调，共同完成任务；在比赛中，学生还需要学会尊重对手、遵守比赛规则并与裁判进行交流。这些经历都能帮助学生提高社交能力，让他们在未来的学习和工作中更加游刃有余。此外，体育活动还能培养学生的领导力和组织协调能力，为他们的全面发展提供有力支持。

第二节 中学体育教学存在的问题

一、教学资源不足

（一）体育设施和运动器材的不足

1. 体育设施和运动器材相关问题的现状

在中学体育教学中，教学资源不足的问题日益凸显，其中体育设施和运动器材的缺乏尤为突出。许多学校的运动场地、设施以及相关的运动器材数量并不充裕，这使得正常的体育教学活动受到了一定的限制。例如，一些学校可能只有一个篮球场或足球场，当多个班级同时上体育课时，场地分配就成了一个大问题。此外，像乒乓球拍、羽毛球拍、跳绳等小型运动器材也往往因为数量有限而无法满足所有学生的需求。

2. 对体育教学的影响

体育设施和运动器材的缺乏，对体育教学产生了不小的影响。首先，它限制了教学内容的多样性和丰富性。由于缺乏相应的设施和器材，一些特定的体育项目无法开展，学生无法接触到多样化的体育运动，这不利于培养学生的体育兴趣和爱好。其次，它也影响了学生的参与度。当多个学生需要共享有限的器材时，每个学生的实践机会就会减少，这不利于学生运动技能的提升和体能的锻炼。

（二）专业体育教师资源不足

1. 专业体育教师相关问题的现状

在很多地区的中学体育教学实践中，除了硬件资源的不足，软件资源即专业的体育教师也严重匮乏。尤其在一些经济欠发达或农村地区，由于种种原因，如教师待遇不高、工作环境和条件相对较差等，导致乐于从事中学体育教学的专业人才数量严重不足。

2. 对体育教学的影响

专业体育教师的缺乏，对中学体育教学产生了巨大影响。首先，这种现状直接影响了教学质量。由于缺乏专业的体育教师，一些学校只能由其他学科的教师来兼任体育课程，而这些教师缺乏专业的体育知识和技能，往往难以胜任体育教学工作。其次，这也影响了学生的学习兴趣和积极性。非专业的体育教师难以提供科学、系统的训练和指导，导致学生在体育课上无法得到有效的锻炼和提升，也就难以实现教学目标所追求的成果与效果。

二、教学方法落后

（一）陈旧的教学方法难以激发学习兴趣

1. 传统教学方法的弊端

传统的中学体育教学方法，如灌输式教学和机械式训练，虽然在一定程度上能够帮助学生掌握基本的体育技能，但其弊端也日益显现。这些方法往往以教师为中心，注重技能的传授，而忽视了学生的主体地位和学习兴趣。学生在这种教学模式下往往处于被动接受的状态，难以发挥主观能动性和创造性。长此以往，学生可能会对体育课程产生厌倦和抵触情绪，不利于他们在体育技能方面的长远发展。

2. 激发学生学习兴趣的必要性

激发学生的学习兴趣是体育教学的关键。因此，教师需要改变传统的、陈旧的教学方法，采用更加生动有趣的教学手段来吸引学生的注意力，激发他们的学习兴趣。

3. 教学方法需要灵活多样

为了激发学生的学习兴趣和积极性，教师应该尝试采用灵活多样的教学方法。例如，游戏化教学可以将体育技能的学习与游戏相结合，促使学生在游戏中掌握技能，提高学习的积极性。情境教学则可以创设生动具体的场景，让学生在模拟情境中学习和运用体育技能，增强学习的趣味性和实用性。这些教学方法不仅能够激发学生的学习兴趣，还能提高他们的学习效果和体育兴趣。

（二）缺乏创新性的教学手段和内容

1. 创新性教学手段和内容的重要性

随着科技的不断进步和教育理念的不断更新，体育教学也应该与时俱进，引入更多创新性的教学手段和内容。创新性的教学手段和内容能够激发学生的学习兴趣和创造力，提高他们的体育素养。同时，创新性教学也有助于培养学生的创新意识和实践能力，为他们未来的学习和工作打下坚实的基础。

2. 体育教学创新性不足

在当前的中学体育教学中，一些教师仍然停留在传统的教学手段和内容上，缺乏创新意识和实践能力。一部分体育教师过于注重技能的传授和训练，而忽视了对学生创新意识和实践能力的培养。这不仅限制了体育教学的效果和质量，也阻碍了学生在体育道路上的学习和发展。

三、评价体系不完善

（一）过于注重技能和体能的评价

1. 偏重技能和体能评价

在中学体育教学的现行评价体系中，技能和体能的评价往往被置于首要位置。这种评价方式主要关注学生的运动技能和体能水平，如跑步速度、跳远距离、力量表现等。虽然这些指标在一定程度上能够反映学生的体育素养，但过分强调这些方面会导致评价体系的偏颇。

2. 忽视对情感和态度的培养

当评价体系过于注重技能和体能时，往往会忽视对学生的情感和态度的培养。体育不仅仅是技能和体能的训练，更是培养学生坚韧不拔、团队合作精神和积极生活态度的重要途径。如果评价体系中缺乏对这些方面的考量，那么体育教学就难以全面实现其育人目标。

（二）评价标准单一，缺乏个性化的评价机制

1.评价标准单一

在当前的中学体育教学中，评价标准往往过于单一，缺乏对不同学生个体差异的考虑。这种"一刀切"的评价方式可能使一些在某些方面有特殊才能或兴趣的学生无法得到应有的认可和鼓励，从而影响他们的学习积极性和自信心。

2.缺乏个性化评价机制

每个学生都是独一无二的个体，他们在体育学习上的兴趣、天赋和进步速度各不相同。因此，建立能够充分考虑学生个体差异的个性化评价机制至关重要。

四、学生参与度不高

（一）学生对体育课程缺乏兴趣

1.教学内容与方法的问题

学生对体育课程缺乏兴趣，往往与教学内容枯燥无味、教学方法单一有直接关系。在传统的体育教学中，教师可能过于注重技能的传授，而忽视了教学内容的趣味性和教学方法的多样性。这就导致学生在上课时容易感到无聊和厌倦，从而降低对体育课程的兴趣。

为了改善这一状况，教师需要重新审视和调整教学内容。例如，可以引入更多学生感兴趣的体育项目，或者将传统的体育项目与流行文化相结合，增加课程的吸引力。同时，教师还应尝试多样化的教学方法，如游戏化教学、情境教学等，让学生在轻松愉快的氛围中学习，提高学习兴趣。

2.未能满足学生个性化需求

每个学生都有自己的兴趣爱好和特长，如果教师能够根据学生的个性化需求来安排教学内容和活动形式，就能更有效地激发学生的学习兴趣。然而，在现实的体育教学中，这一点往往被忽视。

为了满足学生的个性化需求，教师可以在课前进行学生兴趣爱好的调查，了解他们喜欢的体育项目和活动形式。然后，教师可以根据学生的反馈来调整教学

计划，尽可能地引入他们感兴趣的内容。这样不仅能提高学生的学习兴趣，还能让他们在体育课程中感受到尊重和满足。

3. 教师角色需要转变

在传统的教学模式中，教师往往是课堂的主导者，学生则处于被动接受的状态。这种教学模式不利于激发学生的学习兴趣。因此，教师需要转变角色，从主导者变为引导者和参与者。

作为教师，应该鼓励学生积极参与课堂活动，提出自己的想法和建议。同时，教师还可以与学生一起参与到体育活动中，与他们建立更紧密的联系。通过这种方式的互动，教师可以更好地了解学生的需求，从而更有针对性地激发学生的学习兴趣。

（二）学生参与度低，缺乏积极性和主动性

1. 学生自身因素

一些学生因为身体素质差、技能水平低或自信心不足等原因而缺乏参与体育活动的积极性和主动性，害怕在同学面前出丑或者担心自己的表现不如他人，因此对体育课存在一定的畏难心理。

为了解决这一问题，教师需要给予学生更多的鼓励和支持。可以通过降低活动难度、提供额外的辅导和训练等方式来帮助学生提高技能水平和自信心。同时，教师还可以在体育课堂上营造积极向上的氛围，鼓励学生敢于尝试和挑战自己。

2. 家庭因素

家庭环境和家长的态度也会对学生的体育参与度产生影响。如果家长不重视体育教育或者对子女参与体育活动持消极态度，学生就可能缺乏参与体育活动的积极性和主动性。

为了改善这一状况，教师可以通过家长会、家访等方式与家长进行沟通，向他们宣传体育教育的重要性和意义。同时，教师还可以邀请家长参与到子女的体育活动中来，增强他们对体育教育的认识和重视程度。通过这种方式，教师可以与家长共同促进学生的体育课程参与度和积极性。

3. 社会因素

社会环境和社会舆论也会对学生的体育课程参与度产生影响。当今社会，学

习成绩往往被视为评价学生的主要标准，而体育教育相对容易被忽视。这种观念可能导致学生对体育课程和活动缺乏重视，参与度也会降低。

为了改变这一现状，教师需要积极宣传体育教育的价值和意义，以提高全社会对体育教育的认可度。同时，教师还可以通过组织校际比赛、参加社会公益活动等方式来展示学生的体育才能和成果，以此增强学生的自豪感和归属感。这些措施都有助于提高学生的体育参与度和积极性，促进他们在体育技能与其他方面的全面发展。

第三节　中学生身心发展与体育教学需求

一、中学生身体发展需求

（一）青春期的中学生，需要科学的体育锻炼促进身体健康

1. 青春期身体发育的特点

青春期是中学生生理变化最为显著的阶段。在这个阶段，中学生的骨骼、肌肉、内分泌和生殖系统都在经历快速而显著的变化。这些变化使得青春期的中学生身体逐渐成熟，但同时也带来了一系列身体和心理上的挑战。

青春期的中学生，骨骼的生长速度加快，骨密度逐渐增加，骨骼变得更加坚固。肌肉也在这一时期迅速增长，肌肉力量和耐力逐渐增强。然而，这些变化并非一蹴而就，而是需要一个逐步适应和锻炼的过程。因此，科学的体育锻炼对于促进中学生身体健康成长具有重要意义。

2. 体育锻炼对身体健康的促进作用

体育锻炼在青春期身体发育过程中起着至关重要的作用。体育锻炼可以促进骨骼的发育，使骨骼更加坚固，减少骨折等意外伤害的风险。体育锻炼能够增强肌肉力量和耐力，提高身体的运动能力，有助于中学生应对日常生活中的各种挑战。

此外，适度的体育锻炼还可以促进血液循环和新陈代谢，有助于预防青春期中学生常见的健康问题，如肥胖、近视等。通过体育锻炼，中学生可以养成健康

的生活习惯，提高身体素质，为未来的学习和生活奠定坚实的基础。

3. 制订科学的锻炼计划

为了满足中学生身体发展的需求，中学体育教学需要针对学生的身体发育特点，制订科学的锻炼计划。教师需要根据学生的年龄、性别和身体状况，合理安排运动项目和运动强度，避免过度锻炼导致身体疲劳和损伤，同时也要保证锻炼效果。

教师需要注重锻炼的全面性，包括力量训练、有氧运动、柔韧性练习等多方面，以便全面提高学生的身体素质，促进身体各系统的协调发展。

教师需要关注学生的个体差异，针对不同学生的身体特点和需求，制订个性化的锻炼计划。确保每个学生都能够在体育锻炼中受益，实现身体健康成长。

（二）学生对提高运动技能和体能的需求增加

1. 提高运动技能的需求

随着身体发育的逐渐成熟，中学生渴望掌握更多的运动技能，以便在体育活动中展现自己的才华。运动技能不仅关乎中学生在体育竞赛中的表现，更是提升中学生自信心、培养团队协作能力的重要方式。

中学体育教学应当注重对学生运动技能的培养，通过系统的训练和指导，帮助学生掌握各项运动技能。例如，教师可以根据学生的兴趣和特长，为他们提供足球、篮球、排球等球类运动的训练，或者提供田径、游泳等项目的专业指导。在满足学生提高运动技能需求的同时，还能帮助他们在体育活动中找到属于自己的位置。

2. 增强体能的需求

体能是中学生参与体育活动的基础，包括力量、速度、耐力、灵敏性和协调性等多方面。随着学习任务的加重和生活节奏的加快，中学生对增强体能的需求也日益迫切。他们希望通过体育锻炼提高自己的体能水平，以应对各种挑战和压力。

中学体育教学需要注重体能训练的全面性和系统性。教师可以通过多样化的训练方法和手段，如力量训练、有氧运动、柔韧性练习等，全面提高学生的体能水平。同时，教师还可以根据学生的个体差异和需求，帮助他们实现体能的均衡发展。

3. 多样化的运动项目和训练方式

为了满足中学生在提高运动技能和体能方面的需求，中学体育教学需要提供多样化的运动项目和训练方式。除了传统的体育项目如足球、篮球等球类运动和田径项目，还可以引入一些新兴的运动项目如攀岩、滑板等，以激发学生的运动兴趣，开发学生的运动潜能。

同时，教师还可以采用多种训练方式，如间歇训练、重复训练、循环训练等，以提高学生的运动技能和体能水平。这些多样化的运动项目和训练方式不仅可以满足学生的不同需求，还能帮助他们在体育锻炼中找到乐趣和成就感，也能获得实实在在的身体素质与体育成绩的提升。

二、中学生心理发展需求

（一）中学生心理逐渐成熟，需要培养自信心和意志力

1. 中学生心理与自我意识的发展

在心理逐渐成熟的过程中，中学生的自我意识也在不断发展。他们开始更加关注自己的内心世界，对自我价值和自我能力进行评价。在这个过程中，学生需要建立积极的自我形象，形成健康的自我认知，这对他们的心理健康和未来融入社会都至关重要。

体育教学可以通过提供各种挑战和机会，帮助学生认识自己的潜力，发现自己的价值，从而培养他们的自信心。

2. 自信心的培养途径

自信心是一种对自己能力的肯定和信任，是中学生心理发展的重要组成部分。在体育教学中，教师可以通过多种方式培养学生的自信心。

教师可以根据学生的技能水平和身体状况，设置合适的教学目标和任务，让学生在完成任务的过程中逐渐积累成功的经验，从而提升自信心。

教师可以通过积极的反馈和鼓励，增强学生的自我效能感。当学生完成一个动作或任务时，教师应及时给予肯定和表扬，让学生感受到自己的进步和成就。

教师可以引导学生进行自我反思和评价，让他们认识到自己的优点和不足，

从而调整心态，更加自信地面对挑战。

3. 意志力的锻炼与提升

意志力是指一个人自觉地确定目标，并根据目标调节支配自身的行动，克服困难，去实现预定目标的心理倾向。在中学阶段，培养学生的意志力有重要意义。

体育教师可以通过设置具有挑战性的任务和活动，锻炼学生的意志力。例如，在长跑、游泳等耐力项目中，学生需要克服身体的疲劳和不适，坚持完成任务。这种经历不仅可以锻炼学生的意志力，还能培养他们坚韧不拔的品质。

同时，教师还可以通过引导学生设定目标，帮助他们学会自我管理和自我激励，从而提升意志力水平。

（二）学生渴望在团队中找到归属感，提升团队合作能力

1. 团队归属感的重要性

中学生正处于社交需求日益增长的时期，他们渴望在团队中找到存在感、归属感。体育教学可以为学生提供一个融入团队、建立社交关系、提高社交能力的机会。在团队运动中，学生可以与他人共同参与活动，追求共同的目标，分享成功的喜悦，承担失败的挫折，分享活动复盘的经验，找到适合自己的朋友，从而建立起深厚的团队归属感。

这种归属感不仅可以满足学生的社交需求，还能激发他们的积极性和创造力。当学生感受到自己属于一个团队时，他们会更加努力地为团队做出贡献，同时也能在团队中找到自己的价值和意义。

2. 团队合作能力的培养

团队合作能力是现代社会中不可或缺的重要素质之一。在体育教学中，教师可以通过组织各种团队活动和比赛，培养学生的团队合作能力。

教师需要让学生了解团队合作的重要性，并引导他们学会倾听他人的意见、尊重他人的观点。在团队活动中，每个学生都应该有机会发表自己的看法和建议，共同为团队的目标努力。

教师可以通过设置需要团队协作才能完成的任务或比赛项目，让学生亲身体验团队合作的力量和重要性。

3. 提升团队沟通与协调能力

在团队中，沟通与协调能力是至关重要的。为了提升学生的这些能力，教师可以设计一些需要团队成员之间紧密沟通与协作的活动或任务。

例如，教师可以组织学生进行接力赛或拔河比赛等团队项目。在这些项目中，学生需要明确各自的角色和责任，并通过有效的沟通和协调来完成任务。教师还可以引导学生处理团队内部的冲突和分歧，以促进团队的和谐与稳定。

通过参与这些团队活动和比赛，学生可以逐渐学会如何在团队中发挥自己的作用、如何与他人进行有效的沟通和协调、如何处理团队内部的冲突和分歧等重要的社交技能。

三、针对中学生特点的体育教学策略

（一）设计符合中学生身心发展特点的教学内容和方法

1. 教学内容要有挑战性与趣味性

中学生的身心发展正处在一个关键阶段，他们对新奇、有趣的事物充满了好奇心和探索欲望。因此，体育教学内容的选择至关重要。教学内容应具有挑战性，以激发学生的求知欲和好奇心，同时又必须保证趣味性，以保持学生的学习热情和参与度。

例如，体育教学中可以引入街舞、轮滑等时尚流行的运动项目。这些项目不仅新颖有趣，而且能够锻炼学生的协调性和灵活性，提高他们的身体素质。同时，这些项目也符合中学生的审美趣味，能够激发他们的学习兴趣。

2. 教学方法要有灵活性与多样性

中学生的注意力和兴趣容易转移。因此，体育教学方法必须灵活多样，以适应他们的学习特点。教师可以通过游戏、竞赛等形式，让学生在轻松愉快的氛围中学习和掌握运动技能。这种方法不仅能够提高学生的学习效果，还能够培养他们的团队合作精神和竞争意识。

此外，教师还可以利用多媒体教学资源，如视频、图片等进行辅助教学。通过直观、生动的展示，帮助学生更好地理解运动技能的要领和技巧，提高他们的学习效果。

3. 关注学生个体差异，实施分层教学

中学生个体之间的身体素质和运动能力存在较大的差异。因此，教师在设计教学内容和方法时，应充分考虑学生的个体差异。可以根据学生的实际情况，实施分层教学，为不同层次的学生提供适合他们的教学内容和方法。

例如，对于运动能力较强的学生，教师可以适当增加教学难度，提供更高层次的挑战；对于运动能力较弱的学生，教师可以降低教学难度，给予更多的指导和帮助。这种分层教学的策略能够确保每个学生都能够在体育教学中获得进步和提高。

（二）注重学生的情感体验和兴趣激发，提高学生的学习积极性

1. 创造和谐的教学氛围

体育教学不仅是技能传授的过程，更是情感交流的过程。教师应创造一个和谐的教学氛围，让学生感受到教师的关爱和尊重，从而更加放松、自信地参与到体育教学中来。

教师可以通过亲切的言语、和蔼的态度以及适时的鼓励来拉近与学生的距离。同时，教师还可以定期组织一些团队活动或游戏，增强师生之间的互动和交流，营造轻松愉快的学习氛围。

2. 因材施教，关注学生的特长与爱好

教师应关注学生的个体差异和特长爱好，根据他们的实际情况因材施教。例如，对于篮球爱好者，教师可以组织篮球比赛或训练活动，让他们在比赛中展示自己的篮球技艺；对于舞蹈爱好者，教师可以提供舞蹈展示的舞台或组织舞蹈表演活动。

3. 创新教学手段，激发学生的兴趣

随着科技的发展和教育理念的更新，体育教学手段也在不断创新和发展。教师可以利用现代科技手段如VR（虚拟现实）、AR（增强现实）等技术来辅助体育教学。这些新颖的教学手段能够为学生提供更加真实、生动的运动场景和体验，激发他们的学习兴趣和好奇心。

第四章　游戏化教学法在中学体育的应用

第一节　游戏化教学法的原理

一、游戏化教学法的基本概念

（一）游戏化教学法及其在教育领域的应用

1. 游戏化教学法的定义与核心理念

游戏化教学法，简而言之，就是将游戏元素及设计理念融入日常教学活动中。这种方法不仅注重知识的传授，更重视学生在学习过程中的情感体验、参与度和兴趣激发。其核心在于利用游戏的吸引力，使学生在轻松、有趣的氛围中自然地学习和掌握知识。

游戏化教学法强调学生的主体性和主动性。它鼓励学生积极参与，自主探索，从而培养他们的创新思维和实践能力。这种方法有助于激发学生的学习兴趣，提高学习积极性，使他们更加主动地投入学习中。

2. 游戏化教学法在教育领域的广泛应用

在中学教育中，游戏化教学法可以发挥重要作用。教师可以设计一些具有挑战性的游戏任务，让学生在完成任务的过程中掌握新的知识和技能。这样不仅可以锻炼学生的自主学习能力，还可以培养他们的创新思维和解决问题的能力。

（二）游戏化教学法与传统教学法的区别

1. 角色定位的差异

在传统教学法中，教师通常扮演着知识传授者的角色，学生则是知识的接受者。这种角色定位使得学生在学习过程中处于相对被动的地位，往往只能按照教师的讲解和指示来学习。

然而，在游戏化教学法中，教师的角色发生了显著的变化。教师不再是单纯的知识传授者,而成为学生学习的引导者和促进者,他们的主要任务是设计有趣的游戏活动,引导学生积极参与并从中学习知识。同时,学生的角色也从被动的知识接受者转变为主动的学习者,他们需要在游戏中积极探索、思考和实践,从而真正地理解和掌握所学知识。

2. 教学方式的对比

传统教学法通常采用讲授、演示等单一的教学方式来传授知识。这种方式往往缺乏趣味性和互动性,容易使学生感到枯燥乏味。

相比之下,游戏化教学法采用了更加多样化的教学方式。教师可以通过设计各种有趣的游戏活动来引导学生进行自主学习和合作学习。角色扮演、团队竞赛、解谜游戏等都是游戏化教学法中常用的教学方式。

3. 学习氛围的迥异

传统教学法往往营造出一种严肃、紧张的学习氛围。在这种氛围中,学生可能会感到压力和焦虑,从而影响学习效果和兴趣培养。

而游戏化教学法致力于创设一种轻松、愉快的学习氛围。通过引入游戏元素和设计理念,教师可以将学习内容变得更加生动有趣且具有挑战性,不仅可以使学生在游戏中快乐地学习知识和发展技能,还可以激发他们的积极情绪和自信心。

4. 评价方式的区别

传统教学法通常采用单一的考试评价方式来衡量学生的学习成果。这种方式虽然可以客观地评估学生的知识水平,但往往忽视了学生在学习过程中的表现和努力。

游戏化教学法则更加注重过程性评价和多元评价。教师会根据学生在游戏中的表现、参与度、合作能力等多方面来进行综合评价。这种评价方式不仅可以更全面地反映学生的学习情况和发展状况,还可以激发他们的学习动力和自信心。同时,多元评价也有助于培养学生的综合素养,促进其全面发展。

二、游戏化教学法的理论基础

(一)游戏化教学法的心理学和教育学原理

1. 建构主义学习理论在游戏化教学法中的应用

建构主义学习理论是游戏化教学法的重要理论基础之一。建构主义认为,学习不是简单地通过教师传授得到知识和技能，而需要学习者在一定的情境下，借助其他人的帮助，利用必要的学习资料，通过意义建构的方式获得。这一理论强调了学习者在知识建构过程中的主动性，以及情境、协作、会话和意义建构等元素的重要性。

在游戏化教学法中，教师可以通过设计富有情境性的游戏任务，让学生在完成任务的过程中主动探索和建构知识。学生在游戏中与同伴协作，通过会话和交流来共同解决问题，从而实现对知识的深入理解和掌握。这种教学方式充分体现了建构主义学习理论的核心思想，即学习是学生主动建构知识的过程。

2. 多元智能理论与游戏化教学法的结合

多元智能理论由美国心理学家霍华德·加德纳提出，他认为人类具有多种智能，包括语言智能、数学逻辑智能、空间智能、身体运动智能、音乐智能、人际交往智能和自然观察智能等。这一理论强调了每个学生都拥有不同的智能优势，教学应关注学生的个体差异。

在游戏化教学法中，教师可以根据学生的不同智能优势，设计多样化的游戏活动和任务。例如，对于语言智能较强的学生，可以为其设计角色扮演或故事讲述类游戏；对于数学逻辑智能较强的学生，可以为其设计解谜或策略类游戏。这样不仅可以充分发挥学生的智能优势，提高他们的学习兴趣和积极性，还有助于培养学生的多元智能和全面发展。

3. 自我决定理论与游戏化教学法的关系

自我决定理论是一种关于人类动机和人格的理论。它认为人类有三种基本心理需要：自主需要、胜任需要和关联需要。当这些需要得到满足时，个体会体验到积极情绪和幸福感，并产生更强的内在动机。

在游戏化教学法中，教师可以通过设计具有自主性和挑战性的游戏任务来满足学生的自主需要和胜任需要。同时，通过游戏中的团队合作和互动来满足学生的关联需要。

（二）游戏化教学法如何激发学习兴趣和动力

1. 创设情境以激发学生的好奇心和探索欲

在游戏化教学法中，教师可以通过创设富有情境性的学习环境，引导学生进入学习状态并激发他们的好奇心和探索欲。例如，在教授历史事件时，教师可以设计一个模拟历史场景的游戏，让学生扮演不同的历史人物并参与到历史事件中去。这样不仅可以让学生在游戏中学习知识，还能够培养他们的想象力和创造力。

2. 设定明确目标以提供学习方向和动力来源

设定明确、具体的学习目标，是游戏化教学法中激发学生动力的关键步骤之一。为学生设定清晰的学习目标，可以让他们有明确的学习方向和努力的目标。例如，学习数学知识时，教师可以为学生设定一个具体的解题目标，并鼓励他们在规定的时间内完成。这样不仅可以激发学生的学习兴趣和动力，还能够培养他们的目标意识和时间管理能力。

3. 设计挑战性任务以增强学习成就感

设计具有挑战性的学习任务和活动是游戏化教学法中的另一个重要策略。让学生完成具有挑战性的问题或完成有难度的任务，可以让他们在解决问题的过程中体验成功的喜悦并增强自信心。例如，在学习编程知识时，教师可以为学生设计一个复杂的编程项目，并鼓励他们通过团队合作和自主探索来完成项目。

4. 及时反馈以调整学习策略并持续激发学习动力

给予学生及时的反馈和评价，是游戏化教学法中保持学生学习动力的关键环节之一。及时的反馈和评价，可以让学生了解自己的学习情况并及时调整学习策略以保持持续的学习动力。例如，在英语学习中，教师可以通过课堂小测验或在线练习等方式来检验学生的学习成果，并给予及时的反馈和建议。

5. 设立奖励机制以激励学生积极参与

设立奖励机制是游戏化教学法中激励学生积极参与并完成学习任务的有效手段之一。例如，教师可以设立一个积分系统来记录学生在游戏中的表现和成绩，并根据积分情况给予相应的奖励或惩罚措施。这样不仅可以激励学生积极参与并完成学习任务，还能够培养他们的自律意识和责任感。

三、游戏化教学法的作用机制

（一）游戏化教学法如何通过游戏元素提升学习参与度

1. 利用游戏元素激发学习兴趣

游戏化教学法巧妙地融合了游戏元素与学习内容，从而显著提升了学生的学习兴趣。例如，通过引入积分系统，学生可以在完成学习任务后获得相应的积分，积分不仅可以作为他们学习成果的直观展示，还可以用来兑换奖励或解锁更高级别的学习挑战。这样的设计充分利用了学生的求胜心理和竞争意识，激发了他们深入探索和学习新知识的欲望。

此外，排名和奖励机制也是游戏化教学法中常用的激励手段。通过定期公布学习排名，可以让学生清楚地了解自己在班级或小组中的位置，从而激发他们迎头赶上的动力。奖励机制则更加直接地激励学生努力。无论是虚拟奖励还是实物奖励，都能让学生感受到自己的进步被认可和肯定，进而更加积极地投入学习中去。

2. 设计多样化的学习活动

传统的教学方式往往以讲授为主，学生处于被动接受的状态，这样的学习方式很难使学生长时间保持注意力。而游戏化教学法通过设计多样化的学习活动，如角色扮演、解谜游戏、模拟情境等，将学习内容以更加生动有趣的形式呈现出来，可以有效激发学生的高度关注。

在这些多样化的学习活动中，学生不仅可以亲身体验知识的运用，还能在解决问题的过程中锻炼自己的思维能力和实践能力。例如，在角色扮演游戏中，学生可以扮演不同角色去解决问题，这样不仅能让他们更好地理解知识，还能培养他们的同理心和团队协作能力。

3. 鼓励学生自主探究

游戏化教学法还鼓励学生进行自主探究式学习。在这种模式下，学生不再是简单地接受知识，更需要自己去发现问题、分析问题并解决问题。教师可以通过设定开放性的问题或项目，引导学生进行深入的研究和探索。

在自主探究的过程中，学生需要运用已学的知识和技能去解决实际问题，从而有效巩固他们的学习成果，锻炼创新思维和解决问题的能力。同时，自主探究式学习还能让学生感受到学习的乐趣和成就感，从而提升其学习参与度。

（二）游戏化教学法在促进学生自主学习和合作学习方面的作用

1. 培养自主学习能力

游戏化教学法通过设定明确的学习目标和提供丰富的学习资源，为学生创造了自主学习的环境。在这个环境中，学生需要根据自己的学习进度和兴趣来选择学习的内容和方式。

为了完成学习任务或达到某个游戏目标，学生需要主动查找资料、分析问题并尝试解决问题。在这个过程中，学生不仅学会了如何学习新知识，还培养了自我监控和自我调节的能力。

此外，游戏化教学法还鼓励学生进行反思和总结。完成学习任务后，学生可以回顾自己的学习过程并找出存在的问题和不足之处以便改进。这种反思和总结的过程也是自主学习的重要组成部分，可以帮助学生更好地认识自己的学习方式和习惯，从而提高学习效果。

2. 提升团队合作精神

游戏化教学法中的合作学习活动为学生提供了与他人合作和交流的机会。在这些活动中，学生需要与他人共同完成任务或解决问题。这不仅要求他们学会倾听和理解他人的观点，还需要学会协调和沟通以达到共同的目标。

通过合作学习，学生不仅可以相互帮助和支持，还能在合作中学会承担责任和分享成果。这些经历不仅能提升他们的团队合作精神，还能培养他们的领导力和社交能力。

3. 拓宽学习视野

游戏化教学法中的合作学习还能帮助学生拓展学习视野。在合作学习过程中，学生会遇到来自不同背景、不同观点的同学，通过与他们的交流和合作，学生可以了解到更多的信息和观点，从而拓宽自己的知识面和思维方式。

此外，游戏化教学法还鼓励学生进行跨学科的学习和实践。教师可以通过结合不同学科的知识和方法帮助学生在体育课堂上更积极顺利地自主解决问题或完成任务；学生可以更加全面地了解知识的应用和价值，从而培养综合素养和创新能力。这种跨学科的学习和实践对学生未来的职业发展和终身学习都非常重要。

第二节 游戏化教学法在中学体育的实施

一、实施前的准备工作

（一）深入了解学生的需求和特点

1. 中学生生长发育关键期的需求

中学生正处于生长发育的关键时期，他们的身体和心理都在发生显著变化。在这一阶段，学生的骨骼、肌肉和神经系统都在快速发展，他们对体育运动的需求也日益增强。因此，在实施游戏化教学法之前，教师需要深入了解中学生生长发育的特点，以及他们在这一阶段对体育运动的具体需求。

例如，教师可以通过观察学生的日常活动、与学生进行沟通交流，或者利用学校提供的体质测试数据等，来全面了解学生的身体状况和运动能力，从而制订出更加贴近学生需求的游戏化教学计划。

2. 学生心理和兴趣特点分析

除了身体上的变化，中学生的心理也在逐渐成熟。他们开始形成自己的兴趣爱好和价值观，对不同的事物有了自己的判断和选择。因此，在实施游戏化教学法时，教师需要充分考虑学生的心理特点和兴趣爱好，选择能引起学生兴趣的游戏元素和教学方式。

例如，教师可以通过问卷调查、访谈或者课堂观察等方式，了解学生的兴趣爱好和对于不同游戏元素的偏好，设计出更加符合学生心理需求的游戏化教学内容。

3. 学生个体差异及其应对

每个学生都是一个独立的个体，他们在身体条件、运动技能和心理素质等方面都存在差异。因此，在实施游戏化教学法时，教师需要关注学生的个体差异，为不同层次的学生设计不同的教学内容和目标。

例如，对于自信心较强的学生，教师可以设置更高难度的游戏挑战，以激发他们的求知欲和竞争意识；对于信心不足的学生，教师可以设计更加基础的游戏内容，帮助他们逐步提升运动技能，增强自信心。

（二）选择与体育教学紧密结合的游戏元素

1. 游戏元素与教学目标要高度一致

在选择游戏元素时，教师需要确保所选元素与体育教学的目标紧密相连。这样不仅可以增强体育教学的趣味性，还可以确保学生在游戏中能够真正学到知识和技能。

如果教师的教学目标是提高学生的速度和爆发力，那么可以选择一些具有挑战性的竞技游戏，如接力跑、追逐跑等；如果教师的教学目标是培养学生的团队合作精神，那么可以选择一些需要团队协作才能完成的游戏，如拔河等。

2. 游戏元素要兼具趣味性和互动性

为了吸引学生的注意力，激发他们的参与热情，教师需要选择具有趣味性和互动性的游戏元素，便于学生在轻松愉快的氛围中学习体育知识和技能。

例如，教师可以引入一些学生喜爱的动漫角色或故事情节作为游戏背景，或者设计一些需要学生之间互动配合的游戏环节。这样不仅可以增强学生的参与感，还可以促进同学之间的交流与合作。

3. 了解学生喜好的途径与方法

为了更准确地选择符合学生喜好的游戏元素，教师可以通过多种途径了解学生的想法和需求。例如，可以利用课余时间与学生进行沟通交流，了解他们最喜欢的游戏类型和元素；也可以通过网络投票等方式收集学生的意见和建议，从而根据学生的反馈来调整和完善游戏化教学计划。

（三）明确详细的游戏化教学计划和目标

1. 明确游戏化教学的具体内容

在安排游戏化教学计划时，教师需要明确具体的教学内容。这包括要教授的技能、知识以及要培养的品质等。通过明确教学内容，教师可以更有针对性地选择游戏元素和设计教学环节。

例如，如果教师要教授篮球运球技能，就可以选择与篮球运球相关的游戏元素，如"运球接力""运球过障碍"等。同时，教师还可以设计一些与篮球运球技能相关的团队协作游戏,以培养学生的团队合作精神和沟通能力。

2. 合理安排教学时间和活动方式

设置游戏化教学计划时,教师还需要合理安排教学时间和活动方式。这包括确定每个游戏环节的时间分配、活动开展的顺序以及学生的分组方式等,以确保游戏化教学的有序进行,并充分利用课堂时间。

3. 关注学生的多维发展

除了明确具体的教学内容和合理安排教学时间,教师还需要设定明确的教学目标,不仅应关注学生的体能发展和运动技能提升,还应注重培养学生的团队合作精神、竞争意识以及心理素质等多方面的发展,从而可以更全面地评估游戏化教学法的效果,并及时调整教学策略以确保教学目标的实现。

二、实施过程中的要点

(一)如何将游戏元素融入中学体育教学实践中

1. 游戏元素与体育教学相结合的策略

在实施游戏化教学法时,教师需要精心策划将游戏元素与体育教学内容相结合。首先,要明确教学目标,确保所选游戏能够促进教学目标的实现。其次,分析教学内容,找出适合融入游戏元素的教学点。例如,教授排球课程时,教师可以让学生在游戏中掌握正确的发球、接球方式。最后,根据学生的实际情况和兴趣爱好,选择适合的游戏类型和难度,以确保游戏的趣味性和挑战性。

2. 创设游戏情境,增强学生体验感

为了更好地激发学生的参与热情,教师可以根据教学内容创设特定的游戏情境。例如,教授足球传球技巧时,可以设置一个模拟的足球比赛场景,让学生在实际比赛中运用所学技巧。通过情境化的教学方式,学生能够更加直观地理解运动技能在实际比赛中的应用,从而提高他们的学习兴趣和参与度、完成度。

3. 利用游戏元素培养学生的团队协作能力

团队协作能力是体育教学中的重要培养目标之一。通过巧妙地融入游戏元素,教师可以有效地培养学生的团队协作能力。例如,在设计团队对抗赛时,教师可以明确每个团队成员的角色和责任,让学生在游戏中学会相互配合、共同完成任务。

（二）教师在实施游戏化教学法中的角色和责任

1. 教师的引导与组织作用

在游戏化教学法中，教师需要充分发挥引导和组织作用。首先，教师要引导学生积极参与到游戏化教学中来，帮助他们明确教学目标和任务，确保每个学生都能理解并投入游戏中去。其次，教师要负责组织和协调各种游戏活动，确保教学的顺利进行。这包括游戏前的准备工作、游戏过程中的监控以及游戏结束后的总结与反馈等。

2. 教师的评价与激励机制

在游戏化教学法中，教师的评价和激励对于激发学生的学习兴趣和动力至关重要。教师需要对学生的表现给予及时的评价和反馈，以激励他们不断进步。评价内容可以包括学生的运动技能掌握情况、团队协作能力、竞争意识等方面。同时，教师还可以设立奖励机制，从而进一步激发学生的学习热情。

3. 教师对学生安全的监督与保障

在游戏化教学过程中，教师需要密切关注学生的身体状况和运动表现，及时发现并处理可能出现的安全隐患。首先，教师要确保游戏活动的安全性和合理性，避免设计过于危险或超出学生能力范围的游戏环节。其次，在游戏过程中，教师要随时关注学生的身体状况和反应，及时调整游戏难度和节奏以确保学生的安全。最后，教师还要对学生进行安全教育，提高他们的安全意识和自我保护能力。

通过以上措施的实施，教师可以有效地将游戏元素融入中学体育教学中，激发学生的学习兴趣和动力，培养他们的团队协作能力和竞争意识。同时，教师还要充分发挥自身的引导、组织和评价作用，确保游戏化教学法在中学体育教学中顺利实施并取得良好效果。

三、实施后的评估与反馈

（一）建立有效的评估机制，衡量游戏化教学法的效果

1. 确定评估目标和内容

通过设定明确的评估目标，可以更加准确地衡量游戏化教学法在中学体育教学中的实际效果。评估内容应具有全面性和针对性，以确保能够真实反映学生的综合素质和能力。

2. 选择合适的评估方法和工具

合适的评估方法和工具包括定期的体能测试、技能考核以及团队竞赛等。体能测试可以衡量学生的身体素质和耐力水平，技能考核可以评估学生运动技能的掌握情况，而团队竞赛可以检验学生的团队合作精神和竞争意识。此外，教师还可以利用问卷调查、访谈等方法，了解学生对游戏化教学的满意度、参与度以及学习成果的感受。

3. 分析评估结果，调整教学策略

收集到评估数据后，教师需要对这些数据进行深入分析和比较，从而客观地评价该教学法在中学体育中的实际效果和影响。同时，要根据评估结果及时调整教学策略，针对学生的薄弱环节进行有针对性的强化训练，以提高教学效果。

（二）收集学生和教师的反馈，不断优化教学方法

1. 建立有效的反馈渠道

为了及时收集学生和教师的反馈意见，教师需要建立有效的反馈渠道，可以通过设置意见箱、开展座谈会、建立微信群等方式实现。同时，教师还可以定期与学生进行面对面的沟通交流，了解他们对游戏化教学法的看法和建议。

2. 整理和分析反馈意见

收集到反馈意见后，教师需要对其进行整理和分析。通过分类汇总学生和教师的反馈，教师可以找出游戏化教学法中存在的问题和不足。例如，学生可能反映某些游戏环节过于复杂或单调，或者教师在游戏过程中的指导不够充分等。针对这些问题，教师需要认真反思并寻求改进的方法。

3. 制定改进措施和优化方案

根据整理和分析的反馈意见，教师需要制定相应的改进措施和优化方案。例如，针对游戏环节的问题，教师可以调整游戏规则和难度，或者增加新的游戏元素以激发学生的学习兴趣。同时，教师还需要加强在游戏过程中的指导和引导，确保学生能够充分理解和掌握所学内容。通过持续的改进和优化，游戏化教学法将更加符合中学体育教学的实际需求和发展趋势。

在实施游戏化教学法的过程中，教师需要不断关注学生的学习进展和反馈意见，根据实际情况灵活调整教学策略和方法。同时，教师还需要与同事进行深入的交流和合作，共同探讨和完善游戏化教学法在中学体育中的应用模式和实践经验。只有这样，才能充分发挥游戏化教学法的优势和作用，提高中学生的身体素质和综合能力。

第三节　中学体育课堂中的游戏化教学法案例

一、案例选择

本节课是某市实验中学初中二年级的一堂体育课，主要内容为篮球运球与投篮技巧的教学。在这堂课中，教师精心设计了一系列游戏化的教学活动，旨在让学生在轻松愉快的氛围中提升篮球运球与投篮的技能。同时，通过这些活动，教师也期望能够增强学生的团队协作精神和竞争意识，为他们在未来的学习和生活中打下坚实的基础。

运球与投篮是篮球运动中的基本技能，对于提高学生的篮球水平和培养篮球兴趣具有重要意义。

该案例反映了当前中学体育教学改革的趋势和方向，即注重学生的主体地位和教师的主导作用，通过创新教学方法和手段来提高学生的学习兴趣和能力。

二、游戏化教学法的具体应用

（一）游戏化教学法的实施步骤和过程

1. 热身环节的设计与实施

在热身环节，教师巧妙地设计了"接力运球"游戏。这一游戏的设计旨在迅速调动学生的身体，使他们从静态的学习状态过渡到动态的运动状态。游戏的规则简单明了：学生被分成若干小组，每组依次派出一名代表运球到指定地点并返回，然后接力给下一个队员，直至全队完成。先完成的小组将被宣布为胜利者。

学生的身体得到了充分热身，更在无形中培养了他们的团队合作精神。学生在游戏中学会了如何与团队成员协作，如何在紧张刺激的比赛中保持冷静，并为了团队的胜利而努力。

2. 运球技巧训练的游戏化实践

在运球技巧训练环节，教师采用了"运球闯关"游戏。教师精心在场地上设置了多个障碍物，这些障碍物既考验了学生的运球技巧，也增加了课程的趣味性。学生需要运球绕过这些障碍物，并顺利到达终点。

学生在轻松愉快的氛围中提升了运球技巧。他们在游戏中不断尝试、失败、再尝试，最终掌握了如何灵活运球、变向和控球。同时，学生也在这个过程中学会了如何面对挑战，如何调整自己的心态和策略。

3. 投篮技巧训练的创新方法

在投篮技巧训练环节，教师组织了别开生面的"投篮大赛"。学生被分成两组，每组学生要在规定的时间内尽可能多地投篮得分。此外，教师还别出心裁地引入了"挑战模式"，即学生可以挑战对方组的任意一名成员进行一对一的投篮对决。

这一环节的实施极大地激发了学生的竞争意识。他们在比赛中全力以赴，力争为自己的团队赢得更多的分数。在这个过程中，学生不仅提高了投篮技巧，还学会了如何在压力下保持冷静和专注。

4. 综合运用与实战演练

完成运球和投篮的基础训练后，教师安排了一场小型的篮球友谊赛。这场友谊赛不仅是对学生之前所学技能的检验，更是对他们团队协作能力的一次锻炼。

这场友谊赛的实施让学生更加深刻地理解了篮球运动的真谛。他们明白了篮球不仅仅是一项个人技能的比拼，更是一项团队的运动。在比赛中，学生学会了如何与队友沟通、如何协同作战、如何面对失败和挫折等。

（二）游戏教学法如何激发学习兴趣及提升学习效果

1. 游戏化教学法对学习兴趣的激发

通过游戏化教学法，教师成功地将原本枯燥的篮球技能训练转化为一系列生动有趣的游戏活动。这些游戏不仅符合学生的年龄特点，更贴合了他们的兴趣爱好。学生在游戏中积极参与、争相展示自己的技能，原本对篮球运动不感兴趣的学生也受到了感染，开始主动参与到篮球训练中。

游戏化教学法之所以能够激发学生的学习兴趣，是因为它打破了传统的教学方法，将知识与技能融入游戏中，让学生在玩乐中学习、在竞争中进步。这种教学方法不仅让他们感受到了学习的乐趣，更让他们在潜移默化中提升了各项技能。

2. 游戏化教学法对学习效果的提升

在游戏化教学法的实施过程中，学生在竞争与合作的氛围中不断提升自己的运球和投篮技能。由于游戏中的竞争元素和团队合作要求，他们在无形中提高了自己的技能水平。他们在游戏中不断尝试、反思、调整自己的动作和策略，以期在比赛中获得更好的成绩。

此外，游戏化教学法还培养了学生的自主学习能力。他们在游戏中遇到的问题会促使他们主动去思考、去探索、去解决。这种自主学习的过程不仅让他们更加深入地理解了篮球运动的技巧和战术，还培养了他们的创新思维和解决问题的能力。

三、案例分析与总结

（一）教学效果和学生反应

1. 教学效果显著

通过游戏化教学法在体育课堂中的实际应用，本次教学取得了显著的效果。从学生的课堂表现可以看出，他们在游戏中的参与度和投入度都非常高，运球与投篮的技能水平也有了明显的提升。与传统的体育教学方法相比，游戏化教学法更加符合学生的心理特点和学习需求，因此能够取得更好的教学效果。

2. 学生反应积极

课后，教师对学生进行了简单的调查，以了解他们对游戏化教学法的看法和感受。结果显示，大部分学生都非常喜欢这种教学方式。许多学生表示，通过游戏化的教学方式，他们更加深入地理解了运球与投篮的技巧，也更加期待下一次体育课。

（二）游戏化教学法的优势

1. 趣味性与互动性并存

游戏化教学法通过引入游戏元素，将原本枯燥的技能训练转化为生动有趣的游戏活动。这种教学方式不仅提高了学生的学习兴趣，还增强了师生之间的互动和沟通。学生在游戏中积极参与，争相展示自己的技能，同时也更加主动地与教师和其他同学进行交流和合作。

2. 培养团队协作能力

在游戏化教学法中，许多游戏都需要学生通过团队协作来完成。这种教学方式有助于培养学生的团队协作精神。通过团队协作的游戏，学生不仅提高了自己的技能水平，还学会了如何为团队的成功做出贡献。

3. 提升学习效果与自信心

游戏化教学法使学生在轻松愉快的氛围中掌握知识技能，从而提高了学习效果。同时，学生也能够在一定程度上提升自信心和自我价值感。他们在游戏中不断挑战自己、突破自己，最终实现了自我成长和进步。

4. 促进学生全面发展

游戏化教学法还注重学生的全面发展。通过多样化的游戏活动和竞赛，学生不仅能够提升体育技能，还能够在无形中培养自己的创造力、解决问题的能力。这些能力对学生的未来发展和个人成长都具有重要意义。

（三）游戏化教学法的改进建议

1. 平衡游戏与学习目标

教师需要注意平衡游戏与学习目标的关系。有时学生可能过于沉迷于游戏本身而忽视了学习目标，导致教学效果不佳。为了避免这种情况发生，教师需要明确游戏的目的和意义，并将其与学习目标紧密结合起来。

2. 确保游戏的公平性与安全性

在游戏化教学法中，教师需要确保游戏的公平性和安全性。如果游戏设计不合理或者实施不当，可能会导致部分学生感到不公平或者受到意外伤害。因此，教师在设计游戏时需要充分考虑学生的实际情况和能力水平，确保每个学生都能够公平参与并从中受益。

3. 持续改进与创新

随着学生年龄的增长和技能水平的提高，他们对游戏的需求和兴趣也会发生变化。因此，教师需要密切关注学生的反馈和需求，及时调整教学策略和游戏内容，持续改进与创新，以保持学生的学习热情和参与度。

第五章　多元智能理论在中学体育的应用

第一节　多元智能理论的概述

一、多元智能理论的定义与起源

（一）多元智能理论的定义

多元智能理论，又称为多元智力理论，是由美国心理学家霍华德·加德纳于20世纪80年代提出的。这一理论从根本上改变了传统智力理论中"智力是以语言能力和数理逻辑能力为核心、以整合方式存在的一种能力"的观点。

多元智能理论主张，人的智力并非一个单一的、孤立的能力，而是由多种智能组合而成的综合体。这些智能包括但不限于语言智能、数理逻辑智能、音乐智能、空间智能、身体运动智能、人际交往智能以及自我认识智能等。每种智能都有其独特的发展规律和表现形式，它们在不同个体身上的组合和配置也各不相同，从而形成了每个人独特的智力结构和能力特点。

（二）多元智能理论的起源

多元智能理论的提出，与当时的教育背景和社会需求密切相关。20世纪80年代，美国教育界开始对传统教育模式进行深刻反思，认为传统教育过于注重语言和数理逻辑能力的培养，而忽视了学生其他方面的潜能和兴趣。在这种背景下，加德纳提出了多元智能理论，旨在倡导一种更加全面、多元化的教育理念，以适应社会发展的多样性和复杂性。

加德纳通过对不同领域杰出人物的研究发现，他们能够在各自领域取得卓越成就，并非仅仅依靠传统的语言和数理逻辑能力。相反，他们通常在某些特定的智能领域表现出色，如音乐、空间感知、人际交往等。这些发现促使加德纳提出了多元智能理论的基本框架，即人类具有多种不同类型的智能，这些智能在个体身上的发展和表现具有显著的差异性。

二、多元智能理论的核心观点

（一）每个人至少拥有七种智能

根据多元智能理论，每个人至少拥有七种不同类型的智能，它们分别是：语言智能、数理逻辑智能、音乐智能、空间智能、身体运动智能、人际交往智能和自我认识智能。这些智能的具体含义和特点如下。

1. 语言智能。主要是指个体对语言的掌握和运用能力，包括听、说、读、写等多方面。具有高水平语言智能的人通常能够流畅地表达自己的想法和情感，理解并运用复杂的语言结构和修辞手法。

2. 数理逻辑智能。主要是指个体在数字和逻辑推理方面的能力。具有高水平数理逻辑智能的人善于进行数学运算、逻辑推理和问题解决，对数字和逻辑关系有敏锐的洞察力。

3. 音乐智能。主要是指个体对音乐节奏、旋律和音色的感知和表达能力。具有高水平音乐智能的人通常对音乐有浓厚的兴趣和天赋，能够演奏乐器、创作音乐作品或进行音乐欣赏。

4. 空间智能。主要是指个体对空间关系的感知和操作能力。具有高水平空间智能的人善于进行空间想象和构图设计，对建筑、绘画等领域有独特的见解和创造力。

5. 身体运动智能。主要是指个体对身体运动的控制和协调能力。具有高水平身体运动智能的人通常擅长体育运动、舞蹈表演等需要身体协调性和灵活性的活动。

6. 人际交往智能。主要是指个体在人际交往中的沟通、合作和领导能力。具有高水平人际交往智能的人善于与他人建立良好的关系，能够在团队中发挥积极作用并解决人际冲突。

7. 自我认识智能。主要是指个体对自我内心世界的理解和洞察能力。具有高水平自我认识智能的人通常能够清晰地认识自己的优点和不足，设定明确的目标并根据合理的计划来实现这些目标。

（二）智能的分类不局限于七种

虽然多元智能理论列举了七种主要的智能类型，但加德纳强调，这并不意味着智能的分类仅限于这七种。多元智能理论是一个开放和发展的理论体系。它鼓励人们不断探索和发现人类智力的多样性和复杂性。

此外，多元智能理论还强调各种智能之间的相互关联和互补性。在实际生活中，人们往往需要综合运用多元智能来解决问题和应对挑战。例如，一个优秀的建筑师不仅需要具备空间智能来进行建筑设计，还需要运用数理逻辑智能进行结构分析和计算，也需要用人际交往智能与客户和团队成员进行有效沟通。多元智能理论为全面培养和发展个体的多种能力提供了重要的理论基础和实践指导。

第二节　多元智能理论在中学体育的应用价值

一、促进学生全面发展

（一）多元智能理论与学生全面发展的内在联系

1. 多元智能理论的核心理念

多元智能理论从根本上颠覆了传统的智力观念，认为智能并非是单一的、固定的能力，而是多元化的、可发展的。这一理论为我们揭示了一个事实：每个人都有自己的智能强项和弱项，没有谁在所有智能领域都表现优秀。因此，教育的目标应该是发现并发展学生的多种智能，而非仅仅局限于传统的语言和数学逻辑智能。

2. 多元智能与学生全面发展的关系

学生的全面发展是指其在知识、能力、情感态度等各方面的均衡发展。多元智能理论为学生全面发展提供了理论基础和实践指导。通过发展学生的多种智能，可以帮助他们更好地应对未来的挑战，实现自我价值。在中学体育教学中，应用多元智能理论，教师可以根据学生的智能特点和优势，设计有针对性的教学活动，从而促进学生的全面发展。

3. 多元智能理论在教育中的应用价值

多元智能理论不仅为教师提供了观察和评估学生的新视角，还为教育教学改革提供了理论依据。在传统教育观念中，教育者往往只重视学生的语言和数学逻辑智能的发展，而忽视了其他智能的培养。多元智能理论的提出，使得教育者开始关注学生的全面发展，注重培养学生的创新能力、实践能力、团队协作能力等，从而提高学生的综合素质。

（二）发现并发展学生的多元智能

1. 观察和评估学生的智能优势

在中学体育教学中，教师可以通过观察和评估，发现学生在不同智能方面的优势和潜力。例如，通过观察学生在课堂上的表现、参与体育活动的积极性以及与人交往的方式等，教师可以初步判断学生在哪些智能领域具有优势。同时，教师还可以利用一些标准化的测验工具来评估学生的智能水平，以便更准确地了解学生的智能特点。

2. 设计有针对性的教学内容和方法

了解学生的智能优势和潜力后，教师可以有针对性地设计教学内容和方法，以充分发挥学生的智能优势，促进其全面发展。例如，对于身体运动智能较强的学生，教师可以设计更多的体育游戏和竞技活动，让学生在运动中体验成功的喜悦；对于人际交往智能较强的学生，教师可以组织更多的团队合作活动，让学生在合作中提升团队协作能力。通过这样的教学设计，不仅可以激发学生的学习兴趣和积极性，还能帮助他们在各自擅长的领域取得更好的成绩。

3. 不断挖掘和发展学生的潜能

除了针对学生的智能优势进行教学设计，教师还应关注那些在某些智能领域表现较弱的学生。对于这些学生，教师可以通过鼓励和引导，帮助他们发现自己的潜能，并提供适当的学习资源和支持，以激发他们的学习兴趣和动力。同时，教师还应注重培养学生的自主学习能力和创新思维能力，让他们在不断探索和尝试中实现自我突破和发展。

（三）促进学生全面发展的实践意义

1. 帮助学生更好地认识自己

在中学体育教学中应用多元智能理论，可以帮助学生更好地认识自己，了解自己的智能优势和潜力。通过参与各种体育活动和教学实践，学生可以更加清晰地认识到自己在哪些方面具有天赋和特长，从而明确自己的发展方向和目标。这对于学生的个人成长和未来的职业规划具有重要意义。

2. 培养学生的团队协作能力和创新思维能力

在体育活动中，多元智能理论的应用还可以培养学生的团队协作能力、创新思维能力等综合素质。这对于学生未来的学习和工作都具有重要意义。

3. 为学生未来的学习和生活打下坚实的基础

通过促进学生的全面发展，中学体育教学可以为学生未来的学习和生活打下坚实的基础。学生将来进入社会之后，不仅需要具备扎实的专业知识和技能，还需要具备良好的人际交往能力、创新思维能力、解决问题的能力等综合素质。多元智能理论在体育教学中的应用，可以帮助学生培养这些必备的能力和素质，为他们的未来发展奠定坚实的基础。同时，这也体现了教育的根本目标和社会发展的必然要求。

二、提高学生学习兴趣和积极性

（一）多元智能理论与学生学习兴趣的关联

1. 兴趣与多元智能的内在联系

兴趣是个体对特定事物或活动所产生的积极情绪和态度，是推动个体进行学习和探索的重要动力。多元智能理论揭示了人类智能的多元性，指出每个人都有其独特的智能组合和发展潜力。一方面，多元智能的发展为兴趣的培养提供了广阔的空间和可能性；另一方面，兴趣能促进多元智能的发展，使学生在自己感兴趣的领域内更加投入，从而实现更高效的学习。

2. 传统体育教学的局限性与多元智能的作用

传统的体育教学往往过于注重体能和技能的训练，教学内容和方法相对单一，缺乏对学生个性化需求的关注。这导致许多学生对体育课程失去兴趣，学习积极性不高。多元智能理论的引入，为体育教学提供了新的视角和思路。

3. 多元智能理论在提升学习兴趣中的作用

多元智能理论强调每个人都有自己的智能强项和独特的学习方式。当教师能够识别并尊重学生的这些差异，根据他们的智能特点来设计教学活动时，学生就更有可能对体育活动产生浓厚的兴趣。同理，将多元智能理论应用于体育教学实践，可以更有效地激发学生的学习兴趣。

（二）运用多元智能理论提高学生学习兴趣的方法

1. 设计多样化的教学内容和方法

在中学体育教学中，教师应根据学生的不同智能类型和兴趣爱好，设计多样化的教学内容和方法。例如，对于身体运动智能较强的学生，可以设计富有挑战性的体育游戏和竞技活动，让他们在运动中体验成功的喜悦；对于音乐智能较强的学生，可以将音乐元素融入体育教学中，使用节奏感强的音乐来引导学生进行体育锻炼；对于人际交往智能较强的学生，可以引导他们组织团队合作活动，如接力赛、团体操等，发挥其沟通协作能力。

2. 整合多元智能，创新教学模式

为了更全面地激发学生的学习兴趣，教师还可以尝试整合多种智能类型进行教学。例如，在体育教学中融入科学探究元素，让学生通过观察、实验和推理来探究运动原理，这样既能锻炼学生的身体运动智能，又能培养他们的逻辑数学智能和自然观察智能。此外，教师还可以利用虚拟现实技术来模拟运动场景，提高他们的学习兴趣和参与度。

3. 个性化教学，满足学生差异化需求

每个学生都是独一无二的个体，他们的智能类型和兴趣爱好各不相同。因此，教师应关注学生的个性化需求，为他们量身定制合适的教学方案。例如，对于喜欢挑战的学生，教师可以设置更高难度的运动任务；对于喜欢创新的学生，教师可以鼓励他们尝试不同的运动方式和策略。通过个性化教学，教师可以最大限度地满足学生的差异化需求，从而提高他们的学习兴趣和积极性。

（三）提高学生学习积极性的实践意义

1. 提升学习效率和质量

提高学生的学习积极性对于提升他们的学习效率和质量具有显著影响。当学生对学习内容感兴趣时，他们会更加专注地投入学习中去，积极思考和探索问题。这有助于他们更深入地理解和掌握所学知识，从而提高学习效率和质量。同时，积极性的提升还能促使学生主动寻求更多的学习资源和机会，进一步拓展自己的知识面和技能水平。

2. 培养自主学习和终身学习的能力

提高学生的学习积极性还有助于培养他们的自主学习和终身学习的能力。具备自主学习能力的学生更容易适应不断变化的社会环境和职业需求，实现个人价值的最大化。在体育教学实践中同样如此。

3. 营造良好的学习氛围和团队精神

提高学生的学习积极性还能营造良好的学习氛围和团队精神。在团队合作中，学生之间可以相互学习、共同进步，形成良好的团队精神。同时，这种积极的学习氛围也有助于培养学生的社会责任感和集体荣誉感，使他们在面对困难和挑战时能够团结一心、共同应对。

三、增强学生综合素质和技能水平

（一）多元智能理论与增强学生综合素质的内在联系

1. 多元智能理论与综合素质的定义

美国教育学家、心理学家霍华德·加德纳在其多元智能理论的基础上，于1996年提出了第八种智能——认识自然的智能，这项智能与语言智能、数理逻辑智能、空间智能、身体运动智能、音乐智能、人际交往智能、自我认知智能共同完善了多元智能理论的概念。这些智能类型相互独立，每个人在这些智能上的发展程度不尽相同。而学生的综合素质，是指学生在知识、能力、情感态度等多方面的综合表现。

2. 传统体育教学的局限

传统的体育教学往往以技能训练为主，忽视了学生的全面发展。多元智能理论的引入，为体育教学提供了新的视角，使得教育者能够更加关注学生的综合素质培养。发展学生的多元智能，不仅可以增强学生的体能和技能，还能培养其思维能力、团队协作能力和创新能力等，从而全面提升学生的综合素质。

3. 多元智能与综合素质的相互促进

多元智能理论的应用，可以帮助学生发现和发展自己的优势智能，同时也能促进其他智能的发展，有助于提高学生的综合素质。反过来，学生综合素质的提升也会进一步促进其多元智能的发展。因此，多元智能与综合素质之间存在着相互促进的关系。

(二) 多元智能理论在增强学生综合素质中的应用

1. 设计多样化的教学内容和方法

在中学体育教学中，教师可以通过设计多样化的教学内容和方法来培养学生的多元智能。例如，结合语言智能，教师可以引导学生描述运动动作和战术，提高其口头表达能力；结合数理逻辑智能，教师可以引导学生进行运动数据分析和战术策划，培养其逻辑思维能力。

2. 全面发展学生的多元智能

除了上述的智能类型，教师还可以针对学生的空间智能、音乐智能、人际交往智能、自我认知智能和自然观察智能等设计相应的教学活动。例如，利用空间智能，教师可以引导学生进行场地布局和战术布置；通过音乐智能，教师可以让学生在音乐的节奏中进行体育锻炼；通过人际交往智能，教师可以组织学生进行团队合作活动，培养其团队协作精神；通过自我认知智能，教师可以引导学生进行自我反思和评价；通过自然观察智能，教师可以让学生观察并分析运动中的自然规律和现象。

3. 提升学生综合素质的实践意义

通过对多元智能理论的应用，学生可以在体育教学中获得更全面的发展。他们不仅可以掌握各种运动技能，还能在运动中提升自己的思维能力、团队协作能力、创新能力和情感态度等综合素质。这有助于学生在未来的学习和生活中更好地应对各种挑战和机遇，实现个人价值的最大化。

(三) 多元智能理论对增强学生技能水平的影响

1. 技能水平与多元智能的关系

技能水平是衡量学生体育能力的重要指标之一。在传统的体育教学中，技能水平往往被视为衡量学生成绩的唯一标准。然而，多元智能理论告诉我们，每个学生的智能发展都是不均衡的，我们应该看到技能水平与多元智能之间的内在联系，通过发展学生的多元智能来提升其技能水平。

2. 应用多元智能理论提升学生技能水平的策略

教师可以通过针对不同的智能类型设计不同的训练方法和手段来帮助学生更

好地掌握运动技能。例如，对于身体运动智能较强的学生，教师可以加强其技术训练和体能训练，以提高其运动表现和技能水平；对于人际交往智能较强的学生，教师可以利用其团队协作能力，组织学生进行团队训练和比赛，从而提升其技能水平；对于语言智能较强的学生，教师可以通过讲解和示范相结合的方式，帮助学生更好地理解运动技能和战术策略。

3. 实践效果与反馈

实践证明，多元智能理论在增强学生综合素质和技能水平方面具有重要的实践意义和推广价值。在未来的体育教学中，我们应该更加注重学生的全面发展，充分发挥多元智能理论的优势，为学生的成长和发展创造更多的机会和条件。

第三节　基于多元智能的体育课程设计理念

一、以学生为中心

（一）以学生为中心的课程设计原则

1. 尊重学生主体性和个性差异

以学生为中心的课程设计，首先要充分体现学生的主体性。课程设计应尊重学生的选择，鼓励他们发表自己的观点，参与课程内容的选取和教学方法的决定。同时，由于每个学生都是独一无二的个体，拥有不同的兴趣、能力和学习风格，课程设计必须考虑到这些个性差异，为每个学生提供适合他们的学习路径。

2. 从学生实际需求和兴趣出发

了解学生的实际需求是课程设计的基础。教师应通过调查问卷、访谈、课堂观察等方式，深入了解学生对于体育课程的期望和需要，从而设计出更加贴近学生生活的课程内容。此外，课程设计应融入学生感兴趣的元素，激发他们的学习热情。例如，可以将流行的体育运动或游戏融入课程中，让学生在玩乐中学习，提高学习效果。

3. 着眼于学生的全面发展

以学生为中心的课程设计应涵盖多方面，包括体能训练、技能训练、团队合作、竞争意识等，以促进学生的全面发展。

（二）多元智能理论与学生为中心的关联

1. 识别和发展学生的多元智能

多元智能理论认为，每个人都有其独特的智能类型和优势。在体育课程中，以学生为中心的理念要求教师关注学生的个体差异，识别并发展他们的多元智能。通过观察和评估，教师可以了解每个学生在哪些智能领域具有优势，然后要针对这些优势设计相应的教学活动，从而最大限度地发挥每个学生的潜能。

2. 满足学生多样化的学习需求

多元智能理论为教师提供了一种视角，即根据学生的不同智能特点来满足他们的学习需求。

3. 促进学生个性化发展

以学生为中心的课程设计强调学生的个性化发展。多元智能理论为教师提供了个性化教学的理论依据和实践指导。

（三）实施以学生为中心的课程设计策略

1. 深入了解学生特点

在课程设计的初始阶段，教师需要通过观察和评估来了解学生的特点。这包括他们的智能类型、兴趣爱好、学习风格等。教师可以通过调查问卷、课堂观察、与学生交流等方式收集这些信息，并为每个学生建立个性化的档案。这些档案将成为个性化体育课程设计的重要依据。

2. 设计差异化的教学内容和方法

根据学生的个性化档案，教师需要设计差异化的教学内容和方法。对于不同智能类型的学生，教师应提供不同类型的学习资源和活动。同时，教师还应注意教学方法的多样性，以满足不同学生的学习风格。

3. 注重学生的反馈和评价

以学生为中心的课程设计需要不断根据学生的反馈和评价进行调整和优化。教师应定期收集学生的反馈意见，了解他们对课程内容的接受程度和学习效果。根据学生的反馈和评价结果，教师可以及时调整教学策略和内容安排，以确保课程设计的针对性和有效性。

4. 营造积极的学习氛围

以学生为中心的课程设计还需要营造积极的学习氛围，这有助于激发学生的学习兴趣和动力，提高他们的学习效果。教师应鼓励学生积极参与课堂活动、发表自己的观点和看法，并与他们建立良好的师生关系。同时，教师还可以通过组织小组合作学习、角色扮演等活动来增强学生的团队合作精神和沟通能力。

5. 持续关注学生的发展

以学生为中心的课程设计是一个持续的过程。教师需要定期评估学生的学习进展和发展情况，并根据评估结果调整课程设计。此外，教师还应关注学生在课程学习过程中遇到的问题和困难，并及时给予指导和帮助。通过持续关注学生的发展情况，教师可以确保课程设计始终与学生的学习需求和发展目标保持一致。

二、多样化教学内容和方法

（一）多样化教学内容和方法的重要性

1. 激发学生的学习兴趣和积极性

多样化的教学内容和方法能够更好地满足学生的好奇心和探索欲，激发他们的学习兴趣。

2. 满足不同智能类型学生的发展需求

每个学生都拥有不同的智能类型和优势。因此，他们对于学习内容的需求和兴趣也会有所不同。多样化的教学内容和方法能够涵盖更多的智能领域，为不同类型的学生提供适合他们的学习资源和活动。这样一来，每个学生都能在体育课程中找到自己感兴趣的内容和方法，从而更好地发展自己的优势智能。

3. 提高学生的学习效果和综合素质

多样化的教学内容和方法不仅有助于激发学生的学习兴趣和积极性，还能提高他们的学习效果和综合素质。同时，多样化的教学内容和方法还能帮助学生发展团队协作能力、沟通能力和创新能力等综合素质，为他们的未来发展打下坚实的基础。

（二）基于多元智能的多样化教学内容设计

1. 针对身体运动智能的教学内容设计

身体运动智能是学生掌握运动技能和发展体能的基础。在体育课程设计中，教师应为身体运动智能较强的学生设计更多的体育游戏和竞技活动。这些活动可以包括各种球类运动、田径项目、体操等，旨在提高学生的运动技能和体能水平。同时，教师还可以通过组织趣味运动会、体育竞赛等活动，让学生在竞技中体验成功的喜悦，进一步激发他们的运动热情。

2. 融合音乐智能的教学内容设计

对于音乐智能较强的学生，教师可以充分借助音乐元素的力量。例如，在教授韵律操、舞蹈等课程时，教师可以选用节奏明快、旋律优美的音乐作为伴奏，让学生在音乐的引领下感受运动的韵律美。此外，教师还可以组织学生进行音乐与运动相结合的创意表演，学生在展示自己音乐才华的同时，也锻炼了身体协调能力和表现力。

3. 强化人际交往智能的教学内容设计

人际交往智能对于培养学生的团队协作精神和社会适应能力至关重要。在体育课程设计中，教师可以通过组织团队合作活动来强化学生的人际交往智能。

4. 跨学科融合的教学内容设计

为了拓宽学生的知识视野并培养他们的综合素养，教师还可以结合其他学科知识来丰富体育教学内容。例如，在教授篮球运动时，教师可以引入物理学中的力学原理来解释投篮的技巧和原理；在教授游泳时，教师可以结合生物学的知识来讲解人体的浮力和呼吸原理。这种跨学科融合的教学内容设计不仅有助于学生更全面地理解运动科学的知识体系，还能培养他们的跨学科思维能力和创新意识。

（三）基于多元智能的多样化教学方法应用

1. 情境教学法的应用

情境教学法是一种通过创设具体情境来引导学生进行学习的教学方法。在体育课程中，教师可以根据教学内容和学生特点创设生动、有趣的情境，让学生在情境中体验和学习。例如，在教授长跑运动时，教师可以组织一场马拉松比赛，让学生分别扮演领跑员、啦啦队员等角色进行实战演练。通过情境教学法的应用，学生可以更加深入地理解和掌握运动技能，并培养应变能力和团队协作精神。

2. 游戏化教学法的应用

游戏化教学法是利用游戏的形式和规则来进行教学的方法。在体育课程中，教师可以通过设计各种体育游戏来激发学生的学习兴趣和积极性。这些游戏可以包括接力赛、循环赛、淘汰赛等。同时，教师还可以在游戏中融入教育元素，如团队协作、公平竞争等，以培养学生的社会适应能力和道德品质。

3. 小组合作教学法的应用

小组合作教学法是通过将学生分成小组进行合作式学习的教学方法。在体育课程中，教师可以通过小组合作教学法培养学生的团队协作精神和沟通能力。

4. 信息技术在教学中的应用

随着信息技术的不断发展，教师可以利用现代信息技术手段来创新教学方式和手段。例如，教师可以利用多媒体教学课件来展示运动技能和战术策略的动态演示过程；利用网络教学资源来丰富学生的学习材料，拓展他们的知识视野；利用智能教学系统来对学生的学习情况进行实时跟踪和评估等。通过信息技术的应用，教师可以提高教学效果和质量，同时也为学生的自主学习和终身学习打下坚实的基础。

三、注重实践性和创新性

（一）实践性在体育课程设计中的重要性

体育课程，作为学校教育体系中的重要组成部分，其设计理念直接影响着学生的学习效果和身心发展。实践性是指在体育课程中通过实际操作和身体力行来达成学习目标的方法论导向。它强调学生的身体参与和亲身体验，是体育课程设计的必然要求。

1. 促进学生技能掌握和身体素质提升

体育教学最直接的目标就是帮助学生掌握运动技能和增强身体素质。亲身体验的学习方式远比纸上谈兵来得更为直观和有效。

2. 培养学生的团队协作精神

实践性教学往往涉及团队活动和集体项目。这要求学生之间必须进行有效的沟通和协作。丰富的体育课程实践能让学生有效提升个人的运动技能，培养团队协作精神。

3. 增强学生的竞争意识和社会适应能力

体育竞技本身就是一种竞争活动。通过实践性的体育课程，学生可以在模拟的竞技环境中学会正确面对挑战、调整心态、应对失败。这样的经验将帮助学生在未来的社会竞争中更好地适应和应对各种挑战。

4. 落实"健康第一"的教育理念

现代教育越来越注重学生的全面发展，其中身体健康是基础。实践性体育课程能够让学生通过亲身体验感受到运动带来的快乐，进而培养起对运动的热爱和习惯。这不仅有助于学生的身体健康，也符合当前"健康第一"的教育理念。

（二）创新性在体育课程设计中的体现

随着教育理念的更新和技术的进步，创新性已经成为现代教育不可或缺的一部分。在体育课程设计中，创新性同样扮演着至关重要的角色。以下将详细探讨创新性在体育课程设计中的具体体现。

1. 教学内容的创新

传统的体育课程内容相对固定，往往局限于几大主流运动项目。然而，随着社会的发展和新兴运动项目的出现，体育课程内容也需要与时俱进。创新性体育课程设计应引入新兴运动项目，如攀岩、滑板、冲浪、瑜伽等，以丰富教学内容，并满足学生的多样化需求。

2. 教学方法的创新

传统的教学方法往往以教师为中心，注重技能的传授和训练。然而，在创新性的体育课程设计中，教学方法应更加注重学生的主体地位和参与度。例如，采用游戏化教学法、合作学习法等创新方法，让学生在轻松愉快的氛围中主动学习、探索和成长。

3. 教学评价的创新

传统的体育教学评价往往以技能和体能测试为主，忽视了学生的个体差异和全面发展。在创新性的体育课程设计中，应引入更多元化的评价方式，如过程性评价、自评与互评相结合等，以全面、客观地评估学生的学习成果和进步。

4. 技术应用的创新

随着科技的发展，越来越多的现代化教学手段被应用到体育教学中。例如，使用智能穿戴设备监测学生的运动数据等。这些创新技术的应用不仅能够提高教学效果，还能激发学生的学习兴趣和积极性。

（三）实践性与创新性的融合应用

在体育课程设计中，实践性与创新性并非孤立存在，而是可以相互融合、相互促进的。当有效结合时，两者能够显著提升体育课程的质量，激发学生的学习兴趣，培养他们的综合素质。以下将详细探讨实践性与创新性在体育课程设计中的融合应用。

1. 以实践活动为基础，激发学生的创造性思维

实践活动是体育课程的核心组成部分。通过设计具有挑战性和探索性的实践活动，如定向越野等，可以让学生在亲身体验中发现问题、解决问题。这样的过程不仅锻炼了学生的身体素质和技能水平，还能激发他们的创造性思维。

2. 引入创新元素，丰富实践活动的形式和内容

在传统的实践活动中融入创新元素，可以使体育课程更加生动有趣。例如，在篮球教学中引入街头篮球的元素，或者在足球教学中尝试五人制足球等新型玩法。这些创新元素不仅能够吸引学生的注意力，还能让他们在实践中体验到运动的多样性和趣味性。同时，教师也可以鼓励学生自行设计实践活动或游戏规则，进一步发挥他们的创造力和主观能动性。

3. 结合学科前沿知识，更新教学内容和方法

随着体育科学的发展，新的运动理念和训练方法不断涌现。在体育课程设计中，教师应关注学科前沿知识，及时将最新的运动理念和训练方法引入课堂。例如，近年来功能性训练、核心力量训练等新型训练方法受到了广泛关注。将这些新方法融入实践教学，不仅可以提高学生的学习效果，还能使他们在实践中感受到体育科学的魅力。

4. 采用多元化的评价方式，全面评估学生的学习成果

在实践性与创新性融合的体育课程中，传统的以技能和体能为主的评价方式显然已无法满足需求。因此，教师应采用多元化的评价方式，如过程性评价、表现性评价以及自评与互评相结合等，以全面、客观地评估学生的学习成果和进步。

第四节　基于多元智能的中学体育课程实施策略

一、创设多元活动环境

（一）多元活动环境的重要性

在中学体育课程中，创设多元活动环境不仅是教学方法的创新，更是教育理念的一种进步。它强调以学生为中心，充分考虑学生的个体差异和多元化需求，为学生提供了更加广阔的学习空间和发展机会。多元活动环境的重要性主要体现在以下几方面。

1. 满足学生多样化需求

中学生正处于身心发展的关键时期，他们的兴趣、爱好和能力各不相同。传统的体育教学模式往往忽视了这一点，采用"一刀切"的教学方式，导致部分学生对体育课失去兴趣。而多元活动环境能够根据学生的不同需求提供多样化的体育项目，让每个学生都能在课程中找到自己感兴趣的内容，从而更加积极地参与到体育活动中来。

2. 激发学生学习兴趣和积极性

兴趣是最好的老师。多元活动环境通过提供丰富多样的体育活动，能够激发学生的学习兴趣和积极性。

3. 全面发展学生多元智能

多元智能理论认为，每个人都有其独特的智能组合和优势智能。多元活动环境则能够为学生提供更多的智能发展机会，如通过团队合作培养学生的人际交往智能，通过策略性游戏培养学生的逻辑思维智能等。

4. 提升身体素质和技能水平

通过参与多样化的体育活动，学生可以锻炼自己的速度、力量、耐力、灵敏度等身体素质，提高运动技能水平。这对于增强学生的体质健康、预防疾病以及培养终身体育习惯都具有重要意义。

（二）创设多元活动环境的策略

在中学体育课程中，创设多元活动环境是促进学生全面发展的重要途径。为了实现这一目标，教师需要采取一系列有效的策略来构建一个充满活力、多样性和包容性的教学环境。以下是一些建议策略。

1. 多样化体育项目设置

为了满足不同学生的兴趣和需求，体育课程中应包含多种体育项目。如引入武术、瑜伽等更多元化的运动项目。同时，教师可以根据季节和气候条件调整项目内容，确保学生在任何时候都能参与到适合的体育活动中。

2. 创设丰富多样的教学情境

教师可以通过创设不同的教学情境来激发学生的学习兴趣。例如，利用游戏化教学，开展主题式教学，围绕某一运动项目或技能进行深入学习和实践。多样的情境可以帮助学生更好地融入课堂，提高他们的学习效果。

3. 整合现代教学技术

借助现代教学技术，教师可以为学生创设更加生动、逼真的活动环境。例如，利用多媒体教学展示运动技能的要领和细节，帮助学生建立正确的动作概念；使用虚拟现实技术提高他们的参与度和沉浸感。同时，教师还可以利用网络平台和资源，为学生提供更加丰富的学习材料和互动机会。

4. 合作与探究学习方式

鼓励学生采用合作与探究学习方式进行体育活动。教师可以设计一些需要团队协作才能完成的团体对抗赛，让学生在实践中学会沟通与协作。同时，引导学生对运动技能和战术进行探究学习，培养他们的创新思维和解决问题的能力。

通过以上策略的实施，教师可以为学生创设一个充满活力、多样性和包容性的多元活动环境，每个学生都能找到适合自己的学习路径和发展空间，实现全面发展。

（三）实施中的注意事项

在创设中学体育课程的多元活动环境过程中需要注意以下几方面，以确保活动的有效性、安全性和教育性。

1. 安全性是首要考虑

设计和实施多元活动环境时，教师必须首先考虑活动的安全性。检查运动场地和器材是否完好，确保学生在运动过程中不会受到伤害。同时，对于攀岩等高难度的运动技能或者有可能造成身体碰撞的活动，教师要给予特别的关注和指导，确保学生在安全的环境下进行学习和锻炼。

2. 活动难度要适中

创设多元活动环境的目的是激发学生的学习兴趣和积极性。因此，教师在设计活动时，要根据学生的年龄、体能和技能水平来设置合适的难度。活动难度过大，可能会让学生望而却步；难度过小，又可能让他们感到无聊和乏味。适中的难度可以让学生在挑战中感受到成功的喜悦，从而更加积极地参与到体育活动中来。

3. 注重活动的趣味性

在创设多元活动环境时，教师应注重活动的趣味性和创新性，避免单一、枯燥的教学内容。可以通过增加比赛方式等增加活动的趣味性，让学生在轻松愉快的氛围中学习和锻炼。同时，教师也可以鼓励学生参与到活动的设计中，让他们的创意和想法得到充分发挥和实现。

4. 保持活动的教育性

每一个教学活动都应该有明确的教学目标和教育意义，能够帮助学生在技能、知识或情感态度方面有所收获。因此，在设计活动时，教师要明确活动的教育目的和价值，确保学生在参与过程中能够得到全面的发展。

5. 及时反馈与调整

在多元活动环境的实施过程中，教师要密切关注学生的表现和反馈。通过观察学生的参与度、技能掌握情况和情感态度等方面的变化，及时调整活动内容和难度，以确保活动的有效性和针对性。同时，教师也要鼓励学生提出自己的意见和建议，让他们成为活动创设的参与者和受益者。

二、采用多元评价手段

（一）多元评价手段的必要性

传统的体育课程评价方式，通常侧重于评估学生的体能和技能水平，往往只能反映学生在某一方面的能力，而无法全面、客观地评价学生的整体发展。为了更全面地了解学生的智能发展情况，必须采用多元评价手段，从多角度出发，综合考量学生的技能、合作能力、判断力、领导力等多方面，从而得出更全面、更准确的评价结果。

1. 全面了解学生能力

每个学生都是独一无二的个体，他们各自具有不同的潜能和特质。多元评价手段的实施，能让教师从多维度去了解和评价学生，从而更好地认识每一个学生的独特之处。

2. 反映学生的综合素质

体育课程不仅仅是锻炼体能和技能，更是培养学生综合素质的重要途径。多元评价手段能够全面反映学生在体育课程中的综合素质，包括技能掌握、团队合作能力、创新思维等多方面。这种评价方式有助于发现和发展学生的多元智能，提升他们的综合素质。

3. 激发学习兴趣和积极性

采用多元评价更有利于学生的个性化需求和发展，当评价不再仅仅局限于体能和技能水平时，学生就有更多的机会展示自己的才能和潜力，从而激发他们的学习兴趣和积极性。

4. 促进教育公平

传统的评价方式可能会因为学生的体能和技能水平差异而导致评价结果的偏差。多元评价手段能够更全面地评价学生，有助于发现每个学生的优点和不足，为他们提供更加个性化的教育支持。

（二）多元评价手段的实施策略

为了更好地实施多元评价，教师需要采取一系列策略来确保评价的全面性、客观性和准确性。以下是一些建议策略。

1. 技能测试的策略

技能测试是评价学生体育技能水平的重要手段。实施技能测试时，教师应确保测试内容涵盖课程所学的各项技能，并制定明确的评价标准。同时，为了保证测试的公正性，教师可以在测试前进行充分说明和演示，确保每个学生都明确测试要求和流程。此外，教师还可以采用多次测试取平均值的方式，以减少偶然因素对测试结果的影响。

2.合作能力评价的策略

合作能力是体育课程中需要重点培养的能力之一。为了准确评价学生的合作能力，教师可以通过观察学生在团队活动中的表现来进行评价。具体来说，教师可以观察学生是否积极参与团队活动、是否愿意与他人分享资源和经验、是否能够在团队中扮演合适的角色等。

3.判断力和领导力评价的策略

判断力和领导力是学生在体育课程中需要逐渐培养的重要能力，教师可以通过组织一些小型的竞赛或活动来观察学生的表现。在活动中，教师可以观察学生是否能够迅速做出决策、是否能够有效地组织协调团队成员、是否能够在压力下保持冷静等。此外，教师还可以邀请学生轮流担任领导角色，以更好地观察他们的领导风格和潜力。

在实施多元评价手段时，教师还需要注意以下几点。首先，要确保评价的公正性和客观性，避免主观偏见对评价结果的影响；其次，要注重评价的及时反馈，以便学生能够及时做出改进；最后，要将多元评价与教学实践相结合，不断调整和完善评价策略，以更好地促进学生的全面发展。

（三）多元评价手段的优势

多元评价手段在体育课程中具有显著的优势。它不仅为个性化教学提供了有力的依据，还能有效地激发学生的学习兴趣和积极性。以下是对多元评价手段优势的详细分析。

1.提供全面的学生能力画像

多元评价手段能够从多个角度对学生的能力进行评估，包括技能、合作、领导力等多方面，为学生提供一个更加立体、全面的能力画像，从而为后续的教学和学习提供明确的方向。

2.促进学生个性化发展

通过对学生不同能力的评估，教师可以根据学生的实际情况进行有针对性的指导，促进学生的个性化发展。同时，多元评价还能帮助学生更好地认识自己，找到适合自己的发展方向。

3. 增强学生的自信心和学习动力

多元评价手段让学生有机会展示自己的多方面才能，从而获得更多的成功体验。这种成功体验能够增强学生的自信心和学习动力，激发他们更加积极地参与到体育课程中来。当学生在某方面取得进步或成就时，他们会更加愿意在其他方面付出努力，形成良性循环。

4. 提升教学质量和效果

多元评价手段不仅有助于全面了解学生的能力，还能为教师的教学提供有力的反馈，从而及时调整教学策略和方法，提升教学质量和效果。同时，帮助教师更好地关注学生的个体差异，实现因材施教。

三、实施个性化教学

（一）个性化教学的意义

当今教育领域，个性化教学已成为一种重要的教学理念。它强调以学生为中心，关注学生的个体差异，为每个学生提供量身定制的学习体验。在中学体育课程中，实施个性化教学，具有深远的意义。

1. 满足学生的学习需求

个性化教学则能充分考虑每个学生的智能类型、兴趣爱好和学习风格，为他们提供最适合的学习路径。

2. 提高教学效果和学习成果

由于个性化教学能够针对学生的特点进行针对性的指导，因此它能够显著提高教学效果和学习成果。

3. 培养学生的自主学习能力

个性化教学不仅关注学生当前的学习成果，更注重培养他们的自主学习能力。通过为学生提供个性化的学习资源和支持，教师可以引导他们学会如何根据自己的需求和兴趣进行自主学习。

4. 促进学生的全面发展

个性化教学关注学生的全面发展，不仅注重运动技能的培养，还关注学生的心理健康、团队协作能力等方面的提升，有助于培养学生的综合素质，使他们在体育课程中实现全面发展。

（二）个性化教学的实施策略

在中学体育课程中，实施个性化教学，需要采取一系列有效的策略来确保教学的针对性和实效性。以下是个性化教学的实施策略。

1. 了解学生的智能类型和兴趣爱好

在个性化教学的实施过程中，了解学生的智能类型和兴趣爱好是至关重要的第一步。教师需要通过尽可能多的方式，深入了解每个学生的特点。这些信息将为教师设计个性化的教学计划提供有力依据，确保教学内容和方法能够符合学生的兴趣和能力。

为了更全面地了解学生的情况，教师还可以与家长保持密切沟通，了解学生在家庭环境中的表现和需求。同时，鼓励学生主动表达自己的想法和感受。

2. 分层教学

根据学生的技能水平和体能状况进行分层教学，是个性化教学的重要策略之一。这种教学方式有助于避免"一刀切"的教学模式，确保每个学生都能在体育课程中得到适当的提升。

在实施分层教学时，教师要注重培养学生的团队协作能力，鼓励不同层次之间的学生互相学习和交流。

3. 提供个性化的学习资源和支持

对于基础较差的学生，教师可以提供更多的基础练习机会和指导，帮助他们打好基础；对于技能水平较高的学生，教师可以提供更高难度的挑战和训练，鼓励他们不断突破自我。

（三）个性化教学的挑战与对策

在实施个性化教学的过程中，教师可能会面临一些挑战。以下是一些常见的挑战以及相应的对策。

1. 挑战一：学生众多

在中学体育课程中，教师可能需要面对大量的学生，这使得个性化教学的实施变得困难。为了克服这一挑战，教师可以采取分组教学的策略，将学生分成小组，并在每个小组中实施个性化教学，可以减轻教师的负担，同时确保每个学生都能得到关注。

此外，教师还可以鼓励学生之间的合作学习，让他们在小组中互相学习和帮助。

2. 挑战二：教学资源有限

实施个性化教学需要充足的教学资源，包括场地、器材、教材等。然而，在实际教学中，教师可能会面临教学资源有限的问题。为此，教师可以积极争取学校的支持，增加教学资源的投入。同时，教师还可以尝试利用现有的教学资源进行创新，如通过变换使用器材、调整场地布局等方式来满足个性化教学的需求。

3. 挑战三：教师负担加重

实施个性化教学需要教师投入更多的时间和精力来了解学生的需求、设计个性化的教学计划等。为了减轻教师的负担，学校可以提供必要的教学助理或实习生协助教师进行个性化教学。同时，教师还可以尝试利用现代信息技术手段来提高教学效率，如使用教学管理软件跟踪学生的学习进展、提出进步的建议等。

此外，教师还可以与其他教师进行合作与交流，共同探讨个性化教学的策略和方法。

第五节　基于多元智能的中学体育教学效果评估与反馈

一、建立全面、客观的评价体系

（一）多元智能评价体系的必要性

在当今教育领域，随着新课改的不断推进和素质教育的深入实施，评价学生的方式也在发生着变革。在中学体育教学中，传统的以体能和技能为主的评价方式已经无法满足现代教育的需求。因此，建立全面、客观的多元智能评价体系显得尤为重要。这种必要性主要体现在以下几方面。

1. 克服传统评价方式的片面性

传统的体育教学评价往往只注重学生的体能和技能水平，不能全面反映学生的综合能力。多元智能评价体系的建立，能从多个角度、全方位地评价学生，使得评价结果更加客观、公正。

2. 发现和发展学生的多元智能

多元智能评价体系能够更准确地评估学生的综合能力，帮助学生发现自己的优势智能，从而更好地发展自己的潜能。

3. 促进学生的全面发展

教育的最终目的是促进学生的全面发展。多元智能评价体系的建立，不仅关注学生的体能和技能水平，还注重学生的情感态度、创新思维等多方面的发展。这种评价方式更有利于学生的全面发展，提高他们的综合素质。

4. 适应社会发展的需求

随着社会的不断发展，对于人才的要求也在不断提高。现代社会需要的是具备多方面能力的人才，而不仅仅是体能和技能方面的人才。多元智能评价体系的建立，正是为了适应这种社会发展的需求，旨在培养出更多具备全面能力的人才。

（二）多元智能评价体系的构建

为了更全面地评估学生的综合能力，发现和发展学生的多元智能，我们需要构建一个多元智能评价体系。这个体系应该包括以下几方面。

1. 知识与技能评价

在传统的体能和技能评价基础上，我们需要进一步拓展评价内容。深入考查学生对体育理论知识的掌握程度、运动策略的运用能力以及创新思维和解决问题的能力。这些方面的评价将有助于我们更全面地了解学生的体育素养和综合能力。

为了实现这一目标，我们可以设计多样化的评价方式和手段。例如，通过书面测试来检验学生对体育理论知识的掌握情况；通过组织体育活动表现来评估学生的运动技能和策略运用能力；通过设置创新性问题或情境，观察学生的创新思维和解决问题的能力。

2. 情感态度评价

情感态度是学生学习和发展的重要方面，也是体育教学中不可忽视的评价内容。评价学生的情感态度时，应关注学生的学习态度、兴趣、参与度以及团队合作精神、自信心和毅力等表现，从而更深入地了解学生的内心世界和学习动力。

例如，通过观察学生在体育活动中的表现，可以了解他们的学习态度和参与度；通过问卷调查和访谈，可以获取学生对体育活动的兴趣和满意度等信息。

3.多元智能发展评价

基于多元智能理论，我们应关注学生的不同智能类型的发展情况。除了身体运动智能，还应考虑学生的音乐智能、人际交往智能等方面的发展。为了全面评价学生的多元智能发展情况，我们可以设计相应的评价标准和方法。

例如，针对身体运动智能的评价，教师可以通过观察学生的运动表现、测试学生的体能水平等方式进行；针对音乐智能的评价，教师可以考查学生在体育活动中对音乐节奏的感受和运用能力；针对人际交往智能的评价，教师可以观察学生与他人的交流和合作情况，了解他们是否具备团队协作精神和领导能力。

（三）多元智能评价体系的实施策略

在实施多元智能评价体系时，需要采取一系列策略来确保评价的准确性、客观性和全面性。以下是一些具体的实施策略。

1.量化评价与质性评价相结合

量化评价主要通过具体的数值或等级来对学生的表现进行评分，如运动成绩、出勤率等。这种评价方式具有客观性和可比较性强的优点，但无法全面反映学生的真实水平和发展状况。因此，需要将其与质性评价相结合。

质性评价主要通过描述性的语言来对学生的表现进行评价，如学生的学习态度、合作精神等。这种评价方式能够更深入地了解学生的内在特质和发展潜力，弥补量化评价的不足。

通过量化评价和质性评价的有机结合，体育教师可以更全面地了解学生的实际情况，为他们的个性化发展提供更有针对性的指导。

2.过程评价与结果评价相结合

过程评价主要关注学生在学习过程中的表现和努力，如他们在体育活动中的参与度、技能提升情况等。这种评价方式可以帮助学生及时发现自己的不足并进行改进，激发他们的学习动力。

结果评价则主要关注学生的最终成绩和进步情况，如他们在体育比赛中的成绩、体能测试的结果等。这种评价方式可以检验学生的学习成果和进步情况，为他们的后续发展提供方向。

通过将过程评价与结果评价相结合，教育者可以更全面地评估学生的学习情况和发展状况，为他们提供更全面的反馈和指导。

3. 自我评价与他人评价相结合

自我评价是指学生对自己的学习和发展情况进行反思和评价。通过自我评价，学生可以培养自我反思和自我管理能力，更好地认识自己的优点和不足。

他人评价是指教师、同学和家长等外部观察者对学生的评价。这种评价方式可以从不同的角度反映学生的实际情况和发展潜力，为学生提供更全面的反馈和建议。

通过自我评价与他人评价的有机结合，教育者可以更准确地了解学生的实际需求和发展潜力，为他们提供更个性化的教学方案和发展计划。同时，这种评价方式还可以促进学生的自我认知的形成和发展。

二、及时反馈与调整教学策略

（一）反馈的重要性

在中学体育教学中，反馈环节占据着举足轻重的地位。其重要性主要体现在以下几方面。

1. 增强学生的学习动力

学生在学习过程中，若能及时获得对自己学习成果的反馈，将有助于他们认识到自己的学习进度和掌握情况。正面的反馈能够增强学生的自信心和学习动力，激发他们更加努力地学习；负面的反馈在某种程度上能让学生及时发现并纠正自己的错误，避免在错误的道路上越走越远。

2. 提升教学效果

体育教师可以通过学生的反馈了解教学效果，从而及时调整教学策略，使教学更加符合学生的实际需求和学习特点。这种以学定教的方式，有助于提高体育教学的效果，实现教与学的良性循环。

3. 培养学生的自主学习能力

及时、有效的反馈能够帮助学生建立自主学习的意识，使他们学会在学习过程中不断自我反思、自我调整。这种能力的培养，不仅对学生当前的学习有益，更将对他们未来的学习和生活产生深远影响。

4. 加强师生互动与沟通

反馈是师生互动的重要环节。通过反馈，教师和学生可以建立起良好的沟通与互动关系，有助于拉近师生之间的距离，增进彼此的了解与信任。

（二）反馈的实施策略

为了在中学体育教学中实施及时、有效的反馈，以下策略可供参考。

1. 定期反馈与即时反馈相结合

定期反馈是指在一个学习阶段结束后，教师对学生的总体表现进行总结性评价，帮助学生全面了解自己的学习状况，明确下一阶段的学习目标。这种反馈方式具有系统性、全面性的特点，能够让学生对自己的学习有整体性的把握。

即时反馈则是指在教学过程中，教师针对学生的具体表现给予的即时评价和指导。这种反馈方式有针对性且及时，能够让学生立刻了解自己的表现，及时调整学习策略。

将定期反馈与即时反馈相结合，既能够让学生从宏观上把握自己的学习进度，又能够让他们及时纠正学习中的偏差，从而改善学习效果。

2. 具体化与针对性反馈

具体化反馈是指教师在给予反馈时，要具体、明确地指出学生在哪些方面做得好，哪些方面需要改进。避免使用笼统、模糊的评价语言，让学生能够清楚地了解自己的优点和不足。

针对性反馈则是指教师要根据学生的个体差异，提供符合他们实际需求的反馈意见和建议。每个学生都有自己的学习习惯和问题，教师需要关注学生的个体差异，提供有针对性的指导。

通过具体化与针对性反馈的结合，教师可以帮助学生更加明确地认识自己的学习状态，从而优化学习效果。

（三）根据反馈调整教学策略

在中学体育教学中，教师应根据学生的反馈灵活调整教学策略，以确保教学的有效性。以下是根据反馈调整教学策略的几点建议。

1. 针对学生需求调整教学内容

教师应密切关注学生的学习需求和兴趣点，根据实际情况调整教学内容。例如，如果发现学生对某一运动项目特别感兴趣，教师可以适当增加该项目的教学时间和深度，以满足学生的学习需求。同时，教师还应根据学生的反馈，对教学内容的难度进行适当调整，以确保教学的针对性和实效性。

2. 改进教学方法和手段

教学方法和手段是影响教学效果的重要因素。教师应根据学生的反馈和教学效果，灵活采用不同的教学方法和手段。

3. 加强与学生的沟通与互动

教师应积极与学生进行沟通与互动，及时了解他们的学习情况和反馈意见。通过课堂讨论、课后交流等方式，教师可以更好地了解学生的学习需求和问题所在，从而有针对性地调整教学策略。此外，教师还可以鼓励学生提出自己的建议和想法，让他们有机会参与到教学策略的规划和调整中来。

4. 持续关注学生进步并给予积极反馈

教师应持续关注学生的学习进步情况，并及时给予积极反馈。正面的鼓励和肯定能够增强学生的自信心和学习动力，促使他们更加努力地学习。同时，教师还应根据学生的进步情况调整教学策略和难度设置，以保持课程内容的吸引力。

三、注重学生自我评价和反思能力的培养

（一）自我评价与反思能力的意义

自我评价与反思能力在学生的学习和成长过程中具有深远的意义，这种能力不仅关乎学生的学习效率，更影响他们的自我认知和未来发展。

1. 提升学习效率与效果

自我评价和反思有助于学生及时检查自己的学习情况，发现自身的薄弱环节，并针对这些环节进行重点复习和改进。通过这种方式，学生可以更加高效地利用学习时间，避免在已经掌握的知识点上重复用力，从而提升学习效率。同时，自我评价和反思还能帮助学生发现自己在解题方法和思路上的问题，进而调整学习策略，提高学习效果。

2. 增强自主学习能力

自我评价和反思是自主学习的重要组成部分。当学生具备这种能力时，他们能够更主动地监控自己的学习进度，及时调整学习方法，并对自己的学习成果进行客观评估。这种自主学习能力不仅有助于学生在学校阶段取得更好的成绩，还将使他们受益终身。

3. 培养批判性思维与创新精神

自我评价和反思要求学生以批判性的眼光审视自己的学习过程和成果，不仅有助于学生发现问题、分析问题，还能激发他们的创新精神。通过对学习方法和策略的反思，学生将发现新的、更有效的学习方式，从而推动自己的学习不断进步。

4. 促进个人成长与发展

自我评价和反思不仅是一种学习能力，更是一种生活态度。通过不断的自我评价和反思，学生可以更清晰地认识自己的优点和不足，明确自己的价值观和目标。这种建立自我认知的过程将有助于学生的个人成长和发展，使他们在未来的生活和职业道路上更加自信和坚定。

（二）自我评价与反思的实施方法

自我评价与反思的实施方法对学生的自主学习和个人成长至关重要。以下是一些建议的实施方法。

1. 明确自我评价的标准

为了进行有效的自我评价，学生首先需要明确评价的标准。这些标准可以包括知识的掌握程度、学习方法的运用、运动技巧的提升等方面。教师可以通过提供具体的评价指标或问题清单，帮助学生建立清晰的自我评价框架。

2. 给予自我评价的机会与时间

在体育教学中，教师应给予学生足够的时间和空间进行自我评价。教师在完成学习任务后，留出时间让学生回顾自己的学习过程，思考自己在哪些方面做得好，哪些方面需要改进。同时，也可以鼓励学生随时记录自己的学习心得和反思，以便更深入地了解自己的学习情况。

3. 引导深入反思与总结

反思不仅仅要求学生对学习成果进行简单回顾，还要求他们深入剖析学习过程和方法。教师可以引导学生思考以下问题：在学习过程中遇到了哪些困难？是如何克服的？有哪些有效的学习策略？在哪些方面还存在不足？通过深入反思，学生可以更清晰地认识自己的学习方式和策略，从而找到更适合自己的学习方法。

4. 鼓励与他人分享和交流

自我评价和反思不应局限于学生个人的心理活动，也可以通过与他人的分享和交流来获得更多的启示。教师可以组织学生进行小组讨论或全班分享，让他们互相交流自己的学习心得和反思，从而激发学生的学习兴趣和积极性，帮助他们从不同的角度审视自己的学习过程和成果。

（三）培养学生自我评价与反思能力的策略

为了有效地培养学生的自我评价与反思能力，教师需要采取一系列策略来引导和支持学生。以下是一些建议的策略。

1. 教师要起到示范与引导作用

教师自身的行为和态度对学生产生着深远的影响。教师可以通过分享自己的教学反思和自我评价过程，为学生树立良好的榜样。同时，在日常教学中，教师应积极引导学生进行自我评价和反思，帮助他们建立起这种习惯。

2. 提供支架式指导与支持

为了帮助学生更好地进行自我评价和反思，教师可以提供支架式的指导。例如，设计具体的自我评价问题清单或提供反思的框架，使学生能够有针对性地进行思考和总结。此外，教师还可以根据学生的个体特点提供个性化的指导，以满足学生的不同需求。

3. 创设安全的自我评价环境

学生在进行自我评价和反思时，需要一个安全、可信赖的环境。教师应鼓励学生大胆表达自己的观点和感受。通过营造开放、包容的学习氛围，教师可以帮助学生克服自我评价和反思中的心理障碍，更积极地参与这一过程。

4. 结合学科特点进行具体指导

不同学科具有不同的特点和学习要求。因此，教师在培养学生的自我评价与反思能力时，应结合体育学科的特点进行具体指导。

5. 激励与认可机制的建立

为了增强学生的自我评价和反思动力,教师应建立相应的激励与认可机制。例如,定期展示学生的优秀自我评价和反思成果,或给予表现突出的学生以适当的奖励。这些措施将有助于提高学生的参与度和积极性,进一步促进他们自我评价与反思能力的提升。

第六章　心理健康教育与中学体育教学的融合

第一节　心理健康教育的重要性

一、心理健康的含义与重要性

（一）心理健康的含义

1.心理健康的基本概念

心理健康是一个复杂且多维度的概念。它是指个体在心理、情感和行为层面都保持正常、稳定且积极的状态。简而言之，心理健康关乎一个人的内心世界是否和谐、平衡，以及是否具备积极应对生活挑战的能力。

从广义角度来看，心理健康涉及一个人的认知、情绪管理、人际交往、自我认知以及应对压力等多方面能力。一个心理健康的个体，通常能够保持清晰的思维，有效地管理自己的情绪，与他人建立良好的人际关系，并具有自我反省和自我成长的能力。这种健康状态使个体能够更好地适应社会环境，有效应对生活中的各种压力和挑战，同时保持一种积极向上的生活态度。

值得注意的是，心理健康并不仅仅意味着一个人心理状态的健康，没有精神疾病。实际上，它代表的是一种更为全面的心理状态，涵盖了自我认知的明确性、情绪的稳定性、意志的坚定性、人际关系的和谐性等。这些要素相互作用，共同构成了心理健康的丰富内涵。

2.心理健康与身体健康的关系

心理健康与身体健康之间存在着密切的联系。一方面，心理健康状况会直接影响身体健康。例如，长期的焦虑、抑郁会导致内分泌失调、免疫力下降等健康问题。另一方面，身体健康状况也会对心理健康产生影响。身体疾病或疼痛可能导致个体产生焦虑、沮丧等情绪反应。

因此，维护心理健康与身体健康同样重要。健康的心理状态有助于个体更好地应对生活中的挑战和压力，进而促进身体健康；而良好的身体健康状况能为个体提供更多的心理资源和能量，以应对生活中的各种挑战。

3.心理健康的个体差异

每个人的心理健康状况都是独特的，受到遗传、环境、教育和社会支持等多种因素的影响。因此，心理健康的个体差异是显著的。有些人可能天生就具有较强的心理韧性，能够更好地应对生活中的挫折和压力；有些人则可能更容易受到外界环境的影响。

了解这些个体差异对于制定个性化的心理健康干预措施具有重要意义。例如，要为那些心理韧性较弱的个体，提供更多的社会支持和心理辅导；而对于那些心理韧性较强的个体，可以更多地关注其成长和发展的需求。

（二）心理健康对于个人全面发展的重要性

1.心理健康是全面发展的基石

个人的全面发展是一个多维度、综合性的过程。它不仅包括知识和技能的提升，更包括情感和价值观的成熟。在这个过程中，心理健康扮演着至关重要的角色。一个心理健康的个体更有可能拥有积极向上的生活态度，更好地应对生活中的挫折和困难，从而保持身心的平衡与和谐。

具体来说，心理健康的个体通常具备更强的自我认知能力和情绪管理能力。他们能够清晰地认识自己的优点和不足，从而制定合理的个人发展目标；同时，他们也能够有效地管理自己的情绪，避免负面情绪对个人发展的干扰。这些都是个人全面发展所必需的重要素质。

2.心理健康与社会功能的关系

心理健康不仅关乎个人的内心世界，还与社会功能密切相关。一个心理健康的人更容易与他人建立良好的关系，形成积极的社会互动。这种良好的人际关系和社会互动对个人的职业发展和生活质量的提升都具有重要意义。

在职场中，心理健康的个体通常能够更好地适应团队环境，与同事建立良好的合作关系，进而提升工作效率和团队凝聚力。此外，他们也更有可能获得上级和同事的信任和支持，进而获得更多的职业发展机会。

在生活中，心理健康的个体更能够享受与人交往的乐趣，建立稳定、亲密的人际关系。这种良好的人际关系不仅能够提升个体的生活质量，还有助于个体在面对困难时获得更多的社会支持。

3.心理健康的维护与促进

鉴于心理健康在个人全面发展中的重要性，我们应该积极关注并采取措施来维护和促进心理健康。这包括提供心理健康教育、建立有效的心理辅导和支持系统、创造积极的社会环境等多方面。

通过加强心理健康教育，个体可以更好地了解心理健康的重要性，掌握维护心理健康的基本方法和技巧，有助于维护和促进其心理健康。

二、心理健康教育对中学生的意义

（一）中学生在心理发展阶段的特点

1.生理与心理快速发展

中学生正处于生长发育的高峰期，不仅身体在迅速成长，心理也在经历翻天覆地的变化。他们的大脑结构和功能在不断发展，思维能力、记忆力和注意力等认知能力逐渐提高。同时，他们的心理需求也在发生变化，开始追求自主和个性化，对自我和他人的认知也逐渐深入。

2.情绪波动与自我意识的觉醒

由于荷尔蒙水平的变化和身体发育的影响，中学生的情绪容易出现波动。他们可能会因为一些小事情而感到沮丧或兴奋，情绪变化较大。此外，他们的自我意识逐渐觉醒，开始关注自己的内心世界，思考自己的人生价值和目标。这种自我意识的觉醒是他们心理发展的重要标志，也是他们开始形成独立人格的关键表现。

3.对社交的渴望与对同伴压力的敏感

中学生渴望与他人建立联系，扩大自己的社交圈子。他们希望通过社交来获得归属感和认同感，满足自己的情感需求。然而，他们也面临着来自同伴的压力和影响。同伴之间的评价和看法对他们的心理状态和行为选择产生着重要影响。

(二)心理健康教育如何帮助中学生应对成长中的挑战

1. 提升自我认知清晰度与自信心

心理健康教育有助于中学生更好地了解自己的内心世界和行为模式。通过心理健康教育活动,如自我探索、心理测试和反思等,中学生可以更深入地了解自己的性格特点、价值观和优势等。这种自我认知的清晰度不仅可以帮助他们更好地认识自己,还可以提升他们的自信心和自尊心。当中学生能够清晰地认识自己并接受自己时,他们会更加自信地面对生活中的挑战和困难。

心理健康教育还可以帮助中学生建立积极的自我形象。通过正面的心理暗示和自我激励等方法,中学生可以学会欣赏自己的优点和成就,从而培养自信心和乐观态度。这种自信心和乐观态度将使他们在面对挫折和失败时更加坚韧不拔、勇往直前。

2. 掌握情绪管理技巧与建立情绪平衡

情绪管理是中学生心理健康的重要组成部分。由于中学生情绪波动较大,他们需要通过心理健康教育来学习如何有效地管理自己的情绪。心理健康教育可以提供一系列的情绪管理技巧和方法,如深呼吸、放松训练、积极思考等。这些技巧可以帮助中学生在面对负面情绪时保持冷静和理智,避免情绪失控或过度压抑。

此外,心理健康教育还可以帮助中学生建立情绪平衡。通过教育他们如何识别和处理自己的情绪,使其更好地理解自己和他人的情感需求,从而建立更加健康的人际关系。这种情绪平衡不仅有助于中学生的心理健康发展,还可以提高他们的生活质量和幸福感。

3. 增强人际交往能力与建立积极的社会支持系统

人际交往能力是中学生必备的重要技能之一。通过角色扮演、沟通技巧训练等心理健康教育活动,中学生可以提高自己的人际交往能力,更好地融入社会并建立良好的人际关系网络。

心理健康教育还可以帮助中学生建立积极的社会支持系统。一个积极的社会支持系统可以为中学生提供更多的情感支持和资源帮助,当面临困难或挑战时,他们可以向亲朋好友或专业人士寻求支持和建议。这种社会支持系统的建立将有助于减轻他们的心理压力和负面情绪,促进他们的心理健康发展。

三、心理健康教育与学校教育的结合

（一）学校在教育学生心理健康方面的责任

1. 提供安全与支持性的教育环境

学校作为学生成长的重要场所，有责任为学生提供一个安全、支持性的教育环境。这意味着学校需要营造积极、健康、和谐的氛围，让学生能够在没有威胁和恐惧的校园中学习和生活。通过建立健全的校园安全制度、加强师生之间的沟通与互动、及时关注学生的心理动态等措施，学校可以为学生提供一个充满关爱和支持的学习环境，从而促进他们的心理健康发展。

2. 整合心理健康教育资源

为了有效地开展心理健康教育，学校需要积极整合校内外的相关资源。这包括与专业的心理健康教育机构合作，引进优秀的心理健康教育课程和教材，以及邀请心理健康专家来校开展讲座和培训等。通过整合这些资源，学校可以为学生提供更加全面、系统的心理健康教育，帮助他们更好地了解和应对成长过程中的心理挑战。

3. 加强心理健康教育的师资培训

教师是心理健康教育的关键实施者。因此，学校需要加强对教师的心理健康教育培训，提高他们的专业素养和教育能力。通过定期组织培训课程、分享会等活动，学校可以帮助教师掌握心理健康教育的基本理念、方法和技巧，从而更好地在日常教学中融入心理健康教育的内容。同时，学校还可以鼓励教师积极参与心理健康教育研究和实践，不断提升自己的专业水平和教育效果。

（二）将心理健康教育融入日常教学活动的必要性

1. 促进学生全面发展

将心理健康教育融入日常教学活动，有助于学生在学习过程中关注自己的心理健康状况，实现知识与心理的双重成长。这种教育模式不仅能够提高学生的学术水平，还能够培养他们的心理素质和社交能力，从而促进学生全面发展。在日常教学活动中融入心理健康教育的内容，可以让学生更加全面地认识自己，发掘自己的潜能和优势，为未来的学习和生活奠定坚实的基础。

2. 提升教育质量

心理健康教育与学科教育的有机结合可以提升整体的教育质量。通过在日常教学中巧妙地融入心理健康教育的内容，教师可以帮助学生更好地理解学科知识，培养他们的心理素质和解决问题的能力。这种跨学科的教育方式可以激发学生的学习兴趣和积极性，提高他们的学习效果和成绩。同时，心理健康教育还可以帮助学生建立良好的学习习惯和自主学习的能力，为他们的终身学习打下坚实的基础。

3. 预防和解决心理问题

将心理健康教育融入日常教学活动还有助于预防和解决学生的心理问题。青少年时期是个体心理发展的关键时期，也是心理问题高发的阶段。通过在日常教学中关注学生的心理状态和需求，教师可以及时发现和解决学生的心理问题，避免问题的恶化和扩散。同时，心理健康教育还可以帮助学生掌握应对心理压力和困难的技巧和方法，提高他们的心理韧性和适应能力。这种预防性的教育模式不仅可以促进学生的心理健康发展，还可以促进学校整体发展的和谐稳定。

为了实现心理健康教育与学校教育的有效结合，教师需要在教学设计中注重心理健康教育的渗透和融合。通过这些措施的实施，学校和教师可以更好地关注学生的心理健康需求和发展状况，为他们的全面发展提供有力的支持和帮助。

第二节 心理健康教育在中学体育教学中的作用机制

一、体育教学与心理健康的内在联系

(一)体育活动如何影响学生的心理状态

1. 释放压力，缓解紧张情绪

中学生常常面临来自学业、家庭、社交等多方面的压力。这些压力如果得不到及时有效的释放，可能会导致学生心理状态失衡。体育活动为学生提供了一个积极的情绪出口。在参与体育活动的过程中，学生可以专注于运动本身，将注意力从烦恼和压力中转移出来，达到放松身心的效果。同时，体育活动还能促进学生的内啡肽等快乐激素的分泌，有助于改善情绪，让学生感受到运动带来的愉悦和放松。

2. 提升自信心和自尊心

自信心和自尊心是学生心理健康的重要组成部分。体育活动为学生提供了一个展示自我、证明自己的平台。在参与体育活动的过程中，学生可以通过不断挑战自我、超越自我来获得成就感，从而提升自信心和自尊心。当学生在运动中取得进步或者获得胜利时，他们会感受到成功的喜悦和价值感。这种积极的心理状态有助于他们在日常生活中更加自信地面对各种挑战。

3. 培养团队合作精神和竞争意识

体育活动不仅有个人的挑战，更有团队的合作。在团队运动中，学生需要学会与他人沟通、协调和合作，以实现团队的目标。通过团队合作，学生可以学会如何与他人共同努力、互相支持，形成积极向上的心理状态。同时，竞争意识也能激励学生不断进步、追求卓越，更好地适应未来的社会竞争。

(二)体育教学在促进学生心理健康方面的独特作用

1. 营造积极向上的环境氛围

体育教学在中学阶段占据重要的地位。它不仅注重学生的身体素质发展，更注重学生的心理健康成长。在体育教学过程中，教师可以通过设计丰富多样的活

动和创设积极向上的课堂氛围来激发学生参与运动的热情。这种积极向上的环境有助于学生形成乐观开朗的性格特质，培养他们面对困难时的积极心态。

2. 塑造坚韧不拔的意志品质和自律性

体育教学在锻炼学生身体素质的同时，也注重培养学生的意志和自律性。在体育锻炼过程中，学生会遇到各种困难和挑战，如长跑中的身体疲劳、技巧动作练习的反复失败等。这些经历能够锻炼学生的意志品质，培养他们坚韧不拔、勇往直前的精神风貌。同时，体育教学还能帮助学生养成良好的自律习惯和自我管理能力，让他们学会坚持不懈地追求目标并为之付出努力。

3. 树立正确的人生观和价值观

体育教学不仅关注学生的身体健康和心理状态，还致力于帮助其培养正确的人生观和价值观。通过参与体育活动，学生可以更深刻地理解团队合作、公平竞争等社会规则和价值观的重要性。在团队运动中，学生需要学会尊重他人、遵守规则、勇于担当等优秀品质，这些品质将伴随他们一生并影响他们的未来发展。同时，体育教学还能帮助学生认识到健康的生活方式和积极的生活态度对个人成长的重要性。

二、心理健康教育在体育教学中的具体体现

（一）体育教学中可以融入的心理健康教育内容

1. 情绪管理教育

在中学体育教学中，情绪管理是一项至关重要的心理健康教育内容。体育活动本身具有一定的竞争性和挑战性。学生在参与过程中难免会遇到挫折和失败。这时，教师可以通过引导学生学会情绪管理，帮助他们更好地应对挑战和压力。

具体来说，教师可以在体育教学中增加情绪识别与处理的教学内容。例如，在体育比赛中，当学生因失误而感到沮丧时，教师可以引导他们通过深呼吸、积极思考等方式来调整情绪，保持冷静和乐观的心态。教师还可以组织一些团队活动，让学生在实践中学会如何与他人共同面对挫折，从而培养他们的情绪管理能力。

通过情绪管理教育，学生可以更加理性地面对挑战和失败，减少负面情绪的

影响，提高自我调控能力，从而更好地适应社会生活。

2. 团队合作意识的培养

团队合作是现代社会中不可或缺的一种能力。在体育教学中，教师可以通过各种团队运动来培养学生的团队合作意识。例如，足球、篮球等团队运动项目都需要队员之间的密切配合和协作才能取得胜利。

在培养团队合作意识的过程中，教师可以引导学生学会倾听他人的意见，尊重他人的想法，同时表达自己的观点和需求。通过团队运动的实践，学生可以深刻体会到团队合作的重要性，并学会如何在团队中发挥自己的作用，为团队的胜利贡献力量。

此外，教师还可以通过组织一些团队建设活动来增强学生的团队合作意识。这些活动可以帮助学生更好地理解团队合作的内涵，提高他们的团队协作能力。

3. 自信心与抗挫折能力的培养

自信心和抗挫折能力是心理健康的重要标志之一。在体育教学中，教师可以通过鼓励和支持来培养学生的自信心。当学生完成一个动作或取得一定成绩时，教师应及时给予肯定和赞扬，激发他们的自信心和成就感。

同时，教师还可以通过设置适当的挑战任务来培养学生的抗挫折能力。例如，在体操教学中，教师可以适当增加动作的难度，让学生在面对挑战时敢于克服困难。在遭遇失败时，教师应引导学生分析失败的原因，并鼓励他们从中吸取教训、继续努力。

通过自信心与抗挫折能力的培养，学生可以更加自信地面对生活中的各种挑战和困难，提高自我价值和成就感。

（二）心理健康教育的目标和方法与体育教学相结合

1. 明确心理健康教育的目标与体育教学的结合点

要在体育教学中有效融入心理健康教育内容，首先需要明确心理健康教育的目标，并找到这些目标与体育教学的结合点。例如，情绪管理、团队合作意识、自信心与抗挫折能力等心理健康教育目标，都可以与体育教学的相关内容和活动相结合。

其次，在制订体育教学计划时，教师应充分考虑心理健康教育目标，选择合适的教学内容和方法来实现这些目标。例如，在选择体育项目时，可以考虑那些能够培养学生团队合作精神和竞争意识的运动项目；在设置教学任务时，可以选择具有挑战性的运动项目来培养学生的自信心和抗挫折能力。

2. 采用多样化的教学方法实现心理健康教育目标

为了在体育教学中有效实现心理健康教育目标，教师需要采用多样化的教学方法。例如，可以通过情境模拟、角色扮演等方式来引导学生深入体验和思考相关心理健康教育的内容；可以通过竞赛、游戏等活动来激发学生的参与热情并培养他们的团队合作精神和竞争意识；还可以通过小组讨论、成绩分析等方式来提高学生的情绪管理和问题解决能力。

3. 改革评价方式以全面评估学生的发展状况

在传统的体育教学中，评价方式往往过于注重学生的运动技能和体能水平而忽视其他方面的能力发展。为了更好地融入心理健康教育内容并全面评估学生的发展状况，教师需要改革评价方式。

除了关注学生的运动技能和体能水平，教师还应将学生的心理素质、团队合作能力、抗挫折能力等纳入评价体系中。可以采用多样化的评价方式，如自我评价、同伴评价和教师评价等相结合的方式来进行全面评估。同时还应注重过程性评价和终结性评价相结合，以便更准确地反映学生的整体发展状况。

通过这种评价方式的改革，教师不仅可以更全面地了解学生的发展状况，还可以及时发现并解决学生在心理健康方面存在的问题，从而促进他们的全面发展。

第三节　融合心理健康教育的中学体育教学策略设计

一、明确教学策略设计的原则和目标

（一）设计融合心理健康教育的体育教学策略时应遵循的原则

设计融合心理健康教育的体育教学策略时需要遵循一些关键原则，以确保教学策略的有效性、适应性和吸引力。以下是设计时应考虑的几点原则。

1. 科学性原则

科学性原则是设计教学策略的首要原则。体育教学策略的制定必须建立在科学的基础上，遵循教育心理学、运动生理学和体育教学理论的指导。这意味着教师需要深入理解学生的心理发展规律，以及体育活动对学生心理健康的具体影响。同时，教师还应关注最新的教育研究成果，不断更新和完善教学策略，确保其科学性和前瞻性。

在实施过程中，教师要根据学生的实际情况和反馈信息，不断调整和优化教学策略，以达到最佳的教学效果。同时，教师还可以利用科学评估工具，定期对学生的心理健康状况进行评估，以便及时发现问题并采取相应的干预措施。

2. 全面性原则

在设计体育教学策略时，教师需要全面考虑学生的心理健康需求。这包括情绪管理、压力应对、自我认知、人际交往等多方面。为了培养学生的综合素质，教师的教学策略不能仅关注某一方面的心理健康，而应涵盖多个领域，促进学生的全面发展。

为了实现这一原则，教师可以设计多样化的体育活动，让学生在参与过程中体验到不同的心理挑战。例如，通过团队合作游戏培养学生的团队协作能力，通过竞技性运动提高学生的抗挫折能力和竞争意识，通过冥想和放松训练帮助学生学会调节情绪和压力等。这些活动不仅可以锻炼学生的身体，还能在潜移默化中提升他们的心理素质。

3. 个性化原则

每个学生都是独一无二的个体，具有不同的性格、兴趣和能力。因此，在设计体育教学策略时，教师应充分考虑学生的个性化需求。这意味着教师需要根据学生的特点制定有针对性的教学方案，以激发他们的学习兴趣和动力。

为了实现个性化教学，教师可以采用分组教学、选项教学等方式，让学生根据自己的兴趣和特长选择适合自己的体育活动。同时，教师还可以利用大数据和人工智能技术，对学生的学习情况进行实时跟踪和分析，以便为他们提供更加精准的教学指导。

（二）确定策略设计的具体目标

在融合心理健康教育的体育教学策略设计中，明确具体的教学目标是至关重要的。这些目标不仅指导着教学策略的制定，还是评估教学效果的重要依据。以下是设计教学策略所追求的几项具体目标。

1. 增强学生心理素质

心理素质是个体在面对压力、挑战和变化时所表现出的心理稳定性和应对能力。在体育教学中，经过专门设计的体育活动可以帮助学生提高自信心、抗挫折能力和自我调节能力。例如，攀岩、跳水等项目可以激发学生的勇气和决心，提高他们的自我认知和自我效能感。同时，通过引导学生参与竞争性的体育活动，如篮球比赛、足球比赛等，可以培养他们的竞争意识和团队协作能力，从而增强其心理素质。

为了实现这一目标，教师将在教学策略中融入更多的心理素质训练元素，如模拟比赛场景、设置困难情境等，让学生在实践中锻炼和提高自己的心理素质。

2. 培养团队合作精神

团队合作精神在现代社会中不可或缺。在体育教学中，教师可以通过团队运动和合作性游戏，促进学生间的沟通和协作，培养他们的团队合作精神。

为了达成这一目标，教师要设计更多需要团队协作才能完成的任务和活动，让学生在实践中学会与他人合作、分享和共赢。同时，教师也要注重培养学生的沟通能力和领导能力，使他们在团队中能够更好地发挥自己的作用。

3. 提升情绪管理能力

情绪管理能力是个体在面对情绪波动时能够有效调节和控制自己情绪的能力。在体育教学中，教师应教会学生如何识别和管理自己的情绪，以及有效应对压力和焦虑。例如，通过引导学生进行深呼吸、冥想等放松训练，可以帮助他们缓解紧张情绪和压力，提高他们的心理韧性和适应能力。

为了实现这一目标，教师要在教学策略中增加情绪管理相关的内容和活动，如情绪识别游戏、情绪调节技巧训练等，让学生在轻松愉快的氛围中学会如何管理自己的情绪。同时，教师也要关注学生的心理健康状况，及时发现并解决他们在情绪管理方面遇到的问题。

二、具体的教学策略

（一）设计针对性强的体育活动，促进学生的心理健康发展

1. 利用接力赛培养团队合作精神和竞争意识

接力赛是一项能够显著提升学生团队合作精神和竞争意识的体育活动。在活动中，学生被分成若干小组，每个小组的成员需要依次跑完预定距离，完成接力棒的传递。这一过程中，学生不仅需要发挥出自己的最佳水平，还需要与团队成员紧密配合，确保接力棒的顺利传递。

为了增强学生的参与度，教师可以在活动开始前设定明确的目标和奖励机制，激发学生的求胜欲望。同时，在活动过程中，教师应及时给予学生正面的反馈和鼓励，帮助他们建立自信，提升团队合作精神。通过接力赛，学生可以深刻体会到团队合作的重要性，学会如何在竞争中保持冷静和专注，从而培养其心理健康发展。

2. 拓展活动锻炼学生的勇气和抗挫能力

攀岩、绳网挑战等户外拓展活动，以其独特的挑战性和趣味性，深受学生的喜爱。这类活动要求学生在面对困难和挑战时，能够保持冷静、勇敢前行。通过参与这些活动，学生可以逐渐克服恐惧心理，增强自信心和抗挫折能力。

在教学过程中，教师应注重引导学生正确面对失败和挑战，鼓励他们勇敢面对困难，不断尝试和突破自我。同时，教师还可以结合活动特点，进行心理健康

教育知识的渗透，帮助学生更好地理解和应对生活中的挫折与压力。

3. 放松活动帮助学生学会自我调节和缓解压力

瑜伽、冥想等放松活动在近年来越来越受到学生的欢迎。这类活动以静态的方式帮助学生放松身心、缓解学习压力。通过参与这些活动，学生可以学会如何调节呼吸、放松肌肉，进而达到缓解紧张情绪和提升自我调节能力的目的。

在教学过程中，教师应注重引导学生感受身心的变化，帮助他们建立正确的健康观念和生活态度。同时，教师还可以结合学生的实际情况，进行个性化的指导和帮助，以提升学生的心理健康水平。

（二）引入心理训练游戏，增强学生的心理韧性和自我调节能力

心理训练游戏以其独特的趣味性和互动性，成为提升学生心理素质的有效途径。引入心理训练游戏，可以帮助学生在轻松愉快的氛围中提升心理素质，增强心理韧性，提高自我调节能力。以下是笔者设计的几种心理训练游戏。

1. 角色扮演游戏

角色扮演游戏是一种有效的心理训练游戏。它可以帮助学生更好地理解他人，提高共情能力和社交技巧。在游戏中，学生可以扮演不同的角色，模拟真实生活中的情境，通过与他人互动来解决问题。这种游戏可以帮助学生更好地处理人际关系，增强自信心和表达能力。

例如，教师可以设计一个"模拟联合国"的角色扮演游戏，让学生扮演不同国家的代表，就某一体育界议题进行谈判和协商。这样的游戏可以帮助学生提高沟通能力和团队协作精神，同时也能培养他们的全球视野和跨文化交流能力。

2. 情境模拟游戏

情境模拟游戏是一种通过模拟真实情境来提升学生心理素质的游戏。在游戏中，教师可以设定一些具有挑战性的情境，让学生在模拟环境中学会如何应对压力和挫折。这种游戏可以帮助学生提高心理韧性和自我调节能力，更好地适应生活中的各种变化。

例如，教师可以设计一个"荒野求生"的情境模拟游戏，让学生模拟在野外环境中学会如何寻找食物、搭建临时住所、应对突发情况等。这样的游戏不仅可以锻炼学生的生存技能，还能培养他们的耐心和毅力，提高他们的心理承

受能力。

3. 团队协作游戏

团队协作游戏是一种通过团队合作来提升学生心理素质的游戏。在游戏中，学生需要与团队成员紧密合作，共同完成任务。这种游戏可以帮助学生提高团队协作能力、沟通能力和解决问题的能力，同时也能培养他们的集体荣誉感和责任感。

例如，教师可以设计一个"徒步接力"的团队协作游戏，将学生分成若干小组，每个小组需要通过徒步接力比赛完成预定任务。这不仅可以锻炼学生的身体素质，还能培养他们的团队合作精神和竞争意识，提高他们的心理素质和抗压能力。

通过以上心理训练游戏，学生可以在轻松愉快的氛围中提升心理素质和增强心理韧性。同时，这些游戏也可以帮助学生学会如何面对失败、如何调节情绪、如何与他人建立良好的合作关系。在教学过程中，教师应注重引导学生积极参与游戏，鼓励他们勇敢面对挑战和困难，不断尝试和突破自我。

三、教师在策略实施中的角色

（一）教师在融合心理健康教育的体育教学中的重要作用

1. 教学活动的设计者与组织者

在融合心理健康教育的体育教学中，教师首先扮演着教学活动设计者和组织者的角色。教师需要深入理解和研究心理健康教育的理念和目标，将其与体育教学的内容、方法和手段紧密结合，设计出既符合体育教学规律，又能有效促进学生心理健康发展的教学活动。这需要教师具备深厚的教育学、心理学知识储备，以及创新的教学设计能力。

在设计教学活动时，教师还需要充分考虑到学生的个体差异，包括他们的年龄、性别、体能、兴趣等因素，以确保教学活动的针对性和实效性。同时，教师还需要根据教学活动的进展和学生的反馈，灵活调整教学策略，以保证教学的顺利进行。

2. 学生心理健康的引导者与支持者

除了设计和组织教学活动，教师还是学生心理健康的引导者和支持者。在教学过程中，教师需要密切关注学生的心理状态，及时发现和解决他们在心理健康方面遇到的问题。这需要教师具备良好的观察力和沟通能力，能够与学生建立信任关系，引导他们积极面对和解决心理问题。

教师可以通过积极的言语鼓励、合理的行为示范等方式，帮助学生建立积极的心态，提升他们的心理素质。同时，教师还可以利用体育教学的特点，培养学生的团队合作精神和竞争意识，进一步提升他们的心理健康水平。

3. 教学效果的评价者与反思者

教师是教学效果的评价者和反思者。在教学过程中，教师需要定期对学生的学习成果和心理状态进行评估，以便及时了解教学策略的有效性，并根据评估结果进行必要的调整。同时，教师还需要对自己的教学方法和手段进行持续的反思和改进，以优化教学效果。

教师可以通过多种评价方式全面了解学生的学习情况和心理状态。在评价过程中，教师需要保持客观、公正的态度，确保评价结果的准确性和可靠性。同时，教师还需要根据评价结果，及时调整教学策略，以满足学生的学习需求和心理健康发展需求。

（二）提供教师培训和专业发展的建议

为了更好地实施融合心理健康教育的体育教学策略，教师需要不断提升自己的专业素养和教育教学能力。以下是几点具体的建议。

1. 加强心理健康教育知识的学习

教师需要系统学习心理学和心理健康教育的基本理论，了解学生的心理发展规律和常见心理问题，以便更准确地把握学生的心理需求。此外，教师还应关注心理健康教育的最新研究成果和实践经验，不断更新自己的知识储备。

为了提高学习效果，教师可以参加专业的心理健康教育培训课程或研讨会，与同行交流学习心得和经验；或利用网络资源，关注心理健康教育领域的专业网站和论坛，获取最新的信息和资源。

2. 提升体育教学与心理健康教育融合的能力

教师需要掌握如何将心理健康教育有效地融入体育教学中。这需要教师在实践中不断探索和创新，将心理健康教育的理念和方法与体育教学紧密结合，形成独具特色的教学模式。

为了提升这方面的能力,教师可以观摩融合心理健康教育的体育教学示范课,学习他人的成功经验和教学方法;或尝试与心理健康教育专家进行合作,共同研发适合体育教学的心理健康教育内容和活动。

3. 有效的反馈和评价机制的建立

为了不断优化教学策略和方法,教师需要建立科学、全面的教学评价体系。首先,教师应明确评价目标和标准,确保评价结果的客观性和公正性。其次,教师可以采用多种评价方式和方法,如学生自评、互评和教师评价等,以全面了解学生的学习情况和心理状态。最后,教师需要及时收集和分析学生的反馈意见,以便针对问题进行个别辅导和集体教学调整。

在建立有效的反馈和评价机制过程中,教师需要注重与学生的沟通和交流,鼓励他们积极参与评价过程并提供真实的反馈意见。同时,教师还应定期对评价结果进行总结和分析,以便及时发现问题并采取有效的改进措施。

第四节　心理健康教育在中学体育教学中的实践案例

一、案例选择与背景介绍

(一)案例选择

1. 案例的典型性

本案例选择的"通过团队拓展训练提升学生心理健康水平"项目,是从众多中学体育教学实践中选出的一个典型案例。其典型性在于,它不仅将心理健康教育与体育教学紧密结合,还通过创新的团队拓展训练方式,实现了学生心理健康水平的有效提升。这一案例充分展示了心理健康教育在体育教学中的重要作用,同时也为其他学校提供了可借鉴的成功经验。

2. 项目的实施效果

该项目在北方某城市知名中学实施后,取得了显著的效果。通过团队拓展训练,学生的团队合作能力得到了显著提升,自信心和抗挫折能力也得到了增强。

第六章　心理健康教育与中学体育教学的融合

这些成效不仅体现在体育课堂上，更对学生的日常生活和学习产生了积极影响。项目的成功实施，使得该校在体育教学与心理健康教育融合方面走在了前列，为其他学校提供了有益的参考。

"通过团队拓展训练提升学生心理健康水平"项目不仅取得了显著的实施效果，还广受师生好评。教师认为该项目有效促进了学生的全面发展，提高了他们的心理素质；学生则表示，通过参与团队拓展训练，不仅锻炼了身体，还学会了如何更好地与他人合作、面对挫折。这种广泛的认可度进一步证明了该项目的价值和意义。

（二）背景介绍

1. 学校的教育理念

该中学一直秉持着提升学生全面素质的教育理念。学校认为，教育不仅仅是传授知识，更重要的是培养学生的综合素质和能力。在这一理念的指导下，学校不仅注重学生的学术成绩，还关注学生的身心健康、道德品质、实践能力等多方面的发展。这种全面的教育理念，为学校体育教研组将心理健康教育融入体育教学中提供了有力的支持。

2. 体育教学的创新尝试

该中学体育教研组认识到，单纯的体能训练不足以满足学生全面发展的需求。为了更好地促进学生的身心健康，教研组决定尝试将心理健康教育融入体育教学中。这一创新尝试旨在打破传统体育教学的束缚，探索更加符合学生发展需求的教学模式和方法。

3. "团队拓展训练"项目的开展

为了将心理健康教育有效地融入体育教学中，学校开展了为期一个学期的"团队拓展训练"项目。该项目由一系列精心设计的团队活动组成，如接力赛、攀岩挑战、团队协作游戏等，旨在提升学生的团队合作能力、自信心和抗挫折能力。这些活动不仅锻炼了学生的身体素质，还让他们在参与过程中学会了如何与他人合作、如何面对困难和挫折。通过这一项目的开展，学校有效地促进了学生的心理健康发展。

二、案例中的心理健康教育实践

（一）心理健康教育融入体育教学的具体做法

在现代教育中，心理健康与身体健康并重，二者均为学生全面发展的重要组成部分。体育教学不仅能锻炼学生体质，同样也可以成为心理健康教育的有效载体。

1. 设置心理健康目标

在体育教学中，除了传统的体能训练目标，明确设置心理健康目标是非常关键的。在每个拓展训练活动开始前，教师会清晰地告知学生，本次活动除了提升身体素质，还着重培养哪些心理素质。例如，在攀岩活动中，教师会说明，活动不仅旨在提高学生的上肢力量和协调性，更重要的是通过挑战自我，增强学生的自信心和面对困难的勇气。

这样的做法有助于学生明确活动目的，并在活动中更加关注自己心理层面的变化和成长。通过不断的设定和实现心理健康目标，学生可以逐渐认识到，心理健康与身体健康同样重要，从而在日后的生活和学习中更加注重维护自己的心理健康。

2. 设计团队协作游戏

团队协作游戏是培养学生团队协作能力、沟通技巧和集体荣誉感的有效途径。在体育教学中，教师可以设计一系列富有挑战性和趣味性的团队协作游戏，如"信任背摔""盲人方阵"等。这些游戏要求学生在团队中扮演不同的角色，通过沟通、协调和合作来完成任务。

例如，在"信任背摔"游戏中，一名学生需要向后倒，而其他团队成员则需要手挽手组成"保护网"来接住他。这个游戏不仅锻炼了学生的身体素质，更重要的是培养了他们之间的信任感和团队协作精神。通过这样的游戏，学生可以学会如何在团队中发挥自己的作用，如何与他人有效沟通，以及如何在面对困难时相互支持和鼓励。

3. 引入心理引导技巧

在体育教学过程中，教师可以运用心理引导技巧来帮助学生更好地理解和处理自己的情绪。例如，当学生在活动中遇到挫折或困难时，教师可以引导他们通过积极倾听、同理心表达等方式来疏解情绪及增进相互理解。

此外，教师还可以教学生一些简单的自我心理调节方法，如深呼吸、冥想等，以帮助他们在面对压力和挑战时保持冷静和理智。这些心理引导技巧的引入不仅有助于提高学生的心理素质，还能促进他们在团队中的和谐相处和共同成长。

4. 反思与分享环节

每次活动结束后，教师应该组织学生进行反思和分享。这一环节可以让学生总结自己在活动中的表现，分享自己的感受和收获。通过反思，学生可以更加清晰地认识到自己在心理健康方面的不足，从而明确下一步的努力方向。

同时，反思分享环节也有助于学生之间的相互学习和交流。他们可以听取他人的经验和教训，从中汲取灵感和动力来不断完善自己。这一环节不仅有助于学生深化对心理健康重要性的认识，还能培养他们的同理心和关爱他人的品质。

（二）可使用的具体方法和技巧

在心理健康教育的实践中，使用恰当的方法和技巧是至关重要的。以下是在体育教学中融入心理健康教育时所采用的具体方法和技巧。

1. 联系现实法

联系现实法是通过虚拟实际生活中可能遇到的情境来进行心理健康教育的方法。在体育教学中，教师可以根据教学内容和学生特点，设计一些具有挑战性的情境，让学生在虚拟环境中学习和成长。

例如，教师可以模拟一个体育比赛中紧急情况下的团队协作场景，让学生在有限的时间内完成某项任务。这样不仅可以锻炼学生的身体素质和技能水平，还能培养他们的应变能力和团队合作精神。同时，教师还可以通过这种方式来教会学生如何面对挫折和困难、如何管理自己的情绪等心理健康知识。

2. 正面反馈法

正面反馈法在心理健康教育中具有积极的作用。在体育活动中，教师应该及时给予学生正面的反馈和鼓励，以增强他们的自信心和积极性。同时，教师也应该引导学生学会给予和接受同伴的正面反馈，从而营造积极向上的团队氛围。

例如，在学生完成一个动作或任务后，教师可以及时给予肯定和表扬，让学生感受到自己的进步和成就。同时鼓励学生之间相互赞美,让他们在团队中感受到归属感和价值感。通过正面反馈法,学生可以更加自信、积极地面对挑战和困难,从而提升自己的心理素质和综合能力。

三、案例效果与反思

(一)融合心理健康教育的体育教学效果评估

在近年来的教育改革中,越来越多的学校开始注重学生的全面发展,其中包括心理健康的培育。将心理健康教育融入体育教学是一种新颖且富有成效的尝试。经过一个学期的实践,我们对此进行了深入研究和实施,取得了显著成果。

1. 团队协作能力的提升

通过融合心理健康教育的体育教学,我们设计了一系列需要团队协作才能完成的任务和活动。这些活动不仅锻炼了学生的身体,更重要的是,他们在完成任务的过程中,学会了如何更好地与他人合作,如何更有效地进行沟通和协调。经过一个学期的实践,我们发现学生的团队协作能力得到了明显的提升。

学生在活动中的配合更加默契。他们学会了倾听和尊重他人的意见,能够在短时间内达成共识,并迅速行动。这种默契的配合不仅提高了活动的效率,也让学生体验到了团队合作的乐趣和重要性。

学生能够有效应对各种挑战。在面对困难和挑战时,他们积极寻求解决问题的方法,并相互鼓励和支持。这种积极的态度和解决问题的能力,正是教育者希望通过心理健康教育所培养的重要素质。

2. 自信心和抗挫折能力的增强

在体育教学中,我们注重培养学生的自信心和抗挫折能力。通过设计具有一定难度的任务和活动,学生在挑战中不断尝试、失败、再尝试,直至成功。这个过程不仅锻炼了学生的意志力,也让他们更加相信自己有能力克服困难和实现目标。

经过一个学期的实践,我们发现学生的自信心和抗挫折能力得到了显著增强。他们在面对困难时更加乐观和坚忍,不再轻易放弃。这种心理素质的提升,对他们的未来发展具有重要意义。

3. 心理健康水平的提升

通过融合心理健康教育的体育教学，教师不仅关注学生的身体健康，更注重他们的心理健康。在活动中，教师引导学生学会管理自己的情绪，鼓励他们积极面对压力和挑战，并教会他们一些心理调适的方法。

经过一个学期的努力，学生的心理健康水平整体上升。他们更加懂得如何管理自己的情绪，在面对压力和挫折时能够保持冷静和乐观。同时，他们也更加善于理解和支持他人，形成了更加积极、健康的人际关系。

（二）成功经验与改进空间总结

在融合心理健康教育的体育教学项目中，教师取得了令人满意的成果，也积累了一些成功的经验，同时看到了进一步改进的空间。以下是笔者对成功经验和改进空间的总结。

1. 成功经验

（1）明确目标。在活动开始前，教师明确了心理健康教育的目标，这使得整个教学过程更加有针对性。教师清楚地知道，通过体育教学不仅要提升学生的身体素质，还要注重他们的心理发展。这一明确的目标导向，有助于教师更加精准地设计教学活动，也有助于学生更加明确地理解活动的意义和目的，从而更加投入地参与活动。

（2）精心设计活动。教师根据学生的心理需求和特点，精心设计了各种富有挑战性和趣味性的活动。这些活动不仅吸引了学生的兴趣，还让他们在参与的过程中体验到了团队合作的乐趣，提升了自信心和抗挫折能力。这种寓教于乐的方式，使得心理健康教育更加生动有趣，也更容易被学生所接受。

（3）注重过程与反思。在每次活动结束后，教师都会安排反思和分享环节。这让学生有机会深入思考和总结自己在活动中的表现，从而实现了心理健康教育的深化。学生通过分享自己的感受和收获，不仅增强了自己的理解和认知，还从同伴的分享中获得了新的视角和启示。

2. 改进空间

尽管该案例取得了一定的成果，但仍有改进的空间。以下是几个主要的改进方向。

（1）活动形式的多样化。虽然当前的活动已经取得了一定的效果，但教师可以尝试更多形式的活动，以满足不同学生的需求。例如，可以引入更多的户外运动、团队协作游戏等，以增加活动的多样性和趣味性。同时，也可以根据学生的反馈和兴趣点，不断调整和优化活动内容。

（2）加强与家长的沟通与合作。家长是学生学习和成长的重要支持者。在未来的教学中，教师可以加强与家长的沟通与合作，共同促进学生的心理健康发展。例如，可以定期举办家长会，与家长分享学生在活动中的表现和进步，也可以邀请家长参与到某些活动中来，增强家校之间的互动和合作。

（3）建立长效机制。目前该项目仅实施了一个学期，为了确保其持续性和有效性，教师可以考虑将其纳入学校的常规教学计划中，并建立长效机制。例如，可以设立专门的心理健康教育课程，或者将心理健康教育的元素融入日常的体育教学中去。同时，也可以建立学生心理健康档案，对学生的心理发展状况进行持续跟踪和评估。

第五节 融合心理健康教育的中学体育教学效果评估与改进建议

一、教学效果评估方法

（一）具体评估方法

在融合心理健康教育的中学体育教学中，教学效果的评估是一个多维度、复杂的过程。它需要考虑学生的心理健康改善情况、主观感受、实际行为表现，以及体育技能的进步等多方面因素。以下是对这一特殊教育模式的几种具体评估方法。

1. 心理测评量表

心理测评量表是评估学生心理健康水平变化的重要工具。在教学开始前，教师选用信度和效度都经过验证的"中学生心理健康量表"对学生进行基线测评，以了解学生的初始心理健康状态。该量表通常包含多个维度，如自我认知、情绪管理、人际关系等,能够全面反映学生的心理健康状况。

随着体育教学的推进,教师在不同的时间点(如教学中期和结束时)再次使用同一量表进行测试。通过对比不同时间点的测评结果,可以量化分析学生在自信心、焦虑水平、抑郁情绪等方面的变化,从而客观评估心理健康教育在体育教学中的实际效果。

此外,量表的使用还能帮助教师发现可能存在的心理问题或隐患,为后续的个别辅导和干预提供数据支持。

2. 教师观察记录

教师在体育教学过程中担任着引导者和观察者的双重角色。他们不仅应该传授知识,还应该时刻关注学生的行为、情绪和参与度的变化。因此,教师的观察记录是评估教学效果的重要依据。

在教学过程中,教师会详细记录学生的课堂表现、互动情况、情绪反应等信息。这些记录能够真实反映学生在实际教学中的状态和变化,为评估心理健康教育效果提供有力的证据。

同时,教师观察记录还有助于及时发现潜在的教学问题并解决。例如,如果发现某些学生在团队活动中表现出退缩或攻击性行为,教师可以及时调整教学策略或进行个别辅导,以确保每位学生都能从教学中受益。

3. 标准化测试成绩

虽然心理健康教育的主要目标是提升学生的心理素质和团队协作能力,但教师也应关注它对学生体育学习效果的影响。通过对比学生在体育教学前后的体能测试成绩、技能掌握情况等标准化测试成绩,教师可以间接评估心理健康教育的实际效果。

具体来说,教师在教学开始前对学生进行一次全面的体能和技能测试,记录每个学生的初始水平。随着教学的进行,定期重复这些测试,以追踪学生的进步情况。如果学生在体能和技能方面都有显著的提升,那么这可以部分归因于心理健康教育所带来的积极影响。

此外,标准化测试成绩还能为教师提供客观的教学反馈。如果某些学生的成绩没有明显进步甚至出现下滑,那么教师需要深入分析原因并调整教学策略。

（二）评估结果分析

经过一段时间的融合心理健康教育的体育教学后，笔者对收集到的数据进行了综合分析，得出了以下结论。

1. 心理健康水平提升

通过对比教学前后的心理测评量表数据，笔者发现学生在多个心理健康维度上都有显著的提升。特别是在自信心、抗挫折能力和情绪管理方面，学生的进步尤为明显。这表明融合心理健康教育的体育教学不仅增强了学生的身体素质，还有效提升了他们的心理健康水平。

值得一提的是，这种提升不仅体现在量表数据上，还反映在学生的日常行为中。他们变得更加自信、乐观，能够更好地应对生活中的挑战和压力。

2. 教师观察证实效果

通过教师的观察记录，可进一步证实融合心理健康教育的体育教学的实际效果。教师在教学过程中观察到，学生的参与度明显提高，他们表现出更加积极的态度和更好的团队合作精神。这不仅体现在体育技能的练习中，还贯穿在课堂活动的各方面。

此外，教师还发现学生在面对困难和挑战时表现出更强的韧性和解决问题的能力。这些积极的变化都得益于心理健康教育的融合和实践。

3. 体育成绩稳步提升

通过对比标准化测试成绩，笔者发现学生的体能和技能掌握情况均有所改善。这不仅证明了融合心理健康教育的体育教学对学生体育成绩的提升起到了积极作用，还显示出这种教学模式在促进学生全面发展方面的独特优势。

二、改进建议与未来展望

（一）改进建议

经过对融合心理健康教育的中学体育教学效果的综合评估，笔者看到了显著的成效，但同时也意识到，这些案例仍存在一些可以改进的空间。为了进一步优化这一教育模式，笔者提出以下几点有针对性的改进建议。

第六章 心理健康教育与中学体育教学的融合

1. 加强心理健康教育内容的针对性

尽管当前的心理健康教育内容已经相对完善，但不可否认，不同年级、性别的学生对于心理健康的需求和关注点存在差异。因此，笔者建议在设计心理健康教育内容时，更加注重针对性和个性化。

应针对不同年级的学生，根据其心理发展特点和面临的主要挑战，制定相应的教育内容。例如，初中生可能更加关注自我认知和情绪管理，而高中生可能需要更多关于压力应对和职业规划的指导。

对于不同性别的学生，也要考虑到他们在心理健康方面的不同需求。例如，针对女生可能面临的性别认同和自信心问题，教师可以设计专门的辅导活动；而针对男生可能在团队协作和冲突解决方面面临的挑战，也可以为其提供相应的解决方案。

通过加强心理健康教育内容的针对性，可以确保每位学生都能从教学中获得最大的收益。

2. 提高教师专业素养

教师是融合心理健康教育的体育教学的关键因素。他们的专业素养和教学能力直接影响着教学效果。因此，笔者建议加强体育教师的心理健康教育培训。

定期组织专业的心理健康教育培训课程，确保教师掌握最新的心理健康理论知识和实践技能。

鼓励教师之间的交流与合作，分享成功的教学经验和策略，共同提升教学质量。

引入外部专家进行定期的教学督导和评估，为教师提供专业的反馈和建议。

通过提高教师的专业素养，可以确保心理健康教育在体育教学中的有效融合，从而提升整体的教学效果。

3. 增加实践机会

当前的教学模式主要集中在课堂教学上，但实践是检验真理的唯一标准。因此，笔者建议增加学生的实践机会。

除了常规的课堂教学，还可以组织户外拓展活动、团队合作游戏等多样化的实践活动，让学生在真实的情境中体验和应用心理健康知识。

还可以与社区、企业等机构合作，为学生提供实习或志愿服务的机会，让他们在实践中锻炼团队协作能力、解决问题能力，以及应对压力能力。

通过增加实践机会，学生可以更加深入地理解和应用心理健康知识，从而提升自身的综合素质。

4.完善评估体系

评估是检验教学效果的重要环节。当前体育教学的评估体系主要集中在学生的心理健康水平和体育成绩上，笔者建议进一步完善这一体系。

除了心理健康量表测试，体育教学中还可以引入更多的评估工具和方法，如学生自评、互评以及教师评价等，以获取更全面的学生表现信息。

在评估内容上，除了关注学生的心理健康水平和体育技能掌握情况，教师还可以增加对学生团队协作能力、情绪管理能力、应对压力能力等方面的评估。

定期组织评估反馈会议，与学生共同讨论他们的进步和需要改进的地方，制订个性化的学习计划。

通过完善评估体系，教师可以更加准确地了解学生的学习情况和需求，从而为他们提供更有针对性的教学支持。

（二）未来展望

展望未来，体育教育者应继续致力于将心理健康教育更深入地融入体育教学，以全面促进学生的身心健康和全面发展。具体的发展方向包括以下几点。

1.拓展融合领域

目前，我们已经成功地将心理健康教育与体育教学相结合，并取得了显著的成效。然而，教育的目标是培养全面发展的人。因此，我们有必要将心理健康教育与其他学科也进行有机融合。开展跨学科的综合实践活动，让学生在解决实际问题中锻炼心理健康素质。

我们应探索心理健康教育与数学、科学、语文等核心课程的结合点，使心理健康教育渗透到日常学习的方方面面。

应将心理健康教育与艺术、音乐等课程相结合，通过创作和表达来提升学生的情绪管理和自我认知能力。

总而言之，通过拓展融合领域，我们可以构建一个更加全面、立体的心理健康教育体系。

2. 利用现代技术手段

随着科技的快速发展，现代技术手段在教育领域的应用越来越广泛。我们可以借助大数据、人工智能等技术手段来优化心理健康教育。利用大数据技术分析学生的学习和生活习惯，为他们提供个性化的心理健康指导。

通过利用现代技术手段，我们可以提高心理健康教育的针对性和实效性，更好地满足学生的个性化需求。

3. 推广成功经验

融合心理健康教育模式在实践中已经取得了显著的成效。为了让更多的学校和学生受益，我们需要将这些成功经验进行推广。

第一，举办教育研讨会和工作坊，与其他学校和教育机构分享我们的教学模式和经验。

第二，与教育部门合作，编写和推广融合心理健康教育的体育教学标准和教材。

第三，通过网络平台和社交媒体等渠道，广泛宣传心理健康教育的重要性和我们的实践成果。

通过推广成功经验，我们可以为更多学校提供可借鉴的教学模式和方法，共同推动学生心理健康教育的普及和发展。

第七章 高校体育教学的特点与发展方向

第一节 高校体育教学的独特性

一、专业性强化

(一)注重专业技能和知识传授

1. 深化专业技能培训

高校体育教学在专业技能培训方面有着更高的要求。相对于中小学体育教育的基础性教学,高校体育教学更侧重于对学生专业技能的深化和拓展。这不仅包括技术动作的精细化和标准化,还涉及对运动原理、技术分析和实战应用的深入探讨。例如,在足球教学中,除了基本的传球、射门等技术动作,还会教授学生如何根据场上形势调整战术、如何与队友配合以及如何在比赛中保持高效的运动状态。

为了实现这一目标,高校体育教师需要具备丰富的专业知识和实践经验,能够为学生提供科学、系统的训练指导。同时,高校也会配备先进的训练设备和场地,以满足专业技能培训的需要。

2. 强化专业理论知识教育

除了深化专业技能培训,高校体育教学还注重专业理论知识的传授。这包括运动生理学、训练原理、比赛战术等方面的知识。通过学习这些理论知识,学生可以更深入地理解运动技能的形成机制,提高训练效果,并能在比赛中更明智地决策。

为了强化专业理论知识教育,高校会开设相关的理论课程,并邀请业内专家前来讲座或授课。同时,教师也会引导学生通过阅读专业书籍、参加学术研讨会等方式,不断拓宽知识面,提升理论素养。

3. 培养专业素养和职业道德

高校体育教学还注重培养学生的专业素养和职业道德。这包括团队合作精神、公平竞争意识、对运动的尊重和热爱等方面。通过参与团队训练和比赛，学生可以学会如何与他人合作、如何面对挫折和困难、如何保持积极向上的心态等。

为了培养学生的专业素养和职业道德，高校体育教师会以身作则，树立良好的榜样。同时，学校也会组织各种形式的实践活动和志愿服务，让学生在实践中锻炼自己，提升专业素养和职业道德水平。

（二）课程内容更加深入，针对特定运动项目进行精细化教学

1. 制订精细化的教学计划

针对特定运动项目进行精细化教学，首先需要制订精细化的教学计划。高校体育教师会根据运动项目的技术特点、学生的实际情况以及教学目标，制订详细的教学计划。这包括教学内容的选择、教学方法的运用、教学进度的安排等方面。通过精细化的教学计划，教师可以更好地引导学生掌握专业技能和知识，提高教学效果。

2. 系统化技术动作分解与训练

在精细化教学过程中，教师会对技术动作进行系统的分解和训练。以乒乓球教学为例，教师会将发球、接发球、对攻等技术动作进行逐一分解，并详细讲解每个动作的要领和注意事项，然后，教师会引导学生进行逐步练习，从简单到复杂，从单一动作到组合动作，逐步提高学生的技术水平。

3. 战术与策略分析

除了技术动作的训练，高校体育教学还注重战术与策略的分析。教师会结合运动项目的特点和规则，为学生讲解各种战术和策略的运用方法和时机。例如，在篮球教学中，教师会分析进攻和防守的战术配合、球员之间的跑位和传球路线等。通过战术与策略的分析，学生可以更好地理解比赛的本质和规律，提高实战能力。

4. 实战模拟与比赛经验积累

为了让学生更好地将所学知识应用于实战，高校体育教学还会组织实战模拟和比赛活动。通过参与实战模拟和比赛，学生可以检验自己的技术水平、战术运

用能力和心理素质等方面。同时，教师也会根据学生的表现及时给予反馈和指导，帮助学生发现问题并改进自己的不足之处。通过实战模拟和比赛经验的积累，学生可以更快地成长和进步。

二、学生自主性提升

（一）大学生学习过程中的自主性和选择性

1. 自主性的觉醒与发展

大学生在学习过程中的自主性，主要体现在他们对学习内容、方式及进度的自我掌控。随着年龄的增长和认知能力的提升，大学生逐渐认识到自我学习和发展的重要性。在高校体育教学中，大学生开始主动地参与课堂讨论，积极寻求教师的反馈，甚至在课外时间自主进行体育锻炼和技能提升。他们不再仅仅依赖教师的指导，而是能够根据自己的身体状况和运动需求，制订个性化的训练计划。

此外，大学生也开始关注自己的身心健康，主动了解运动营养、伤害预防等相关知识。这些都体现了大学生在学习过程中的自主性。这种自主性的提升，不仅有助于大学生形成独立思考和解决问题的能力，还能为他们的终身体育锻炼奠定坚实的基础。

2. 选择性的增强与实践

与自主性紧密相关的是选择性。在高校体育教学中，大学生可以根据自己的兴趣和目标，选择适合自己的运动项目和学习路径。他们不再被局限于某种特定的运动或课程，而是有机会尝试多种运动项目，从而找到最适合自己的那一种。

这种选择性的增强，使得高校体育教学更加贴近大学生的实际需求，提高了大学生的学习兴趣和参与度。此外，选择性也培养了大学生的决策能力和责任感。他们需要为自己的选择负责，承担可能的风险和后果。这种经历将有助于他们在未来的生活和职业中更好地发展。

3. 自主性与选择性的教育价值

自主性和选择性在高校体育教学中具有重要的教育价值。它们不仅有助于提升大学生的运动技能和身体素质，还能培养大学生的独立思考能力、自我管理能力以及创新精神。通过自主选择和学习，大学生可以更好地理解自己的需求和兴趣，发现自己的潜力和特长。这种自我认知的过程，将有助于他们在未来的学习和工作中更好地定位自己，实现自我价值。

（二）高校体育课程提供多样化的选修项目

1. 多样化的选修项目满足个性化需求

为了满足大学生的个性化需求，高校体育课程提供了多样化的选修项目。这些项目涵盖了从传统体育项目如篮球、足球、排球等，到更为时尚和新兴的运动如瑜伽、舞蹈、攀岩等。学生可以根据自己的兴趣、特长和身体状况，选择最适合自己的运动项目。

这种多样化的选修项目设置，不仅增加了体育教学的趣味性和吸引力，还使得每一个学生都能在课程中找到自己的位置，实现个性化发展。同时，多样化的选修项目也有助于培养学生的多元化技能和综合素质，为他们未来的职业发展和社会生活打下坚实的基础。

2. 选修项目的教育意义与实践效果

高校体育课程的多样化选修项目不仅满足了学生的个性化需求，更具有深远的教育意义。通过参与不同的运动项目，学生可以锻炼自己的身体素质，提高运动技能，培养团队协作精神和竞技精神。同时，各种运动项目还能帮助学生塑造良好的体形和气质，提升他们的审美情趣和艺术修养。

在实践中，这些选修项目也取得了显著的效果。学生在参与自己感兴趣的运动项目时，展现出了更高的积极性和热情。他们在运动中收获了快乐，也锻炼了身体，更在团队协作和竞技中学会了如何与他人沟通和合作。这些经历将对他们未来的生活和工作产生积极的影响。

3. 选修项目的发展趋势与创新探索

随着时代的发展和社会的进步，高校体育课程的选修项目也在不断地创新和发展。未来，我们可以预见，更多的新兴运动项目将被引入高校体育教学中，如电子竞技、户外拓展等。这些创新性的选修项目将进一步丰富体育教学的内容，激发学生的学习兴趣和创造力。

同时，高校也在积极探索体育教学的新模式和新方法。例如，通过线上线下相结合的教学方式，利用现代科技手段如 VR 技术来增强学生的运动体验等。这些创新探索将有助于提升体育教学的质量和效果，更好地满足学生的需求和发展。

三、科研与实践相结合

（一）高校体育教学与体育科学研究的结合

1. 科研成果在教学中的应用

高校体育教学与体育科学研究的紧密结合，首先体现在科研成果在教学实践中的应用。高校教师作为科研的主力军，在运动训练、运动生理、运动心理等领域取得了丰硕的研究成果。这些成果不仅增进了大学生对人体运动规律的认识，也为体育教学提供了科学的依据和方法。

在教学实践中，教师会将这些科研成果转化为具体的教学方法和手段，以提高教学质量和效果。例如，根据运动生理学的研究成果，教师可以更科学地安排训练计划和运动负荷，从而避免过度训练和运动损伤；根据运动心理学的研究成果，教师可以更好地了解学生的心理状态，采取有效的激励措施，提高学生的学习积极性和自信心。

这些科研成果在教学中的应用，不仅提升了体育教学的科学性和有效性，也促进了理论与实践的统一。学生通过参与这种科学化的体育教学，能够更全面地掌握运动技能，提高身体素质，同时也有助于他们的科学精神和创新思维的培养。

2. 教学实践推动科研发展

高校体育教学与体育科学研究的结合还体现在教学实践对科研的推动作用上。在教学实践中，教师会遇到各种各样的问题和挑战，如学生的技能学习困难、运动损伤的预防与处理等。这些问题为教师提供了丰富的科研素材和研究方向。

教师可以通过对这些问题的深入研究和探索，提出新的科研课题和研究方向，从而推动体育科学的发展。例如，针对学生技能学习困难的问题，教师可以研究不同教学方法对学生技能学习的影响，找到更有效的教学方法；针对运动损伤的预防与处理问题，教师可以研究运动损伤的发生机制和预防措施，以降低运动损伤的发生率。

这种教学实践推动科研发展的模式，不仅有助于解决教学中的实际问题，也能促进教师科研能力的提升和体育科学的发展。同时，这种模式也为学生提供了更多的学习机会和资源,使他们能够在科学化的体育教学中获得更好的学习效果。

3.体育教学与科研的相互促进

高校体育教学与体育科学研究的结合是一种相互促进的关系。一方面,科研成果在教学中的应用可以提高教学质量和效果;另一方面,教学实践中的问题和挑战也可以为科研提供新的研究方向和素材。

这种相互促进的关系不仅有助于提升高校体育教学水平,也能推动体育科学不断发展。同时,这种结合也为大学生提供了更好的学习环境和资源支持,有助于培养他们的科学素养和创新精神。在未来的发展中,我们应该进一步加强体育教学与科研的结合,推动高校体育教学不断创新和发展。

(二)学生参与体育科研项目的机会与意义

1.学生参与体育科研项目的机会

在高校体育教学中,参与体育科研项目对学生来说是一个宝贵的机会。高校通常会设立科研项目或实验室,鼓励学生参与其中。这种机会为学生提供了一个深入了解体育科学研究的平台。学生可以通过与导师合作,参与课题研究、实验设计、数据收集和分析等环节,亲身感受科学研究的魅力。

此外,高校还会定期组织科研项目申报、学术交流和研究成果展示等活动,为学生提供展示自己科研成果的机会。这些活动不仅能够锻炼学生的科研能力,还能培养他们的团队协作精神和创新意识。

2.大学生参与体育科研项目的意义

大学生参与体育科研项目具有深远意义。通过参与科研项目,大学生可以更深入地了解体育科学的奥秘,培养对体育科学的兴趣和热爱。这种兴趣和热爱将激发他们对未知领域的探索欲望,为未来的学术研究和职业发展奠定坚实的基础。

参与科研项目可以帮助学生提升研究能力和科学素养。在科研过程中,大学生需要学会如何提出问题、设计实验、收集和分析数据以及撰写研究报告等。这些过程将锻炼学生的逻辑思维能力、实践操作能力和创新能力,使他们具备从事科学研究的基本素质。

大学生参与科研项目有助于培养他们的团队协作精神和创新意识。科研项目往往需要多人合作完成,学生需要学会与他人沟通协作,共同解决问题。同时,在科研过程中，大学生也需要不断尝试新的思路和方法，以寻求更好的解决方案。这种创新意识和团队协作精神将对大学生未来的学术和职业发展产生积极的影响。

  3. 科研经历对大学生的影响

大学生参与体育科研项目的经历将对他们产生深远影响。通过亲身参与科研项目并取得成果，大学生会感受到自己的价值和能力得到肯定，从而提升自信心和成就感。

科研经历能帮助大学生建立良好的学术网络和人脉关系。在参与科研项目的过程中，大学生将与导师、同学以及其他研究人员建立联系和合作。这些联系和合作将为大学生未来的学术研究和职业发展提供有力的支持和帮助。

科研经历能培养大学生的耐心和毅力。由于科学研究往往需要长时间的投入和反复的尝试才能取得成功，大学生在参与科研项目的过程中将学会如何面对困难和挫折，保持积极的心态和坚定的信念，这种耐心和毅力将对他们未来的生活和事业产生积极的影响。

第二节　高校体育教学的发展趋势

一、数字化与智能化教学

（一）现代科技在高校体育教学中的引入

1. VR 技术与 AR 技术的运用

随着 VR 技术与 AR 技术的日益成熟，其在高校体育教学中的应用也日渐广泛。VR 与 AR 技术为学生提供了一个全新的、沉浸式的运动学习环境。通过佩戴专业设备，大学生可以进入一个高度仿真的虚拟运动场景中进行训练，这种训练方式不仅具有极高的趣味性和互动性，还能有效地提升大学生的学习效果和训练质量。

VR 技术的引入，使得大学生在进行模拟训练时能够身临其境地感受运动场景，提高训练的逼真度和沉浸感。例如，在篮球训练中，学生可以在虚拟篮球场上进行投篮、运球等技术的模拟练习，系统会根据学生的表现给出反馈，帮助学生及时纠正错误动作，提高技术水平。

AR 技术能够将虚拟的信息叠加到现实世界中，为大学生提供更加丰富的运动学习体验。通过 AR 技术，教师可以在课堂上展示运动技术的 3D 模型，让学生更直观地了解技术动作的结构和要点，提高学习效果。

2. 现代科技辅助理解运动技术与战术

现代科技如 3D 动画、模拟演示等手段，为高校学生理解复杂的运动技术和战术提供了有力支持。传统的教学方法往往依赖于教师的口头讲解和示范，但这种方式可能无法让学生充分理解技术细节和战术布置。而现代科技则能够将运动技术和战术以更直观、更生动的方式呈现出来。

例如，在足球教学中，利用 3D 动画演示球员的跑位、传球路线和射门角度等，可以帮助学生更好地理解战术意图和团队协作的重要性。在篮球教学中，通过模拟演示球员的突破、传球和投篮等技术动作，可以让学生更清楚地掌握技术要领和动作节奏。

这些科技手段不仅使得教学更加生动有趣，还能激发学生的学习兴趣和积极性。学生可以通过反复观看演示和模拟练习来加深对运动技术和战术的理解。

3. 科技提升教学效率与安全性

现代科技的引入还大大提升了高校体育教学的效率和安全性。在传统体育教学中，教师可能需要花费大量时间进行示范和讲解，学生也需要花费大量时间进行实践和摸索。通过科技的辅助，教师可以更高效地传授知识，学生可以更快速地掌握技术要领。

同时，科技的应用也有助于提高体育教学的安全性。例如，在模拟训练环境中进行高风险运动的练习，如滑雪、攀岩等，可以有效降低实际操作中的危险系数。此外，通过实时监测学生的运动数据和生理指标，教师可以及时发现学生的异常情况并采取相应的措施，确保学生的身体健康和安全。

（二）大数据和人工智能技术的应用

1. 数据分析与个性化教学

大数据技术的应用为高校体育教学带来了数据驱动的教学新模式。通过收集和分析学生在运动过程中的各种数据，教师可以更全面地了解学生的运动表现、体能状况和技术特点。这些数据包括但不限于运动轨迹、心率变化、力量输出、步频步幅等。通过对这些数据的深入挖掘和分析，教师可以发现学生的优势和劣势，从而为他们提供更个性化的指导和建议。

例如，在长跑训练中，通过监测学生的心率变化和步频数据，教师可以判断学生的体能状况和跑步效率，进而调整训练计划和策略。在篮球训练中，通过分析学生的投篮轨迹和命中率数据，教师可以帮助学生改进投篮姿势，提高投篮准确性。

2. 人工智能在预防运动损伤中的应用

人工智能技术在高校体育教学中发挥着越来越重要的作用，尤其是在预防运动损伤方面。在传统的体育教学中，运动损伤的预防主要依赖于教师的经验和直觉，然而，人工智能技术可以通过对大量运动数据的分析和学习，更准确地预测大学生在运动过程中可能出现的风险和问题。

例如，人工智能可以根据学生的运动数据和生理指标预测其疲劳程度和受伤风险。检测到学生可能存在过度训练或疲劳累积的情况时，人工智能会及时提醒教师调整训练计划或给予学生适当休息的建议。这种智能化的预警系统有助于降低运动损伤的发生率，保障学生的身体健康。

3. 智能化评估与反馈系统

大数据和人工智能技术还可以构建智能化的评估与反馈系统。这种系统能够实时收集、处理和分析学生在运动过程中的数据，为教师提供即时的教学反馈和评估报告。通过这些报告，教师可以清晰地了解学生的运动表现、技术水平和进步情况，从而更有针对性地进行教学指导。

同时，智能化的评估与反馈系统也能为大学生提供个性化的学习建议和训练计划。系统可以根据大学生的实际情况和需求，推荐适合的训练项目和难度等级，帮助大学生更高效地提升自己的运动技能，激发学习兴趣和动力。

二、课程多样化与个性化

(一)提供多元化的体育项目

1. 传统体育项目与新兴体育项目的结合

高校体育教学在提供多元化的体育项目时,应注重传统体育项目与新兴体育项目的结合。传统体育项目如篮球、足球、排球等,具有深厚的文化底蕴和广泛的群众基础,对于培养大学生的团队协作能力、竞技精神和意志品质具有重要作用。新兴体育项目如桨板、滑板、街舞等,可以满足学生追求时尚、挑战自我的需求,激发他们的创新意识和探索精神。

通过传统体育项目与新兴体育项目的结合,高校体育教学能够更全面地满足大学生的多样化需求,促进他们的全面发展。这种结合不仅有助于提升大学生的身体素质,还能培养他们的文化素养和审美情趣,使他们在运动中享受快乐,在快乐中提升自我。

2. 多元化体育项目对大学生兴趣的激发

提供多元化的体育项目能够有效地激发学生的学习兴趣。每个学生都有自己的兴趣爱好和特长,他们对于不同的体育项目有着不同的偏好。高校体育教学应该提供丰富多彩的体育项目,让大学生有机会接触自己感兴趣的领域,从而激发学习热情。

当学生对某个体育项目产生兴趣时,他们会更加主动地投入学习和训练中,积极探索和掌握相关技能。这种兴趣驱动的学习方式不仅能够加强学生的学习效果,还能培养他们的自主学习能力和终身学习意识。因此,高校体育教学应注重了解学生的兴趣和需求,及时调整和优化体育项目设置,以满足学生的个性化发展。

3. 多元化体育项目在培养大学生综合素质中的作用

多元化体育项目在培养大学生综合素质方面发挥着重要作用。不同的体育项目可以锻炼大学生不同方面的能力,如力量、速度、灵敏性、协调性等。通过参与多样化的体育项目,大学生可以全面发展自己的身体素质,提高运动技能和竞技水平。

此外，多元化体育项目还有助于培养大学生的心理素质和团队协作能力。在运动中，学生会遇到各种挑战和困难，需要不断调整自己的心态和策略来应对。这不仅可以锻炼他们的意志品质和抗压能力，还能培养他们的团队合作精神和领导能力。因此，高校体育教学应注重多元化体育项目的设置和实施，以全面培养大学生的综合素质。

（二）个性化的教学计划

1. 个性化教学计划的制订原则

制订个性化的教学计划时，应遵循以下原则。首先，要充分了解每个学生的身体状况、运动能力和兴趣爱好，以确保教学计划符合学生的实际需求；其次，要注重因材施教，根据学生的个体差异制订有针对性的训练方案，以最大限度地发挥他们的潜能；最后，要关注学生的发展过程，及时调整教学计划，以适应学生不同阶段的发展需求。

通过遵循这些原则，教师可以为每个学生量身定制合适的教学计划，帮助他们在体育教学中实现个性化发展。这不仅有利于提高学生的运动技能和身体素质，还能培养他们的自信心和学习兴趣。

2. 个性化教学计划的实施策略

在实施个性化的教学计划时，教师需要采取一系列策略来确保计划的顺利进行。首先，教师可以通过观察学生的课堂表现和训练情况，及时了解他们的学习进度和问题所在，以便对教学计划进行微调。其次，教师可以采用分组教学的方式，将具有相似特点的学生分在同一组，以便更有针对性地进行指导。最后，教师还可以利用现代科技手段，如运动追踪设备和智能分析软件，对学生的运动数据进行实时监控和分析，为个性化教学提供更精准的依据。

通过这些实施策略，教师可以更好地贯彻个性化的教学计划，帮助学生在体育教学中取得更好的成绩。同时，这也有助于提升教师的教学水平和专业素养，促进高校体育教学的持续发展。

3. 个性化教学计划的效果评估

为了确保个性化教学计划的有效性，教师需要对其实施效果进行定期评估。在评估过程中，教师可以采用多种方法，如观察学生的课堂表现、记录学生的训练数据、收集学生的反馈意见等,以全面了解教学计划的实际效果。

通过评估结果,教师可以发现教学计划中存在的问题和不足,以便及时进行调整和改进。同时,评估结果还可以作为教师优化教学方法和手段的重要依据,推动高校体育教学质量的不断提升。在评估过程中,教师还应关注学生的个体差异和发展需求,确保教学计划能够真正满足每个学生的实际需求,实现真正的个性化教学。

三、体育教学领域的国际化交流与合作

(一)国际高校体育教学的交流与合作

1. 国际体育教学研讨会与论坛的重要性

在全球化的今天,国际高校体育教学的交流与合作显得尤为重要。为了紧跟国际体育教学的最新趋势,可以定期举办或参与国际体育教学研讨会或论坛。这样的平台不仅可以会聚世界各地的体育教学专家、学者和教师,还便于大家共同探讨体育教学的最新理论和实践成果。

通过这些研讨会和论坛,教师可以了解和学习到其他国家在体育教学方面的先进经验和做法,同时也能分享自己的教学成果和经验。这种交流与合作有助于拓宽教师的教学视野,提高教学水平,进一步推动体育教学事业的发展。

2. 与国际高校建立合作关系的重要性与方式

与国际高校建立合作关系是提升我国体育教学水平的有效途径。通过与国际知名高校的合作与交流,学校可以引进先进的体育教学资源,包括教学理念、教学方法、教材等,从而提高体育教学质量。

具体而言,学校可以通过师生互访、联合培养、共同研究等方式与国际高校建立深层次的合作关系。师生互访可以让学生直接体验到不同国家的文化和教育方式,增长见识,提高国际视野。联合培养可以让学生有机会接受到更广阔的教育资源,提升他们的综合素质。同时,共同研究可以推动我国体育教学的科研水平,产生更多的学术成果。

3. 国际高校体育教学交流与合作的深远影响

国际高校体育教学的交流与合作不仅对我国的体育教学水平有直接影响,从

长远来看，会对我国的体育教育理念、教育模式产生深远影响。

这种交流与合作也有助于提升我国体育教学的国际影响力，吸引更多的国际学生来我国学习，进一步促进我国体育教育国际化进程。同时，通过与不同文化背景的教师和学生交流，我国高校也可以更好地理解和尊重多元文化，培养具有国际视野和跨文化交际能力的体育人才。

（二）引入国际先进的高校体育教学理念和方法

1. 以学生为中心的体育教学理念

在国际先进的体育教学理念中，以学生为中心的思想得到了广泛的认同和实践。这种理念强调学生在学习过程中的主体地位，鼓励学生主动参与、积极探究，教师在其中扮演引导者和促进者的角色。

引入这种以学生为中心的教学理念，可以激发大学生的学习积极性，培养他们的自主学习能力和创新思维能力。同时，这种教学理念也有助于教师改变传统的以教师为中心的教学方式，使教学更加贴近学生的实际需求，提高教学效果。

2. 培养大学生自主学习与团队协作的能力

国际先进的体育教学不仅注重学生的体能训练，更重视培养学生的自主学习和团队协作能力。通过引入这些先进的教学方法，如小组合作学习、项目式学习等，可以让大学生在实践中学会自主学习，学会与他人合作，提高他们的团队协作能力。

这种能力的培养不仅对大学生的个人发展有重要意义，也对他们未来适应社会、参与团队合作具有积极的推动作用。因此，我国高校应该积极引入这些先进的教学方法，结合实际情况进行创新实践。

3. 引入国际流行的体育教学方法

国际上有许多经过实践验证、广受欢迎的体育教学方法，如游戏化教学、情境教学、任务型教学等。这些方法以其独特的魅力和实用性受到广泛好评。

游戏化教学是通过设计富有趣味性和挑战性的游戏活动，能让学生在轻松愉快的氛围中掌握体育技能和知识。情境教学是通过创设真实或模拟的情境，让学生在具体的情境中进行学习，提高他们的实际应用能力。任务型教学是通过设计一系列具有实际意义的任务，让大学生在完成任务的过程中锻炼自己的体育技能和解决问题的能力。

引入这些国际流行的体育教学方法不仅可以丰富教学手段和内容,还能有效提高教学效果和大学生的运动水平。教师应该结合自身的实际情况和大学生的学习需求,灵活选择和应用这些方法,推动我国体育教学不断创新和发展。

第三节　大学生身心发展与体育教学需求的关联

一、大学生身心发展特点

(一)大学生身体发展特点

1. 身体机能的成熟与稳定

大学生处于青春期末期至成年早期,其身体机能已逐渐成熟并趋于稳定。经过青春期的快速生长发育,大学生的骨骼、肌肉和内脏器官已发育基本完善,身体各项指标也已达到或接近成年人的水平。这意味着他们的身体已经具备了较强的适应能力和恢复能力,能够承受一定强度的体育锻炼和运动负荷。

在这一阶段,大学生的身体素质逐渐达到巅峰状态,这使得他们能够参与各种高强度的体育活动,如跑步、游泳、篮球等,而不会产生过大的身体负担。同时,他们的心肺功能也逐渐强大,能够为身体提供足够的氧气和养分,以支持长时间的运动。

2. 新陈代谢旺盛与更高的营养需求

由于大学生的新陈代谢旺盛,他们的身体对于营养和能量的需求也相对较高。为了满足身体发育和日常活动的需要,大学生必须摄入充足的营养物质。合理的饮食结构,包括蛋白质、碳水化合物、脂肪、维生素和矿物质等,对于维持大学生的身体健康至关重要。

此外,适当的运动也是促进身体健康发展的关键因素。通过参与体育活动,大学生能够增强体质、提高免疫力,并促进新陈代谢的正常进行。因此,大学生应该注重饮食与运动的结合,以维持身体的健康和活力。

3. 身体健康的维护与促进

在身体发展特点方面，大学生还需要关注身体健康的维护与促进。这包括保持充足的睡眠、避免不良的生活习惯（如熬夜、暴饮暴食等）、定期进行体检和及时寻求医疗帮助等。通过这些措施，大学生可以确保自己的身体健康状况良好，从而有更多的精力投入学习和生活中去。

（二）大学生心理发展特点

1. 自我实现与社会认同的追求

大学生在心理发展上表现出强烈的对自我实现和社会认同的追求。他们渴望通过自身的努力和表现，获得他人的认可和尊重，实现自我价值。这种追求在体育活动中得到了很好的体现，他们希望通过体育展示自己的才能，获得成就感和满足感。

为了满足这一需求，大学生会积极参与各种体育活动，不断提升自己的技能水平。他们会在比赛中奋力拼搏，力争取得好成绩，以此来证明自己的价值和能力。同时，他们也会关注自己在团队中的角色和贡献，希望通过自己的努力为团队带来胜利。

2. 社交圈拓展与社交能力提升

参与体育活动是大学生拓展社交圈和提升社交能力的重要途径。在体育活动中，大学生可以结交更多的朋友，与志同道合的人共同追求运动带来的快乐和成就感。通过与他人的交流和合作，他们不仅可以提升自己的沟通能力和团队协作能力，还可以拓宽自己的视野和人际关系网。

此外，体育活动还为大学生提供了展示自己领导才能的机会。在团队中担任队长或核心成员，可以锻炼他们的领导力和组织协调能力。这些经验对于他们未来的职业发展和人生规划都具有重要意义。

3. 个性化需求与体育教学的主体性

大学生还处于个性形成的关键时期，他们的独立性和自我意识逐渐增强。在体育活动中，他们更倾向于选择自己喜欢的项目和方式，表现出个性化的需求。为了满足这种需求，高校体育教学需要更加注重学生的主体性和选择性，尊重他们的兴趣和爱好。

教师应该鼓励学生积极参与体育活动的组织和策划，发挥他们的主观能动性和创造力，促进他们的全面发展。

二、大学生对高校体育教学的需求

（一）强健体魄的需求

1. 强健体魄的重要性

强健的体魄对于大学生而言至关重要。它是进行学习、生活和未来职业发展的基石。大学生正处于人生的黄金时期，拥有强健的体魄能让他们更好地应对学业压力、参与社会活动，以及享受青春的美好。因此，在高校体育教学中，强健体魄的需求应被置于首要位置。

2. 增强身体素质与提高身体机能的途径

为了满足强健体魄的需求，高校体育教学应注重力量、速度、耐力、灵敏度和协调性等身体素质的全面提升。通过科学合理的训练计划，结合大学生的身心发展特点，进行有针对性的锻炼。例如，通过力量训练增强肌肉力量和爆发力，通过有氧运动提高心肺功能和耐力水平，通过灵敏性训练提升反应速度和身体协调性。

同时，高校体育教学还应关注大学生的运动技能和运动知识的培养。通过教授正确的运动技巧和方法，帮助大学生掌握科学有效的锻炼方式，提高他们的运动能力和自我保护意识。

3. 运动损伤的预防与处理

在追求强健体魄的过程中，运动损伤的预防与处理同样重要。高校体育教学应普及运动损伤的预防知识，教会学生正确的运动前热身和运动后拉伸方法，以降低运动损伤的风险。同时，还应传授学生简单的急救技能和伤后康复方法，以便他们在遭遇损伤时能够迅速应对，减轻伤害并加速恢复。

（二）大学生心理压力释放的需求

1. 大学生心理压力的来源与影响

大学生在学业、就业、人际关系等方面面临着多重压力。这些压力若长期得不到有效释放，可能导致心理健康问题，影响学生的学习和生活质量。因此，在高校体育教学中，满足学生心理压力释放的需求尤为重要。

2. 体育活动对大学生心理压力的释放作用

体育活动作为一种积极的休闲方式，具有独特的心理压力释放功能。通过参与体育活动，大学生可以暂时忘却烦恼和压力，全身心投入运动中。运动过程中的快乐体验和成就感有助于提升大学生的自信心和积极情绪，从而有效缓解心理压力。

3. 设计轻松愉快的体育活动和游戏

为了满足大学生心理压力释放的需求，高校体育教学应设计一些轻松愉快、富有挑战性的体育活动和游戏。这些活动应具有趣味性和互动性，能够让大学生在运动中感受到快乐和自由。同时，教师还应引导学生积极参与活动，鼓励他们释放自我、展现个性，从而达到心理压力释放的目的。

（三）大学生对社交与团队合作的需求

1. 社交与团队合作的重要性

社交能力和团队合作精神是当代大学生必备的素质之一。通过体育活动，大学生可以拓展社交圈、结交新朋友，并学会与他人协作、沟通和解决问题。这对于他们未来的职业发展和人生规划具有重要意义。

2. 体育活动中的社交与团队合作机会

高校体育教学为大学生提供了丰富的社交与团队合作机会。在团队项目和集体活动中，大学生需要与他人紧密合作，共同完成任务。这不仅能提升他们的沟通能力和团队协作能力，还能增进彼此之间的了解和友谊。因此，高校体育教学应充分利用这些机会，满足大学生的社交与团队合作需求。

3. 注重团队项目和集体活动的组织

为了满足大学生的社交与团队合作需求，高校体育教学应注重团队项目和集体活动的组织。教师可以通过分组合作、角色扮演等方式，让学生在实践中学会与他人合作、分享和共赢。同时，教师还可以引导学生积极参与课外体育活动和竞赛，培养他们的团队精神和竞争意识。通过这些活动，大学生可以更好地融入集体、提升自我价值感，并学会在团队中发挥自己的优势和作用。

第四节　高校体育教学的创新与挑战

一、教学创新

（一）融合传统与现代教学方法

1. 传统教学方法的价值与局限

传统的高校体育教学方法，如讲授、示范、练习等，有其独特的价值和意义。这些方法能够直观地展示技术动作，帮助大学生建立正确的动作概念，并通过反复练习形成动力定型。然而，在信息时代，传统教学方法的局限性也日益凸显。例如，传统课堂受到时间和空间的限制，无法满足大学生随时随地学习的需求；同时，缺乏个性化的教学指导，难以充分激发大学生的学习兴趣和潜能。

2. 现代在线教学模式的优势与挑战

慕课（MOOC）和微课等在线教学模式的兴起，为高校体育教学提供了新的可能。这些模式具有时空灵活、资源共享、互动性强等优势，能够弥补传统教学的不足。例如，慕课平台可以让学生根据自己的时间安排进行学习，而微课则能够提供针对性的学习资源，帮助学生解决具体问题。然而，在线教学也面临着学生自律性不足、学习效果难以评估等挑战。

3. 融合传统与现代教学方法的实践策略

为了充分发挥传统与现代教学方法的优势，高校体育教学可以采取以下实践策略。首先，教师应更新教育观念，认识到在线教学的重要性和价值；其次，提高教师的信息技术应用能力，以制作高质量的在线课程资源；最后，结合传统课堂的互动性和在线教学的灵活性，设计混合式教学模式，以满足不同学生的学习需求。

在实施过程中，高校教师需要关注学生的学习情况，及时调整教学策略，确保教学效果。同时，高校应加大对体育教学信息化的投入，完善相关设施和资源建设，为融合传统与现代教学方法提供有力支持。

（二）开展跨学科体育教学研究

1. 跨学科体育教学研究的意义

跨学科体育教学研究有助于打破学科壁垒，促进体育学与其他学科的交流与融合。这种研究方式不仅可以拓宽体育教育的视野，丰富教学内容和方法，还有助于培养大学生的综合素质和创新能力。通过跨学科研究，教师可以更全面地了解体育运动对人体健康、心理发展和社会适应等方面的影响，为体育教学提供更加科学、精准的指导。

2. 跨学科体育教学研究的实施路径

（1）确定研究方向和目标。在开展跨学科体育教学研究之前，教师需要明确研究方向和目标。这可能涉及体育学与其他相关学科的交叉领域，如运动生理学、运动心理学、运动社会学等。

（2）建立跨学科研究团队。跨学科研究需要不同学科背景的研究者共同参与。教师可以积极寻求与其他学科教师的合作，组建跨学科研究团队，共同开展研究工作。

（3）整合研究资源和方法。跨学科研究需要整合不同学科的研究资源和方法。教师可以通过文献综述、实验研究、调查研究等多种方法，收集和分析相关数据，深入探讨体育运动与其他学科领域的关联。

（4）实施研究项目。在确定研究方向、建立研究团队和整合研究资源后，教师可以着手实施跨学科体育教学研究项目。这包括设计实验方案、收集数据、分析结果等步骤。

（5）撰写并发表研究成果。在完成研究项目后，教师应及时撰写研究报告或论文，将研究成果进行展示和交流。这不仅可以提升教师的学术水平，还有助于推动体育学科的发展和创新。

3. 跨学科体育教学研究的挑战与对策

跨学科体育教学研究面临诸多挑战，如学科差异、研究方法的整合、团队协作等。为了克服这些挑战，教师可以采取以下方法调整对策。首先，加强与其他学科教师的沟通和交流，建立良好的合作关系；其次，积极学习和掌握其他学科的研究方法和技术手段，为跨学科研究提供有力支持；最后，注重团队协作和成果分享，共同推动跨学科体育教学研究的发展。

二、高校体育教学面临的挑战

（一）体育资源分配不均的挑战

1. 体育资源分配不均的现状

高校体育资源的分配不均主要体现在不同地区、不同类型的高校之间。在一些经济发达、教育资源丰富的地区，当地高校往往能够获得更多的资金投入，拥有更优质的体育设施。相反，在经济相对落后或教育资源匮乏的地区，当地高校的体育设施和资源则可能严重不足。这种不均衡的资源分配直接导致了高校之间体育教学质量的差异，影响了学生的全面发展。

2. 影响与后果

体育资源分配不均不仅限制了部分高校体育教学的发展，还可能对大学生的身心健康产生不良影响。缺乏足够的体育资源和设施，大学生无法进行多样化的体育活动，这可能导致他们的体能和技能发展受限。同时，资源分配不均也可能加剧教育不公平现象，使得一些大学生无法享受到高质量的体育教育。

3. 解决策略与建议

为了解决体育资源分配不均的问题，有关部门应加大对高校体育设施的投入，特别是对于经济落后地区和资源匮乏的高校。此外，高校之间可以通过建立资源共享机制，实现体育资源的优化配置和有效利用。例如，可以开展校际体育设施共享、教师互访交流等活动，以促进教育资源的均衡分布。

（二）教学质量参差不齐的挑战

1. 教学质量差异的原因

高校体育教学质量参差不齐的原因主要有以下几点。一是教师素质的差异，包括教学经验、专业技能和教学方法等；二是教学条件的限制，如场地设施、器材设备等；三是高校对体育教学的重视程度和管理水平的差异。这些因素共同作用于教学质量，导致不同高校之间甚至同一高校不同学院之间存在显著的教学质量差异。

2. 影响与后果

教学质量参差不齐会直接影响学生的学习效果和兴趣培养。教学质量低下的体育课程可能让学生失去对体育的兴趣，甚至产生抵触情绪。长此以往，不仅会影响学生的身心健康，还会对他们的全面发展造成负面影响。

3. 提升教学质量的途径

为了提高体育教学质量，高校应加强对体育教师的选拔和培训，确保他们具备足够的教学能力和专业素养。同时，高校还应加大对体育教学的投入，改善教学条件，为师生提供良好的教学环境。此外，建立健全的教学质量评价体系和激励机制也是提升高校体育教学质量的关键。

（三）学生参与度不均的挑战

1. 学生参与度不均的原因

学生参与度不均的原因主要包括课程设置不合理、教学方法单一以及学生自身因素等。如果体育课程内容和教学方法不能满足学生的需求和兴趣，他们就可能缺乏参与的积极性。此外，学生的身体状况、运动习惯和个人兴趣等也会影响他们的参与度。

2. 影响与后果

学生参与度不均会导致体育教学的效果大打折扣。一方面，积极参与的学生可能得不到充分的发展和提升；另一方面，消极参与的学生可能无法体验到体育运动的乐趣和益处，从而错失培养健康生活和良好运动习惯的机会。

3. 提高学生参与度的策略

为了提高学生的参与度，教师需要深入了解大学生的需求和兴趣点，制订符合学生特点的体育教学计划和活动方案。例如，可以设置多样化的体育课程和活动项目以满足不同学生的需求；采用趣味性和互动性强的教学方法来激发学生的学习兴趣；加强与学生的沟通和交流也是关键，及时了解他们的反馈意见并做出相应的调整。通过这些措施，教师可以有效地提高学生的参与度，促进他们的全面发展。

第五节 未来高校体育教学的发展方向

一、终身体育理念的推广

(一) 培养学生终身锻炼的习惯和意识

1. 强调健康生活方式的重要性

在高校体育教学中,教师应首先向大学生传达健康生活方式的重要性。通过讲解现代生活方式带来的健康问题,如肥胖、心血管疾病、糖尿病等,教师可以帮助学生认识到定期锻炼对于预防这些疾病、提高生活质量的重要性。同时,教师还可以分享一些成功人士的锻炼案例,以此激励学生养成终身锻炼的习惯。

2. 创新体育课程设置

为了培养学生终身锻炼的习惯,高校体育课程需要具有吸引力和实效性。课程设置应注重多样性,涵盖不同类型的运动项目,以满足不同学生的兴趣。同时,课程内容应具有一定的挑战性,能够激发学生的求知欲和竞争欲。此外,教师还可以尝试将体育游戏和竞技活动融入课程中,让学生在轻松愉快的氛围中掌握运动技能,从而更加热爱体育锻炼。

3. 营造积极的校园体育氛围

高校应努力营造一个积极的校园体育氛围,鼓励大学生参与各种体育活动。例如,可以定期举办校园运动会、体育节等活动,为大学生提供展示自己运动才能的舞台。同时,还可以通过广播、海报等形式宣传体育活动的信息和成果,激发大学生的运动热情。在这样的氛围下,大学生更容易受到感染,从而自觉加入锻炼的行列中来。

(二) 提供持续的运动指导和健康咨询服务

1. 建立专业的运动指导和健康咨询团队

为了确保大学生能够获得持续、专业的运动指导和健康咨询,高校应建立一支专业的团队。这个团队可以包括体育教师、运动康复师、营养师等相关专业人员。他们将为大学生提供个性化的锻炼计划、运动损伤预防与康复建议以及营养饮食指导等服务。通过这样的团队支持，大学生可以更加科学地进行锻炼，避免运动损伤，提高锻炼效果。

2. 与社区和医疗机构合作，拓宽服务范围

为了更好地推广终身体育理念，高校还可以与社区和医疗机构进行合作。通过合作，高校可以将运动指导和健康咨询服务延伸到社区和家庭，让更多的人受益。例如，可以与社区共同举办健康讲座、运动培训班等活动，提高社区居民的健康意识和运动技能。同时，与医疗机构合作可以为大学生提供更加专业的健康评估和建议，帮助他们更好地了解自己的身体状况并制订合适的锻炼计划。

通过以上措施的实施，高校可以有效地推广终身体育理念，帮助大学生养成终身锻炼的习惯和意识。这不仅对大学生的身体健康有益，还能为他们的全面发展打下坚实的基础。

二、高校体育教学如何助力全面育人目标的实现

（一）体育教学不仅仅是身体锻炼

1. 身体健康与心理健康并重的体育教学

在过去，体育教学主要侧重于身体锻炼，以增强学生体质为主要目标。然而，随着教育理念的发展，体育教学的目标也在发展。现代体育教学不仅要关注学生的身体健康，还要重视学生的心理健康。这是因为身心健康是相辅相成的，良好的心理状态有助于身体的健康，反之亦然。

为了实现这一目标，高校体育教学需要在课程中融入心理健康教育的内容。例如，可以在体育活动中加入一些放松训练、情绪调节，或竞争比赛等心理健康教育的元素，帮助学生在锻炼身体的同时，也能够提升自己的心理素质。

2. 体育教学与社交技能的培养

高校体育教学是培养大学生社交技能的重要途径。在体育教学过程中，大学生需要与同伴进行互动交流，这为他们提供了锻炼社交技能的机会。

为了更好地培养大学生的社交技能，高校教师可以在体育教学中设计一些需要团队协作的活动。

3.高校体育教学中的挫折教育

挫折教育是高校体育教学中的一个重要方面。在体育活动中，学生难免会遇到失败和挫折，如何面对这些挫折是每个学生都需要学习的一课。

通过挫折教育，大学生可以养成坚韧不拔的精神和抗挫折能力，为未来的挑战做好准备。

（二）强调体育精神、团队协作等软技能的培养

1.**体育精神的培养**

体育精神是体育教学中的重要组成部分。它包括了坚韧不拔、勇往直前、公平竞争等品质，这些品质对于学生的人格塑造和价值观形成具有重要影响。

在高校体育教学中，教师可以通过组织各种体育活动和比赛来培养大学生的体育精神。例如，通过长跑比赛培养大学生的耐力和毅力，通过球类比赛培养大学生的团队合作精神和公平竞争意识。在这些运动中，教师应注重引导大学生理解并践行体育精神，让他们在实践中深刻体会其内涵。

2.**团队协作能力的提升**

团队协作能力是现代社会不可或缺的一项技能。在高校体育教学中，教师可以通过分组练习、团队对抗等方式来提升大学生的团队协作能力。

例如，教师可以设计一些需要团队协作才能完成的体育任务，让学生在完成任务的过程中学会如何与他人合作、如何分工协作、如何解决团队内部的冲突等。通过这样的训练，学生可以逐渐提升自己的团队协作能力，为未来步入社会做好准备。

3.**培养领导力与责任感**

除了团队协作，领导力和责任感也是高校体育教学中需要重点培养的软技能。教师可以通过选举队长、组织小型比赛等方式来培养学生的领导力。同时，教师还可以借助体育教学这个大平台，让学生承担起一定的教学责任和义务，从而培养他们的责任感。

例如，在高校体育教学中，教师可以让学生轮流担任团队的负责人或教练，负责组织和安排团队的训练和比赛。通过这样的实践经历，学生可以学会如何领导一个团队、如何为团队的成功负责任。这些经验对于他们未来的职业发展和个

人成长都具有重要意义。

三、科技创新与高校体育教学的深度融合

（一）利用科技手段提升教学效果和学生参与度

1. 智能穿戴设备在体育教学中的应用

智能穿戴设备，如智能手表、健康手环等，已经在日常生活中广泛应用。在高校体育教学中，这些设备同样可以发挥巨大的作用。通过佩戴这些设备，大学生可以实时监测自己的心率、步数、运动距离等数据，从而更加科学地安排自己的锻炼计划。

同时，这些数据也可以实时传输给教师，使教师能够根据学生的身体状况和运动表现进行针对性的指导。此外，智能穿戴设备还可以设置提醒功能，帮助大学生养成良好的锻炼习惯，提高他们的锻炼效果。

2. 大数据分析在高校体育教学中的应用

随着大数据技术的不断发展，越来越多的数据被收集和分析，为高校体育教学提供了更加精准的决策支持。教师可以通过对学生的运动数据、身体状况、学习成绩等进行分析，找出学生的薄弱环节和潜在问题，从而制订更加有针对性的教学计划。

此外，大数据分析还可以帮助高校体育教师评估教学效果，以便及时调整教学策略，确保教学质量。对于大学生而言，大数据分析也可以帮助他们更加清晰地了解自己的运动表现和进步情况，激发他们的学习动力。

（二）开发更多科技辅助的体育教学产品和服务

1. 智能运动器材的研发与应用

随着科技的进步，传统的运动器材已经逐渐被智能化。智能运动器材能够实时记录和分析使用者的运动数据，为用户提供更加科学、个性化的锻炼建议。在高校体育教学中，引入智能运动器材可以帮助大学生更加有效地进行锻炼，提高运动效果。

2. 在线运动课程的开发与推广

随着互联网技术的发展，越来越多的在线课程被开发出来，为大学生学习提

供了更加便捷的途径。在高校体育教学中，教师也可以积极开发在线运动课程，为大学生提供更加灵活、多样的学习方式。

在线运动课程可以涵盖多种运动项目，如瑜伽、普拉提、有氧运动等。学生可以根据自己的兴趣和需求选择合适的课程进行学习。同时，高校还可以邀请专业的教练进行授课，确保教学质量。通过在线运动课程的学习，大学生可以在任何时间、任何地点进行锻炼，极大地提高了学习的便捷性和灵活性。

3. 运动数据分析软件的开发与应用

为了更好地帮助大学生分析运动数据、提升运动效果，高校可以积极开发运动数据分析软件。这类软件可以对学生的运动数据进行深度挖掘和分析，为他们提供更加个性化、科学化的锻炼建议。

例如，通过分析学生的跑步数据，软件可以为其推荐更加合适的跑步路线和速度；通过分析学生的举重数据，软件可以为其设计更加合理的力量训练计划。同时，运动数据分析软件还可以为高校体育教师提供学生的学习情况和运动表现反馈，帮助他们更加精准地进行教学指导。

四、高校体育教学对职业发展的影响

学生的职业发展是教育者应该重点关注的内容，除了自身过硬的实践能力，社会环境、政策环境也是重要的影响因素。

（一）发展方向

体育专业学生的就业方向比较广，如体育教师、健身教练、运动治疗师等职业，又如体育营销、体育宣传、体育产品开发等职业，学生在学习过程中应当对自己的未来发展进行规划。因此，在体育教学过程中，学校和教师应当有意引导学生建立职业发展观，提前为职业发展做准备。

（二）政策支持

政策的支持使体育专业学生的职业规划方向更加广阔。2019年，国家体育总局发布的《"十四五"体育发展规划》中强调了四点内容，一是要深化体育人才体制机制改革，创新体育人才评价机制，加快形成有利于体育人才成长的培养、使用、激励和竞争机制。二是实施体育领军人才培养计划，依托重大项目、重大工程培养德才兼备的高层次体育人才。三是开发体育急需紧缺人才，加强体育技能人才队伍建设。四是面向社会加强体育人才信息系统建设，分级分类建立各类体育人才数据库。

（三）学校能给予学生的支持

（1）学校积极参与体育人才的培养和评价机制改革，探索新的教学方法和培养模式。

（2）教师利用国家或学校提供的培训和学习机会，提升自身的专业水平和教学能力。

（3）教师利用国家大学生就业服务平台等资源，帮助学生了解就业市场，提供职业规划和就业指导。

（4）学校与相关部门和行业企业合作，为学生提供实习和就业机会，促进学生与社会的对接。

第八章　混合式教学法在高校体育教学中的应用

第一节　混合式教学法的基本原理

一、混合式教学法的定义

（一）混合式教学法的概念

混合式教学法，又被称为混合学习（Blended Learning），是一种新型的教学模式，该模式融合了传统的面对面课堂教学与网络在线学习的优势。在这种模式下，教师不再是单纯的知识传授者，而是变成学生学习的引导者和促进者；学生也不再是被动地接受知识，而是主动参与到学习中，根据自己的学习需求和兴趣进行个性化学习。

混合式教学法的核心思想是"以学生为中心，以学习为导向"，强调学生在学习过程中的主体地位和教师的主导作用。在这种教学模式下，教师需要精心设计和组织教学活动，提供丰富多样的教学资源，以满足不同学生的学习需求和风格。同时，学生也需要积极参与到学习中，通过与教师、同学的互动交流，共同构建知识体系，提升自己的学习能力和综合素质。

混合式教学法并不是简单地将线下教学内容搬到线上，而是根据教学目标、学生特点以及教学内容，精心设计和组织线上线下的教学活动，使之相互补充、相互促进。因此，在实施混合式教学法时，教师需要具备较高的信息素养和教学能力，能够熟练运用各种教育技术工具和网络平台，为学生提供优质的学习资源和服务。

（二）混合式教学法的优势

混合式教学法结合了在线学习与面对面教学的双重优势，具体表现在以下几方面。

1. 提供灵活多样的学习方式

混合式教学法充分利用了在线学习的灵活性，使学生可以在任何时间、任何地点进行学习。这种学习方式打破了时间和空间的限制，为学生提供了更多的学习机会和选择。面对面的课堂教学则为学生提供了与教师和同学直接交流、讨论的机会，有助于他们及时解决学习中的问题。

2. 满足学生个性化的学习需求

每个学生都有自己独特的学习风格和需求，混合式教学法可以根据学生的个体差异提供个性化的学习路径和资源。通过在线学习平台，学生可以根据自己的学习进度和兴趣进行学习，反复观看教学视频、参与在线讨论等，从而更深入地理解和掌握所学知识。

3. 提高教学效果和学习效率

混合式教学法通过丰富多样的教学手段和资源，激发学生的学习兴趣和动力，提高他们的学习效果和学习效率。在线学习可以帮助学生预习、复习和巩固所学知识；而面对面的课堂教学可以帮助学生深入理解和应用所学知识，提高学习效果。

4. 培养学生的自主学习能力和团队协作精神

混合式教学法强调将自主学习和合作学习相结合。在在线学习过程中，学生需要自主安排学习时间、选择学习内容，并积极参与在线讨论和小组活动。这些过程不仅能够锻炼学生的自主学习能力，还能够培养他们的团队协作精神和沟通能力。

（三）混合式教学法的发展趋势

随着教育技术的不断进步和学生学习习惯的改变，混合式教学法正逐渐成为教育领域的主流。未来，混合式教学法将朝着以下几个方向发展。

1. 技术与教学的深度融合

随着人工智能、大数据、云计算等技术的不断发展，混合式教学法将进一步与新型技术融合，实现更加智能化、个性化的教学服务。例如，利用人工智能技术对学生进行精准画像，为他们推荐合适的学习资源和活动；利用大数据分析技术实时跟踪学生的学习进度和反馈情况，为教师提供精准的教学决策支持。

2. 多元化的教学手段和资源

未来混合式教学法将更加注重采用多元化的教学手段和资源来激发学生的学习兴趣和创造力。除了传统的课堂教学和在线学习，还将引入更多元化的教学手段，如VR、AR等技术创建更真实、更生动的教学情境；利用游戏化学习理念设计更具趣味性和挑战性的教学活动。

3. 开放与共享的教学理念

随着开源文化和共享经济的兴起，未来混合式教学法将更加注重教学资源的开放性和共享性。教师可以通过开放在线课程、共享教学资源等方式与全球教育工作者进行交流与合作；同时，学生也可以利用这些开放资源进行自我学习和提升。这种开放与共享的教学理念将有助于推动教育的公平与普及，让更多的学生享受到优质的教育资源和服务。

4. 全球化与跨文化交流的趋势

随着全球化的不断深入发展，未来混合式教学法将更加注重培养学生的全球视野和跨文化交流能力。教师可以通过引入国际化的教学资源和活动拓宽学生的视野；同时也可以利用网络平台与其他国家和地区的教育机构进行合作与交流，为学生提供更多的学习机会和资源。

二、混合式教学法的教学原则

（一）学生中心原则

混合式教学法中的学生中心原则是指在整个教学过程中，教师要将学生置于学习的核心地位，关注学生的个体差异、学习需求和兴趣爱好，以促进学生的全面发展为目标。

1. 关注学生的个体差异

混合式教学法强调教师要关注学生的个体差异，根据每个学生的特点因材施教。例如，对于视觉型学习者，教师可以提供更多的图表、图像和视频等视觉资料；对于听觉型学习者，教师可以录制讲解音频或提供播客等资源。通过满足学生的不同学习风格，教师可以帮助学生更有效地理解和掌握知识。

2. 激发学生的学习兴趣和积极性

兴趣是最好的老师。在应用混合式教学法时，教师应设计具有趣味性和挑战性的教学活动，激发学生的学习兴趣和积极性。例如，教师可以利用在线平台创建互动游戏、知识竞赛或虚拟实验室等，让学生在轻松愉快的氛围中学习知识。同时，教师还可以通过课堂讨论、小组合作等活动，鼓励学生积极参与，增强他们的学习动力。

3. 培养学生的自主学习能力和批判性思维

混合式教学法注重培养学生的自主学习能力和批判性思维。在线学习部分，学生需要自主安排学习时间、选择学习内容和掌握学习进度，这有助于培养他们的自主学习能力。同时，通过参与课堂讨论、完成小组项目等活动，学生可以提高分析问题、解决问题和批判性思考的能力，从而提升他们的批判性思维。

（二）灵活性原则

混合式教学法中的灵活性原则强调教学应适应不同学生的学习风格和节奏，提供多样化的学习资源和自主学习工具，以满足学生的个性化需求。

1. 提供丰富的学习资源和自主学习工具

混合式教学法要求教师提供丰富多样的学习资源和学习工具，以满足不同学生的学习需求。在线学习平台上，教师可以上传教学视频、电子教材、在线测试等资源，供学生随时随地学习。同时，教师还可以推荐各种学习工具和应用，如思维导图软件等，帮助学生更高效地学习。

2. 适应不同学生的学习风格和节奏

学生的学习风格和节奏各不相同，有的学生喜欢快节奏、高强度的学习，而有的学生喜欢慢节奏、深入思考的学习。混合式教学法强调教师要根据学生的实际情况，灵活调整教学策略和内容，以适应不同学生的学习风格和节奏。例如，对于学习速度较快的学生，教师可以提供更多拓展资源和挑战性问题；对于学习速度较慢的学生，教师可以提供更多的辅导和支持，帮助他们逐步掌握知识。

3. 及时调整教学策略和内容

混合式教学法要求教师密切关注学生的学习反馈和表现，根据实际情况及时调整教学策略和内容。例如，如果发现学生在某个知识点上存在普遍问题，教师就要及时调整教学计划,增加相关讲解和练习;如果发现学生的学习兴趣不高,教师就要尝试引入更多生动有趣的教学案例,激发学生的学习兴趣。

(三)交互性原则

交互性原则在混合式教学法中占据着举足轻重的地位。这一原则强调教师与学生之间、学生与学生之间的交流和互动,以促进学生的深度参与和主动学习。通过交互性学习,学生可以更加深入地理解和掌握所学知识,同时还能够培养团队协作和沟通能力。

1. 提供多种交互机会和方式

混合式教学法要求教师充分利用在线学习平台和课堂教学环境,为学生提供多种交互机会和方式。在线上平台,教师可以设置讨论区、问答区等,鼓励学生提问、分享经验和观点;在线下课堂上,教师可以组织小组讨论等活动,促进学生的互动交流。这些交互机会和方式有助于学生更好地理解知识、拓展思维和提升表达能力。

2. 促进学生的深度参与和主动学习

交互性原则还强调学生要深度参与到学习过程中,变被动学习为主动学习。通过参与在线讨论、完成小组项目等活动,学生可以主动思考问题、寻找答案并与他人分享经验。这种主动学习的方式有助于提高学生的学习积极性和学习效果。

3. 培养团队协作和沟通能力

在混合式教学法的模式下,学生需要经常与他人进行交流和合作。通过参与小组合作项目等活动,学生可以学会如何与他人协作,沟通和解决问题。这些经验不仅有助于提高学生的团队协作能力,还能够培养他们的沟通技巧和领导能力。

第二节 高校体育混合式教学法的设计与实施

一、教学目标分析

（一）知识与技能目标

在高校体育教学中，混合式教学法的教学目标首先聚焦于知识与技能的提升。这一目标不仅关乎大学生对体育理论知识的掌握，更涉及实践技能的培养和提高。

1. 体育理论知识的提升

通过混合式教学法，大学生能够在线上学习平台中获取丰富的体育理论知识。这些知识包括但不限于体育项目的基本规则、技术要点、战术策略等。通过视频讲解、图文教材、在线测试等多种形式，学生可以全面、系统地学习并掌握这些理论知识。同时，线下的课堂教学为学生提供了进一步巩固和深化理论知识的机会，通过教师的讲解、案例分析等方式，使学生能够更加深入地理解和掌握体育理论知识。

2. 实践技能的培养

实践技能的培养是体育教学的重要目标之一。混合式教学法通过将线上线下有机结合，为大学生提供了充足的实践机会。在线下教学中，高校体育教师可以通过实地示范、动作纠正等方式，指导学生进行实践操作，帮助他们掌握正确的技术动作。线上平台可以提供虚拟仿真的实践环境，让大学生在游戏化的学习中提升实践技能。这种线上线下相结合的方式，不仅能够有效地提高大学生的实践技能，还能够提高他们的学习兴趣和积极性。

3. 知识与技能的融合应用

混合式教学法还强调知识与技能的融合应用。大学生不仅要在理论上掌握体育项目的基本规则、技术和战术，更要在实际运动中灵活运用这些知识。因此，高校体育教师在教学过程中应设计具有实践意义的教学任务和活动，让学生在实践中运用所学知识解决问题，从而提高他们的应用能力。例如，可以组织学生进行小组对抗赛、技能挑战赛等活动，让学生在真实的竞技环境中体验和运用所学知识。

（二）过程与方法目标

混合式教学法在过程与方法方面的目标，主要是培养大学生的自主学习能力、实践操作能力以及团队协作能力。这些能力的培养对于大学生未来的学习和发展具有重要意义。

1. 自主学习能力的培养

混合式教学法通过线上学习资源的提供，让学生学会自主查找、筛选和整合信息，形成独立思考和解决问题的能力。在线学习平台为学生提供了丰富的学习资源和学习工具，学生可以根据自己的学习需求和兴趣进行自主学习。同时，教师也可以通过设置学习任务、提出问题等方式引导学生深入学习，培养他们的自主学习能力。

2. 实践操作和团队协作能力的培养

线下的实践教学是混合式教学法的重要组成部分。通过实践操作，学生可以亲身感受体育项目的实际运作，提高他们的动手能力和技术水平。同时，实践教学往往以团队形式进行，这有助于培养学生的团队协作能力。在团队中，学生需要学会与他人沟通、协调和合作，共同完成学习任务和目标。

（三）情感态度与价值观目标

混合式教学法在情感态度与价值观方面的目标，主要是培养大学生的体育精神、团队协作精神以及良好的道德风尚。这些目标的实现对于大学生的全面发展具有重要意义。

二、教学内容的选择

（一）理论知识与技能的结合

在选择适合混合式教学法的教学内容时，理论知识与实践技能的有机结合是至关重要的。这种结合不仅能帮助大学生全面理解体育项目，还能提升他们的实际操作能力。

1. 理论知识的重要性

理论知识是大学生学习体育技能的基础。它包括体育项目的规则、技术要领、战术应用等内容。在混合式教学法中，这些理论知识可以通过线上视频、图文教材等形式教授。大学生可以在任何时间、任何地点进行学习。这种灵活性有助于他们更好地理解和掌握体育项目的相关知识。

例如，在学习篮球项目时，大学生可以通过线上平台了解篮球的基本规则、投篮技巧、防守策略等理论知识。这些知识将为他们后续的实践操作提供指导，使他们在实践中能够更快地掌握技能，并减少错误动作的出现。

2. 实践技能的训练

实践技能的训练是混合式教学法中不可或缺的一部分。通过线下的实践教学，大学生可以亲身感受体育项目的实际运作，提高他们的技术水平。在实践教学中，教师应注重指导学生进行正确的技能训练，帮助他们掌握规范的技术动作。

以篮球为例，在学生学习篮球的理论知识后，高校教师可以通过示范和动作纠正等方式，指导学生进行投篮、运球、传球等实践技能的训练。这种训练不仅能够提高学生的技术水平，还能够增强他们的学习兴趣和自信心。

3. 理论知识与实践技能的有机结合

在混合式教学法中，理论知识与实践技能的有机结合是至关重要的。只有将两者紧密地结合起来，才能使大学生更好地理解和掌握体育项目。为此，高校教师在教学过程中应注重理论与实践的相互联系，让大学生在实践中运用所学知识解决问题。

（二）内容的趣味性与实用性

在选择混合式教学法的教学内容时，注重内容的趣味性和实用性是提高大学生学习兴趣和参与度的关键。

1. 趣味性在教学中的重要性

趣味性是激发大学生学习动力的关键因素之一。在选择教学内容时，教师应考虑学生的兴趣和爱好，选择一些学生感兴趣的体育项目或活动。

例如，可以选择一些流行的体育项目，如骑行、爬山等，或者引入一些趣味性的体育比赛，如接力赛、表演赛等。这些内容不仅能够吸引大学生的注意力，还能够增强他们的学习兴趣和参与度。

2. 实用性的考虑

除了趣味性，教学内容的实用性也是非常重要的。学生更倾向于学习与他们日常生活紧密相关的知识和技能。因此，在选择教学内容时，高校教师应注重其实用性，让大学生能够学以致用，将所学知识应用到实际生活中。

例如，可以选择一些与日常生活密切相关的体育项目，如太极拳、瑜伽等。这些项目不仅能够帮助学生锻炼身体，还能够提高他们的生活质量。

3. 趣味性与实用性的平衡

在选择教学内容时，高校教师应注重趣味性与实用性的平衡。既要选择大学生感兴趣的内容，又要确保这些内容具有实用价值。为此，教师可以结合大学生的实际情况和需求，对教学内容进行适当的调整和优化。

例如，在教授骑行技能时，教师可以先通过趣味性的自行车游戏吸引学生的注意力，然后逐渐引入实用的骑行技能训练。这种方式既能够激发学生的学习兴趣，又能够确保他们学到实用的技能。

（三）内容的层次性与拓展性

在混合式教学法中，选择具有层次性和拓展性的教学内容是满足不同学生学习需求的关键。

1. 教学内容的层次性

考虑到学生的个体差异和学习需求，教学内容应具有层次性。这意味着针对不同水平的学生，教师应提供不同难度的教学资源和任务，使每个学生都能在混合式教学中找到适合自己的学习内容，从而获得成长和进步。

例如，在游泳教学中，对于初学者，教师可以提供一些基础技能的讲解与训练；对于有一定基础的学生，教师可以增加一些高级技能和复杂技巧的教学内容；而对于高水平的学生，教师可以提供一些专业的训练和比赛策略指导。

2. 教学内容的拓展性

除了层次性，教学内容还应具有拓展性。这意味着教学内容不仅要涵盖基础知识和技能训练，还要为学生提供进一步学习和探索的空间。通过这种方式，学生可以更深入地了解不同体育项目的各方面，并培养他们的创新思维和实践能力。

三、混合式教学策略设计

（一）线上线下教学活动的互补设计

混合式教学策略设计的核心在于线上线下教学活动的互补性。这种互补性不仅体现在教学内容上，还体现在教学方法和学习方式上。通过精心设计的线上线下教学活动，可以最大限度地发挥混合式教学的优势，提升大学生的学习效果。

1. 线上教学活动的设计

线上教学活动是混合式教学法的重要组成部分。

设计线上教学活动时，高校教师应注重资源的多样性和互动性。多样性体现在提供不同形式的学习资源，如文本、图片、视频等，以满足不同学生的学习风格和兴趣。互动性则体现在设置在线讨论区、问答环节等，鼓励学生之间的交流和互助，同时便于教师及时解答学生的疑问。

此外，教师还可以设计自主学习任务，如在线测验、收获复盘等，以检验学生的学习效果并促进他们的自我管理能力。这些任务可以根据学生的学习进度和反馈进行调整，以确保线上教学的有效性和针对性。

2. 线下教学活动的设计

线下教学活动是混合式教学法中不可或缺的一环。通过实践操作、小组合作和教师指导等方式，深化大学生对知识和技能的理解和应用。

在实践操作方面，教师可以组织学生进行实地训练、模拟演练等活动，使他们在真实或模拟的情境中运用所学知识解决问题，提高学生的技术水平，培养他们的体育能力和创新思维。

小组合作是线下教学的重要形式之一。通过小组合作，学生可以相互讨论、分享经验和解决问题，从而提升团队协作能力和沟通能力。教师可以根据学生的学习需求和兴趣，设计具有挑战性的小组合作任务，激发学生的参与热情和创造力。

教师指导在线下教学中也起着关键作用。教师应密切关注学生的体育课程进展和问题，及时给予指导和反馈。通过面对面的交流和互动，教师可以更好地了解学生的学习需求和困惑，提供个性化的辅导和支持。

3.线上线下教学活动的互补与融合

线上线下教学活动的互补设计体现在二者的融合上。教师应根据教学内容和目标，将线上线下教学活动有机地结合起来，形成一个完整、连贯的教学体系。

（二）自主学习与合作学习的结合

自主学习与合作学习的结合是一种重要的教学策略。这种结合旨在培养大学生的自主学习能力、团队协作能力和沟通能力，从而提高他们的学习效果和综合素质。

1.自主学习能力的培养

自主学习能力是混合式教学法中强调的重要能力之一。通过线上学习资源的提供和自主学习任务的设计，教师可以引导学生主动探索、独立思考，培养自主学习能力。教师应提供丰富多样的学习资源，包括视频教程、电子书籍、在线课程等，以便学生根据自己的学习风格和兴趣进行选择。同时，教师还可以设计具有挑战性的自主学习任务，如案例分析、研究报告等，激发学生的求知欲和探索精神。

在培养自主学习能力的过程中，教师还应注重学生的自我监控和自我管理能力。设定明确的学习目标和计划并提供及时的学习反馈和指导，帮助学生建立良好的锻炼习惯和自主学习意识。

2.合作学习能力的培养

合作学习能力是混合式教学法中一个重要的培养目标。通过线下的小组合作学习和实践活动，学生可以学会与他人协作、分享经验和解决问题，从而提高团队协作能力和沟通能力。

为了培养学生的合作学习能力，教师还可以设计一些需要团队协作才能完成的任务或项目。同时，教师还可以鼓励学生之间相互评价，以便他们更充分地了解自己的学习情况和进步程度。

3.自主学习与合作学习的相互促进

在混合式教学法中，自主学习和合作学习并不是孤立的两个环节，而是相互促进、相辅相成的两个过程。通过自主学习，大学生可以掌握基础知识和技能，为合作学习打下坚实的基础；而通过合作学习，大学生可以与他人交流、分享和碰撞思想火花，从而拓宽视野、深化理解和提高创新能力。

因此，在教学过程中，教师应注重自主学习和合作学习的有机结合和相互促进，帮助学生建立完整的知识体系和能力结构，提高他们的学习效果和综合素质。

四、实施步骤与时间安排

（一）实施步骤

混合式教学法的实施需要细致而周全的步骤，以确保教学的有效性和学生的学习效果。

1. 前期准备

在实施混合式教学法时，前期准备是至关重要的环节，为后续的教学活动奠定了基础。这一步骤主要包括以下几方面的内容。

（1）教师准备线上学习资源

体育教师需要精心挑选和制作线上学习资源，这些资源应包括课程的基本知识点、相关案例、练习题等。同时，教师还需确保这些资源的质量，使其既符合教学目标，又能激发学生的学习兴趣。此外，教师还需要对这些资源进行合理的分类，以便于学生查找和学习。

（2）教师设计自主学习任务

为了培养学生的自主学习能力，教师需要设计一系列自主学习任务。这些任务应具有挑战性，能激发学生的学习兴趣，同时又要符合学生的实际水平。

（3）制订线下实践教学计划

线下实践教学是混合式教学法的重要组成部分。在制订实践教学计划时，教师需要充分考虑实践活动的目标、内容、形式以及评价方式等。同时，教师还需要根据高校的实际情况和学生的特点来实施切实可行的计划。

（4）学生了解混合式教学法的基本要求和流程

在前期准备阶段，学生需要了解混合式教学法的基本要求和流程。教师可以通过发布课程大纲、学习指南等方式帮助学生了解课程的整体安排和学习要求。同时，教师还可以组织线上或线下的课程导论，向学生介绍混合式教学法的特点和优势，以激发学生的学习兴趣和积极性。

2. 线上学习

线上学习是混合式教学法中的关键环节。它充分利用了网络技术的优势，为学生提供了更加灵活和便捷的学习方式。这一步骤主要包括以下几方面的内容。

（1）学生利用线上学习资源自主学习

在线上学习阶段，学生需要利用教师提供的线上学习资源进行自主学习。这些资源包括课程视频、电子教材、在线测试习题等。学生可以根据自己的时间和进度进行学习，同时可以利用在线讨论区参与交流和讨论。

（2）学生完成自主学习任务

为了检验学生的学习效果并促进他们的自我管理能力，教师需要设计自主学习任务并要求学生在规定的时间内完成。这些任务可以包括在线测试、学习反思、案例分析等。

（3）学生参与线上讨论和交流

线上讨论和交流是线上学习的重要环节之一。学生可以在讨论区发布自己的观点和问题，与其他同学进行交流和讨论。这种互动不仅可以帮助学生解决学习中的疑惑和问题，还可以激发他们的思维火花和创新意识。

3. 线下实践

线下实践是混合式教学法中的另一重要环节，旨在通过实践操作、小组合作和教师指导等方式深化学生对知识和技能的理解和应用。这一步骤主要包括以下几方面的内容。

（1）小组合作

小组合作是线下实践中的重要形式之一。学生可以被分成若干小组，并在小组内进行讨论、协作和分享经验等活动。通过小组合作，学生可以提高自己的团队合作能力和沟通能力，促进全面发展。

（2）教师指导

在线下实践过程中，教师的指导不可或缺。教师需要密切关注学生的学习进展和问题，并及时给予指导和反馈。

4. 总结反馈

总结反馈是混合式教学法中的最后一个环节，旨在对学生的学习成果进行总结和评价，并为后续教学提供参考和改进方向。这一步骤主要包括以下几方面的内容。

（1）学生提交学习成果

在学习结束后，学生需要提交自己的学习成果以供教师评价。这些成果可以包括成果展示、学习心得等。

（2）教师评估和总结

教师需要根据学生的学习成果和表现进行评估和总结。评估可以包括对学生学习成果的打分和评价以及对学习过程的反思和建议等。通过评估和总结，教师可以了解学生的学习情况和问题所在，并为后续教学提供参考和改进方向。

（二）时间安排

在混合式教学法中，时间安排是至关重要的因素，直接影响到教学的效果和学生的学习体验。以下是对混合式教学法时间安排的详细论述。

1. 线上学习时间安排

线上学习时间的安排应相对灵活，由学生自主掌握学习进度。然而，教师仍需设定明确的时间节点，以确保学生按时完成自主学习任务。例如，教师可以设定每周的学习任务，并要求学生在规定的时间内完成，帮助学生检验自己的学习成果并巩固所学知识。

为了促进学生的自主学习，提升其自我管理能力，教师还可以设定一些激励机制。例如，按时完成学习任务并且表现优秀的学生可以获得额外的奖励或加分等。

2. 线下实践教学时间安排

线下实践教学时间的安排需要根据学校的课程安排和教师的时间表进行统筹规划。教师需要与学校教务部门和其他教师进行协商，确保实践教学时间不会与其他课程产生冲突。同时，教师还需要根据学生的实际情况和需求制订切实可行的实践教学计划。

在实践教学过程中，教师需要密切关注学生的学习进展和问题，并及时给予指导和反馈。为了确保实践教学的有效性，教师还可以邀请体育界的精英来参与实践教学活动，为学生提供更加真实和实用的课程体验。

3. 总结反馈时间安排

总结反馈时间的安排通常在整个教学活动结束后进行。教师可以设定一个明确的时间节点，要求学生在此前提交学习成果。在收到学生的学习成果后，教师需要及时进行评估和总结，并将评估结果反馈给学生。为了确保反馈的及时性和有效性，教师可以采用在线评价系统或定期组织面对面的反馈会议等方式与学生进行沟通和交流。

同时，教师还需要留出足够的时间用于后续教学改进工作。根据学生的学习情况和反馈意见，教师可以对体育课程的教学内容、教学方法和时间安排等方面进行调整和优化，以提高教学的质量和效果。

第三节　混合式教学法在高校体育教学中的实践案例

一、案例背景介绍

随着信息技术的迅猛发展和教育改革的深入推进，教育信息化已成为当今教育领域的重要趋势。在这一背景下，某高校积极响应号召，不断探索教育信息化的新路径，以提升教学质量，培养出更具创新精神和实践能力的人才。为此，该高校决定在体育课程中尝试使用混合式教学法，以期在提高学生体育技能的同时培养他们的自主学习能力和团队协作精神。

本次实践案例选择了网球课程作为试点。网球作为一项广受欢迎的体育项目，不仅具有深厚的群众基础，还拥有丰富的教学资源。这使网球课程成为混合式教学法实践的理想选择。

在该高校的体育教学中，传统的面对面授课方式虽然能够直接、生动地传授知识和技能，但也存在一定的局限性。例如，学生在课后很难得到及时的指导和反馈，而教师在课堂上的教学时间也有限，难以充分满足每个学生的学习需求。此外，传统的教学方式往往侧重于技能的传授，而忽视了学生自主学习能力和团队协作精神的培养。

为了克服这些局限性，该高校决定在网球课程中引入混合式教学法。混合式教学法结合了线上教学和线下实践的优势，既能够让学生在课堂上获得直观的技能指导，又能够利用线上资源进行自主学习和复习。通过这种方式，学生可以更加灵活地安排自己的学习时间，根据自己的学习进度和需求进行学习。同时，教师也可以利用线上平台提供个性化的指导和反馈，从而更好地满足学生的学习需求。

在混合式教学法中，线上教学部分主要通过在线教育平台进行。教师可以发布学习资源和任务，引导学生进行自主学习。学生可以通过观看视频教程、阅读相关资料和完成在线测试等方式，掌握基本知识和技能。同时，在线教育平台还提供了讨论区，鼓励学生就学习过程中遇到的问题进行交流和讨论。这种互动式的学习方式不仅能够及时解决学生的学习困惑，还能够激发他们的学习热情和主动性。

而线下教学部分则主要集中在网球场上进行。教师可以通过实际示范和讲解，让学生更加直观地理解和掌握网球技能。同时，教师还可以组织学生进行实战演练和团队协作活动，以培养他们的团队协作精神和实践能力。

二、案例实施过程

（一）线上教学活动组织与实施

随着信息技术的不断发展，线上教学已经成为教育领域的重要组成部分。在本次网球课程中，线上教学活动扮演了至关重要的角色。通过精心组织和实施线上教学活动，教师成功地引导学生进行了高效的自主学习，为后续的线下实践教学奠定了坚实的基础。

1. 发布学习资源与自主学习任务

在课程开始前，教师通过学校的在线教育平台，精心地发布了网球课程的学习资源。这些资源涵盖了网球的各方面，从基础规则到高级战术，都有详细的视频教程进行讲解。此外，还配备了相关的文字资料和图片，以供学生参考和学习。这些学习资源的发布，不仅能让学生提前了解课程内容和要求，还为他们提供了自主学习的机会。

在实施过程中，教师密切关注学生的学习进度和反馈。他们通过在线教育平台的统计数据和学生的作业提交情况，及时了解学生的学习状况，并针对存在的问题给予及时的指导和帮助。这种个性化的教学方式，能够让学生更加明确自己的学习目标和方向，从而更加积极地投入学习中。

2. 线上讨论与交流

为了进一步加强学生的学习效果，教师在在线教育平台上设立了专门的讨论区。这个讨论区为学生提供了一个互动交流的平台，他们可以就学习过程中遇到的问题进行提问，也可以分享自己的学习心得和体会。这种线上讨论与交流的方式，极大地促进了学生之间的合作与学习。

在讨论区中，教师鼓励学生积极参与讨论，及时解答学生的疑问，引导学生深入思考和交流。这种互动式的学习方式，不仅能让学生及时解决学习中的困惑，还能够激发他们的学习热情和主动性。同时，教师也能通过讨论区了解学生的学习需求和兴趣点，为后续的教学提供参考和依据。

在讨论与交流中，学生不仅解决了学习中的疑难问题，还通过互相启发和碰撞，产生了许多新的思考和理解。这种线上的交流方式打破了时间和空间的限制，让学生能够随时随地进行学习和交流，极大地提高了学习效果和效率。

（二）线下教学活动组织与实施

线下教学活动是混合式教学法中不可或缺的一部分。在本次网球课程中，线下教学活动同样扮演了重要的角色。通过精心组织和实施线下教学活动，教师成功地引导学生将线上学习的知识应用到实践中，进一步提升了他们的网球技能和团队协作能力。

1. 检查线上学习情况与重点讲解

在线下教学活动中，教师首先对学生的线上学习情况进行检查。这一环节至关重要，因为它能够让教师了解学生在自主学习阶段对知识的掌握情况，从而为后续的实践教学提供有针对性的指导。

通过简单的测试和问题解答，教师能够迅速评估学生的线上学习效果。针对学生在测试中暴露出的问题，教师进行了重点讲解和示范。例如，对于网球发球、接球技巧中的手指控制问题，教师不仅详细讲解了正确的姿势和技巧，还亲自示范了规范的动作，让学生更加直观地理解和掌握。

同时，教师还根据学生的实际掌握情况对教学计划进行了灵活调整，增加了对某些重点难点内容的讲解和练习时间，以确保学生能够全面、深入地掌握网球知识和技能。这种以学生为中心的教学方式，充分体现了混合式教学法中线下教学的针对性和灵活性。

2.技术实践与战术演练

在网球课程中，技术的实践和战术的演练是至关重要的。因此，在线下教学活动中，教师组织了大量的技术实践和战术演练环节。这些环节旨在让学生通过亲身实践，进一步巩固和提升网球技能。

在技术实践方面，教师根据学生的技能水平进行了合理的分组。每个小组都有机会在教师的指导下进行发球、接球等基本技术的训练。通过反复练习和纠正，学生的网球技术得到了显著提高。他们不仅掌握了正确的技术动作，还学会了如何在比赛中灵活运用。

在战术演练方面，教师设计了一系列具有针对性的战术练习。学生在教师的带领下进行了单手击球、双手击球等战术的演练。通过这些演练，学生不仅学会了如何与队友协作配合，还培养了他们的战术意识和比赛策略。

3.友谊赛与成果展示

在课程结束时，教师组织了一场精彩的网球友谊赛。这场比赛不仅是对学生学习成果的一次检验，更是对他们团队协作精神和竞技精神的激发。

在友谊赛中，学生将所学的技术和战术应用到了实际比赛中。他们积极拼抢、默契配合，展现出了高超的网球技艺和团队协作能力。比赛过程中，学生不仅锻炼了自己的技能水平，还收获了团队合作的快乐和胜利的喜悦。

同时，这场比赛也是学生学习成果的一次展示。他们通过自己的努力和付出，在网球技艺上取得了显著的进步。

第四节　混合式教学法的效果评估与反馈

一、效果评估方法

混合式教学法在高校体育教学中的效果评估是一个深入且细致的过程。它要求教师从多角度出发，全面审视其所带来的实际成效。评估的目的不仅在于衡量大学生的学习成果，还在于发掘教学过程中的问题，以便进一步完善教学策略。为此，教师采用了定量和定性的双重评估方法，以期获得更加准确、全面的教学效果反馈。

（一）定量评估

定量评估是一种基于数据和统计的评估方式，能够通过具体的数字直观展现混合式教学法在高校体育教学中的效果。以下是几个关键的定量评估要点。

1. 成绩对比分析

通过对比实施混合式教学法前后的大学生体育成绩，可以客观地衡量这种教学方法对学生学习效果的影响。具体来说，教师收集并分析了学生在实施混合式教学法前后的体能测试成绩、专项技术评分以及实战表现等数据。

对比结果显示，在实施混合式教学法后，大学生的平均成绩有了显著提升。特别是在一些需要较高技巧性和策略性的体育项目中，学生的进步尤为明显。这表明混合式教学法通过线上线下相结合的教学模式，有效地提升了大学生的体育技能和竞技水平。

2. 学习时间统计与分析

为了深入了解学生在混合式教学法下的学习情况，教师统计了学生在线上学习平台的学习时间、学习频次等数据。这些数据不仅反映了学生的学习投入程度，也为教师优化教学内容和节奏提供了重要参考。

统计结果显示，大部分学生能够按照教学要求完成线上学习任务，且学习时间分布较为均匀。但也有部分学生存在学习时间不足或过度集中的情况，这提示教师在后续教学中需要更加关注学生的学习习惯和时间管理能力，引导他们合理安排学习计划。

3. 线上互动情况分析

线上互动是混合式教学法中的重要环节，不仅能激发学生的学习兴趣，还能帮助教师及时了解学生的学习动态和困惑。因此，教师统计并分析了学生在线讨论、提问、回答等互动行为的次数和质量。

分析结果显示，学生在线上互动中表现出较高的积极性，互动内容也具有一定的深度和广度。但也有一些学生在线上互动中表现不够活跃，这可能与他们的性格、学习习惯或网络环境有关。针对这一情况，教师在后续教学中加强了线上互动的引导和激励，努力营造更加积极、健康的线上学习氛围。

（二）定性评估

定性评估侧重于对教学质量、学生感受等难以量化的方面进行主观评价。在高校体育教学中，教师可以通过以下几种方式进行定性评估。

1. 学生问卷调查分析

为了更直观地了解学生对混合式教学法的感受和建议，教师定期发放问卷调查，收集学生对教学质量、教学内容、教学方式等方面的反馈。问卷结果显示，大部分学生对混合式教学法持积极态度，他们认为这种教学方式既灵活又高效，能够帮助他们更好地掌握体育技能和理论知识。同时，也有一些学生提出了改进建议，如增加线上互动环节、优化课程内容结构等。这些建议为教师进一步完善混合式教学法提供了宝贵思路。

2. 教师自我反思与同事评价

在混合式教学法实施过程中，教师应进行自我反思和同事间的互评。通过这种方式，教师能够及时发现教学中的问题并相互学习借鉴优秀经验。自我反思主要集中在教学方法是否得当、教学内容是否贴近大学生实际需求等方面，同事评价则更注重教学过程中的亮点和不足以及改进建议等。这种评价方式有助于教师之间形成良性互动和共同成长。

3. 专家观摩与评价反馈

为了获得更专业的评价和建议，学校邀请体育教学领域的专家对混合式教学法进行课堂观摩和课后评价。专家从专业的角度出发，对教学方法、教学内容、师生互动等方面进行了深入剖析并提出了宝贵意见。这些意见对于教师进一步优化教学策略、提升教学质量具有重要意义。同时，与专家的交流合作也为教师带来了更多的教学资源和有益启发。

二、学生反馈的收集与分析

在混合式教学法实施过程中，为了准确了解学生的真实感受和需求，教师开展了深入细致的学生反馈收集与分析工作。通过线上和线下相结合的方式，教师广泛收集了学生的意见和建议，并对这些反馈进行了详细的分析，以期不断完善教学方法，提高教学质量。

（一）线上反馈收集

为了充分利用网络技术的优势，教师在线上教育平台上设立了反馈专区，为大学生提供一个便捷、高效的意见反馈渠道。

1. 反馈区的设置与运营

教师在线教育平台上开辟的"学生反馈区"，旨在鼓励学生在此区域发表对混合式教学法的看法、建议以及遇到的问题。为了保障反馈的及时性和有效性，专任教师会定期查看并回复学生的留言，确保每一条反馈都能得到关注和处理。

2. 线上调查问卷的发放与回收

为了更系统地收集学生的意见，教师定期在线上发放调查问卷。问卷内容涵盖教学内容、教学方式、学习体验等多方面，力求全面了解大学生对混合式教学法的态度和看法。通过设定必答和选答问题，教师既收集了共性问题，也兼顾了大学生的个性化需求。

3. 数据分析与整理

线上反馈收集不仅数量庞大，而且内容丰富。为了有效利用这些信息，教师采用了专业的数据分析工具，对学生的反馈进行了分类、整理和分析。通过词云、图表等多种形式，直观地展现了大学生反馈的热点和趋势，为后续的教学改进提供了有力的数据支持。

（二）线下反馈收集

尽管线上反馈具有便捷、高效的优点，但线下交流仍然具有不可替代的价值。

通过面对面的沟通和互动，教师能更准确地把握大学生的真实想法和情感。

1. 面对面交流与倾听

在线下实践教学中，教师充分利用课间休息、课后辅导等时机，与学生进行深入的交流。鼓励学生畅所欲言，分享他们在混合式教学法下的学习体验和困惑。通过耐心倾听和适当引导，教师收集到了大量宝贵的一手资料。

2. 小组讨论与座谈会

为了更广泛地收集学生的意见，教师还定期组织小组讨论和座谈会，邀请不同水平、不同背景的学生参与讨论，鼓励他们分享自己的学习心得和建议。通过观察和记录学生的发言内容，教师获得了许多有价值的反馈信息。

（三）反馈分析

收集到学生的反馈后，教师进行了深入的分析和整理，以期发现问题、分析问题并寻求解决方案。

1. 共性问题的识别与分析

通过分析学生的反馈数据，教师发现了一些共性问题，如教学内容的难度设置、线上线下的衔接等。针对这些问题，教师进行了深入的剖析，并提出了具体的改进措施。例如，针对教学内容难度过高的问题，教师计划调整教学进度和难度梯度，确保学生能够循序渐进地掌握知识。

2. 个性化需求的关注与满足

在整理学生反馈的过程中，教师也发现了一些个性化需求。例如，部分学生希望增加更多的实战演练环节以提升实践能力，还有的学生建议增加线上互动环节以增强学习趣味性等。针对这些个性化需求，教师计划在未来的教学中加以考虑并尽可能满足学生的期望。

3. 教学改进的决策与实施

基于对学生反馈的深入分析，教师制订了具体的教学改进计划，包括优化线上线下教学内容的衔接、增加实战演练环节、完善线上互动功能等。同时，教师还建立了教学改进跟踪机制，定期对改进措施的实施效果进行评估和调整，确保教学质量的持续提升。

三、教学改进建议

在深入分析了混合式教学法在高校体育教学中的效果评估结果,并仔细聆听了学生的反馈之后,教师提出以下针对性的教学改进建议,以期提升教学质量,更好地满足大学生的学习需求。

(一)优化线上教学资源

线上教学资源是混合式教学法的重要组成部分,其质量直接影响到大学生的学习效果和积极性。根据评估结果和学生反馈,教师提出以下优化线上教学资源的建议。

1. 丰富教学内容与形式

教师应增加与实际应用相结合的案例分析、实战演练等内容。这些内容不仅能提高大学生的学习兴趣,还能帮助他们更好地理解和掌握体育知识和技能。同时,教师可以利用互动教学平台,引入更多元化的教学形式,如在线讨论、小组合作等,以提升大学生的参与度和学习效果。

2. 制作高质量的教学视频和动画

借助多媒体技术,教师可以制作更加生动、形象的教学视频和动画。这些教学资源能更直观地展示体育动作和技术要点,帮助大学生更好地理解和掌握。同时,可以通过这些视频和动画,为学生提供更多的自主学习和复习材料。

3. 定期更新教学资源

为了保持教学资源的时效性和新鲜感,教师需要定期更新线上教学资源。这不仅可以反映最新的体育理论和实践成果,还能不断激发大学生的学习兴趣和好奇心。

(二)加强线下实践教学环节

线下实践教学是混合式教学法中不可或缺的一部分。它对于巩固和深化大学生的理论知识,提升实践技能具有重要意义。以下是关于加强线下实践教学环节的建议。

1. 增加实践教学的课时和内容

为了更好地培养学生的实践技能,教师应适当增加实践教学的课时和内容。

这不仅可以提供更多的实践机会和指导，还能帮助大学生更好地将理论知识转化为实际操作能力。

2.开展丰富多彩的体育活动和比赛

通过组织和参与各种体育活动与比赛，可以激发学生的参与热情和团队合作精神。这些活动不仅能锻炼学生的体能和技能，还能培养他们的竞争意识和团队协作能力。

3.加强实践教学与线上学习的衔接

为了确保线上线下教学的连贯性和互补性，高校体育教师需要加强实践教学与线上学习的衔接。这包括在实践教学前通过线上平台预习相关知识，以及在实践教学后通过线上平台进行复习和讨论等。

（三）关注大学生的个性化需求

在混合式教学法中，关注大学生的个性化需求是至关重要的。

1.提供差异化的教学内容和方式

针对不同基础和需求的学生，教师需要提供差异化的教学内容和方式。对于基础较差的学生，教师可以提供更多的基础训练和辅导，帮助他们打好基础；对于基础较好的学生，教师可以设置更高难度的挑战和拓展训练，进一步提升他们的技能和竞争力。

2.鼓励学生自主选择学习路径

为了尊重学生的个性和兴趣，教师可以鼓励学生自主选择学习路径。通过提供多样化的学习资源和活动，让学生根据自己的需求和兴趣进行选择，从而更好地激发他们的学习动力和创造力。

3.建立个性化的学习反馈机制

为了更好地了解学生的学习情况和需求，教师需要建立个性化的学习反馈机制。通过定期与学生进行沟通和交流，收集他们的学习反馈和建议，以便及时调整教学策略和内容，更好地满足他们的学习需求。

第五节　混合式教学法在高校体育中的发展前景

一、混合式教学法的发展趋势

随着教育信息化的不断推进和技术的日新月异，混合式教学法已经成为高校体育教学领域的重要教学方式。这种融合了线上线下教学优势的方法，正以其独特的魅力引领着教育改革的潮流。

（一）技术融合与创新

在未来的发展中，混合式教学法将与先进技术更紧密地融合，推动体育教学的创新与进步。

1.VR 与 AR 技术的应用

VR 和 AR 技术将为体育教学提供全新的可能性。通过这些技术，大学生可以身临其境地体验各种体育项目和训练场景，从而提高学习的参与度和兴趣。例如，在篮球教学中，利用 VR 技术，大学生可以在虚拟篮球场上进行实战演练，感受真实的比赛氛围，提升实战技能。

2.人工智能在辅助教学方面的广泛应用

人工智能（AI）技术将在混合式教学法中发挥越来越重要的作用。AI 可以分析学生的学习数据和表现，为他们提供个性化的学习建议和训练计划。同时，AI 还可以辅助高校体育教师进行课堂管理和学生评估，提高教学效率和质量。

3.在线协作与学习平台的完善

随着技术的发展，未来的在线学习平台将更加智能和便捷。大学生可以在平台上进行实时协作、讨论和分享，增强学习的互动性和合作性。此外，平台还将提供更加丰富的学习资源和工具，满足大学生个体的不同学习需求。

（二）教学内容的多样化和个性化

随着教育理念的更新和大学生对个性化需求的追求，混合式教学法将更加注重教学内容的多样化和个性化。

1. 多元化运动形式的融入

高校体育课程将不再局限于传统的体育项目，而将融入更多元化的运动形式和活动内容。例如，滑雪、冰球、街舞等将逐渐进入高校体育课堂，丰富学生的运动体验和学习内容。

2. 个性化教学方案的设计

通过对学生的学习数据进行分析，教师可以更加深入地了解每个学生的特点和需求。在此基础上，教师可以为学生设计个性化的教学方案，包括学习目标、学习内容和学习方式等，以提升教学效果和满足大学生的个性化需求。

3. 大学生自主选择的权利增加

未来的混合式教学法将更加注重学生的自主性和选择性。大学生可以根据自己的兴趣和目标，自主选择学习内容和进度。这种灵活的学习方式将有助于激发学生的学习兴趣和动力，提高他们的学习效果和满意度。

二、面临的挑战与机遇

混合式教学法在高校体育教学中有着显著的优势和巨大的潜力，并伴随着难得的机遇。但在实际应用过程中也面临着诸多挑战。

（一）挑战

在高校体育教学中实施混合式教学法，不可避免地会遇到一些挑战。这些挑战主要体现在技术应用、教学内容与方法更新以及教学资源整合等方面。

1. 技术应用的普及和接受度之间的矛盾

混合式教学法高度依赖现代信息技术和网络平台。然而，不是所有的高校教师和学生都能迅速接受和掌握新技术。一些教师可能对新的教学工具和平台感到陌生，需要额外的时间和培训来熟悉。同样，学生也需要适应新的学习方式，如在线学习、虚拟交流等。这种技术应用的普及度和接受度之间的矛盾是混合式教学法面临的首要挑战。

为了克服这一挑战，高校需要加强对教师和学生的技术培训，提高他们在信息技术方面的技能水平。同时，还可以通过开展线上线下相结合的教学活动，帮助学生逐步适应混合式学习模式。

2. 教学内容和方法的更新

混合式教学法要求教师不断更新教学内容和方法，以适应新的教学环境和学生的需求。这并非易事。教师需要投入大量的时间和精力设计和组织线上线下相结合的教学活动，确保教学内容既有趣又实用。此外，教师还需要关注学生的学习反馈，及时调整教学策略，以满足不同学生的需求。

为了提高教学质量，教师需要不断提升自己的专业素养和教学能力。高校可以通过定期举办教学研讨会、提供教学资源共享平台等方式，支持教师的专业发展。

3. 教学资源的整合

混合式教学法需要整合线上线下的教学资源，以提供丰富多样的学习内容。然而，如何有效地整合这些资源并充分利用它们提高教学质量，是一个具有挑战性的问题。教师需要筛选合适的教学资源，确保它们与课程目标相符并具有教育价值。同时，教师还需要考虑如何将这些资源融入教学活动中，激发大学生的学习兴趣和积极性。

为了解决这一问题，教师可以与同事、学科专家以及教育技术专家进行合作，共同开发和优化教学资源。此外，教师还可以利用现有的教育平台和工具来整合和管理教学资源，提高教学效率。

（二）机遇

机遇主要体现在提升教学质量和效率、拓展教学空间和时间，以及促进学生全面发展等方面。

1. 提升教学质量和效率

混合式教学法充分利用了线上线下的教学资源，使教学更加生动、有趣且高效。通过线上平台，教师可以提供丰富的学习材料和互动工具来支持学生的自主学习。同时，线下实践教学可以巩固和深化线上学习的知识，提高学生的学习效果。这种教学模式有助于提升教学质量和效率，为学生提供更加优质的学习体验。

2. 拓展教学空间和时间

混合式教学法打破了时间和空间的限制，使大学生能够随时随地进行学习。

这种灵活性为高校体育教学提供了更加广阔的空间和时间选择。同时，线上平台还可以为他们提供更多的学习资源和互动机会，促进他们的自主学习和合作学习。

为了充分利用这一机遇，高校教师需要引导学生养成良好的自主学习习惯，鼓励他们积极参与线上学习和讨论。

3.促进学生全面发展

混合式教学法注重学生的个性化需求和全面发展。通过线上线下相结合的教学方式，教师可以更全面地关注大学生的个体差异和特长爱好，为他们提供定制化的学习方案和发展路径，从而有效培养学生的自主学习能力、创新能力和团队合作精神，为他们的未来发展奠定坚实的基础。

三、持续发展策略

混合式教学法在高校体育教学中的持续发展，对于提升教学质量、满足大学生个性化需求以及推动体育教学创新具有重要意义。

（一）加强教师培训和技术支持

为了确保混合式教学法在高校体育教学中的有效实施和持续发展，加强教师培训和技术支持至关重要。

1.更新教师的混合式教学法理念和技能

高校需要定期组织体育教师参与混合式教学法的培训，使他们深入理解混合式教学的核心理念和实践方法。通过案例分析、经验分享和互动讨论，帮助教师掌握混合式教学的设计、实施和评价技巧。

2.提高教师的信息素养

在信息化时代背景下，教师需要具备一定的信息素养，才能有效利用网络资源和技术工具进行混合式教学。因此，高校应提供信息素养培训课程，帮助教师提高信息检索、筛选、整合和利用的能力。

3.提供持续的技术支持

高校应建立专门的技术支持团队，为教师提供混合式教学法实施过程中的技术咨询和解决方案。同时，定期组织技术交流会，让教师在实践中遇到的问题能够得到及时解决,从而提高他们运用混合式教学法的信心和效果。

(二)优化高校教学资源和环境

教学资源和环境是混合式教学法实施的基础,高校应从以下方面进行优化。

1. 丰富在线课程资源

高校应加大投入,建设一批高质量的在线体育课程,包括理论教学、实践教学、案例分析等。同时,鼓励教师开发具有特色的在线课程,以满足大学生的多样化需求。

2. 完善体育设施和器材

高校应重视体育设施和器材的建设与更新,确保大学生在实践教学中能够获得良好的体验。此外,高校与教师还可以利用VR等技术手段,模拟真实的运动场景,为大学生提供更加丰富的实践机会。

3. 营造良好的学习氛围

高校应积极营造积极向上的学习氛围,鼓励大学生积极参与混合式学习。通过举办线上线下相结合的体育活动、竞赛和讲座等,激发他们的学习兴趣和热情。

(三)建立有效的激励机制

为了推动混合式教学法在高校体育中的持续发展,建立有效的激励机制至关重要。

1. 设立教学成果奖

高校应设立混合式教学法的教学成果奖,对在混合式教学法实践中取得显著成果的教师进行表彰和奖励。这不仅可以激发优秀教师的积极性和创造力,还能为其他教师树立榜样。

2. 提供教学研究和项目经费

高校应加大对混合式教学法相关研究的经费投入,鼓励教师进行教学改革和创新。通过设立教学研究项目、课题等方式,为教师提供资金支持和专业指导。

3. 鼓励学生参与混合式学习

为了激发学生的学习兴趣和动力,高校可以通过设立奖学金、提供实践机会等方式进行激励。同时,还可以将混合式学习纳入学分管理体系,使学生能够更加积极地参与混合式学习中。

（四）加强与产业界的合作与交流

高校与体育产业界的合作与交流对于推动混合式教学法的发展具有重要意义。

1. 了解最新的体育技术和教学理念

通过与体育产业界的合作与交流，高校可以及时了解最新的体育技术和教学理念，为混合式教学法注入新的活力和创新元素。这有助于保持混合式教学法的前沿性和时效性。

2. 获得更多的教学资源和支持

与体育产业界合作可以为高校提供更多的教学资源和支持。例如，企业可以提供先进的运动器材、技术支持和实习机会等，帮助高校提升混合式教学法的实践效果。

3. 推动产学研用深度融合

通过与体育产业界的合作与交流，高校可以推动产学研用的深度融合。通过共同研发、成果转化等方式，实现教育资源的优化配置和共享利用，促进混合式教学法在高校体育中的广泛应用和持续发展。同时，这种合作模式也有助于培养学生的实践能力和创新精神，为他们的未来发展奠定坚实基础。

第九章　翻转课堂模式在高校体育教学中的应用

第一节　翻转课堂的教学理念

翻转课堂，又称反转课堂或颠倒课堂，是一种新型的教学模式。它将传统的课堂教学结构进行了翻转，让学生在课外完成新知识的学习，让课堂变成师生之间及生生之间互动的场所，从而达到良好的教育效果。翻转课堂的教学理念主要包括以学生为中心、主动学习、互动与合作三方面。

一、以学生为中心

翻转课堂教学首先强调的是以学生为中心，即学生是学习的主体，所有的教学活动都应围绕学生进行设计和展开。在这种模式下，教师不再是传统意义上的知识传授者，而是转变为学习的指导者和促进者。

（一）学生的主体地位

1.学生自主学习的实现

翻转课堂的教学模式带来了学生学习方式的革命性变化，从传统的被动接受转变为主动探求。在翻转课堂中，学生需要在课前通过教学视频、相关资料等自主学习新知识。这一过程充分体现了学生的主体地位，因为学习的时间、地点、进度都由学生自己掌控。学生可以根据自己的实际情况，合理安排学习时间，对于难以理解的部分可以反复观看视频或查阅资料，直到掌握为止。这种自主学习的方式不仅有助于提高学生的学习效率，还能培养学生的自主学习能力和终身学习的习惯。

2.个性化学习的可能

传统的课堂教学往往难以顾及每个学生的个性化需求，而翻转课堂为学生提供了更多的个性化学习空间。学生可以根据自己的学习特点和兴趣，选择适合自己的学习资源和方式。这种个性化的学习方式有助于激发大学生的学习兴趣，提高他们的学习积极性和效果。

3.课堂互动的增强

翻转课堂中的课堂时间主要用于学生之间的互动和讨论，这为他们提供了更多表达和交流的机会。学生可以在课堂上分享自己的学习心得，提出自己的疑问或观点，与其他同学和教师进行深入交流和讨论。这种互动不仅有助于加深学生对知识的理解，还能培养他们的批判性思维和创新精神。同时，通过互动和讨论，还能培养大学生的团队合作精神和人际交往能力。

（二）教师角色的转变

在翻转课堂中，教师不再是单纯的知识传授者，而是转变为学生学习过程中的引导者和促进者。教师需要精心挑选和制作课前学习材料，引导学生进行有效的课前自主学习。这要求教师不仅要熟悉教学内容，还要了解大学生的学习需求和兴趣点，以便为他们提供有针对性的学习资源和指导。同时，在课堂上，教师需要组织丰富的互动活动，帮助学生解决疑难问题，促进知识的内化和应用。这需要教师具备较强的组织能力和应变能力，灵活调整教学策略和活动形式。

翻转课堂的教学模式对教师提出了更高的要求。为了适应这种新的教学模式，教师需要不断提升自己的专业素养和教育技能。首先，教师需要具备扎实的学科知识，以便为学生提供准确、全面的学习材料。其次，教师需要提高信息技术应用能力，以便制作高质量的教学视频和课件。最后，教师还需要具备良好的沟通能力和组织能力，以便与学生进行有效的交流和互动，组织丰富的课堂活动。

在翻转课堂中，教师需要密切关注学生的课前学习情况，及时了解学生的学习进度和难点，以便在课堂上给予有针对性的指导和帮助。同时，教师还需要关注学生在课堂上的表现和反馈，及时调整教学策略和活动形式，以满足学生的学习需求和期望。这种对学生学习过程的关注与支持，有助于建立良好的师生关系，激发学生的学习兴趣和学习动力。

二、主动学习

（一）课前自主学习

1. 培养大学生的自我管理能力

在翻转课堂的课前自主学习环节，大学生需要自主安排学习时间、制订学习计划，并按时完成学习任务。这一过程对大学生的自我管理能力提出了较高要求。为了培养学生的这一能力，高校教师可以提供学习时间表、任务清单等工具，帮助学生规划和管理自己的学习时间。同时，教师还可以设置提醒和反馈机制，监督学生的学习进度，确保其按时完成学习任务。通过这种方式，大学生不仅能够提高学习效率，还能逐渐培养出良好的自我管理习惯。

2. 提升大学生的独立思考能力

课前自主学习环节要求学生独立思考、自主探究新知识。在这一过程中，大学生需要运用已有的知识和经验去理解、分析和解决问题。为了提升学生的独立思考能力，教师可以设计具有挑战性的问题或任务，引导学生进行深入思考。同时，教师还可以鼓励学生提出自己的观点和见解，培养其批判性思维和创新能力。通过独立思考和自主探究，大学生能够更深入地理解知识，提高解决问题的能力。

3. 激发大学生的创新精神

在翻转课堂的课前自主学习中，学生有机会接触到多元化的学习资源和观点，这有助于激发他们的创新精神。教师可以引导学生关注学科前沿动态，了解最新的研究成果和创新实践。同时，教师还可以鼓励学生尝试不同的学习方法和思路，培养其创新意识和实践能力。通过这种方式，学生不仅能够掌握扎实的学科知识，还能在探索和创新中不断提升自己的综合素质。

（二）鼓励深入讨论与实践

1. 培养大学生的批判性思维

在翻转课堂上，深入讨论可有效提高学生的批判性思维能力。教师可以通过设计具有争议性或开放性的问题，引发学生的思考和辩论。在讨论过程中，教师需要引导学生学会质疑、分析和评价不同的观点，培养其批判性思维和辩证分析能力。通过这种方式，学生不仅能够加深对知识的理解，还能在思考和辩论中不断提高自己的批判性思维能力。

2. 提高大学生解决问题的能力

翻转课堂中的课堂实践操作是提高学生解决问题能力的重要环节。教师可以通过设计真实的或模拟的问题情境，让学生运用所学知识去解决实际问题。在实践过程中，教师需要引导学生分析问题、提出解决方案并付诸实践。

3. 促进大学生之间的交流与合作

翻转课堂中的深入讨论与实践为大学生提供了交流与合作的机会。在课堂上，学生可以围绕共同的话题或任务进行小组讨论和合作研究。在这一过程中，学生需要学会倾听他人的意见、表达自己的观点并寻求共识。通过交流与合作，大学生不仅能够开阔视野、增进了解，还能在互相学习和帮助中不断提高自己的综合素质。同时，教师还可以利用这一机会培养大学生的团队协作精神和社会交往能力，为其未来的职业发展和社会适应奠定坚实基础。

三、重视互动与合作

翻转课堂注重课堂上的小组讨论、角色扮演、实验操作、辩论赛等互动形式，旨在提高学生的学习兴趣和参与度。通过多样化的互动活动，学生可以更加深入地理解和掌握知识，同时培养和锻炼其团队协作和沟通能力。

（一）多样化的互动形式

1. 激发学习兴趣与积极性

翻转课堂通过多样化的互动形式，如小组讨论、情景剧等，极大地丰富了课堂教学内容，使学习变得更加生动有趣。这些活动不仅打破了传统课堂的单调和沉闷，还让学生在参与中感受到了学习的乐趣，从而激发他们的学习兴趣和积极性。例如，在小组讨论中，每个学生都有机会发表自己的观点，这种参与感和被认同感让他们更加愿意投入学习中。

2. 提升学习效果

多样化的互动形式还有助于提升学生的学习效果。在传统课堂中，学生往往处于被动接受的状态，而在翻转课堂中，他们需要通过互动来主动获取知识和解决问题。这种主动式学习能够加深学生对知识的理解，提高记忆效果。此外，通过与其他同学的交流和讨论，学生还可以从不同的角度审视问题，开阔自己的视野，进一步提升学习效果。

3. 促进思维发展与创新

多样化的互动活动不仅能够锻炼学生的思维能力，还有助于培养他们的创新意识。在小组讨论等活动中，学生需要不断思考问题、提出观点并接受他人的质疑和挑战。这种思维碰撞和辩论的过程能够激发他们的思维火花，促进思维的发展和创新。同时，通过与他人的交流和合作，学生还可以学会借鉴和吸收他人的优点和创意，为自己的创新提供灵感和支持。

（二）培养团队协作能力

1. 学会相互协作与沟通

在团队协作中，每个学生都扮演着不同的角色，承担着不同的责任。为了完成共同的任务，他们需要学会与他人进行有效的沟通和协调。通过不断实践和锻炼，学生可以逐渐掌握团队协作的技巧和方法，提高自己的团队协作能力。

2. 培养集体荣誉感与责任感

团队协作还能培养学生的集体荣誉感和责任感。在团队协作中，每个学生的表现都会影响整个团队的成果和荣誉。因此，学生会更加珍惜团队的机会和资源，尽自己最大的努力去完成任务。这种集体荣誉感和责任感不仅能够增强学生的团队意识，还能够培养他们的社会责任感和公民意识。

（三）提高批判性思维能力

1. 学会分析问题与提出见解

翻转课堂中的互动活动要求学生学会分析问题并提出自己的见解。在讨论和实践中，学生需要独立思考、深入剖析问题并提出自己的观点和解决方案。这一过程能够锻炼他们的批判性思维能力和独立思考能力。

2. 培养客观评价与辩证看待问题的能力

批判性思维还要求学生具备客观评价和辩证看待问题的能力。在翻转课堂的互动活动中，学生需要学会对不同观点进行客观评价并给出自己的判断。同时，他们还需要学会从多角度审视问题并寻找最佳解决方法。这种能力对于他们未来的学习和工作都具有重要意义，能够帮助他们更加全面、客观地看待问题并做出决策。

3. 形成良好的思维习惯与创新能力

通过翻转课堂中的批判性思维训练，学生可以形成良好的思维习惯并培养自己的创新能力。批判性思维要求学生不断质疑、反思和创新，这种思维方式能够激发他们的创新意识和探索精神。

第二节 翻转课堂模式在高校体育教学中的应用

翻转课堂模式在高校体育教学中的应用，改变了传统体育教学中教师主导的课堂模式，更加注重学生的主体地位和教师的主导作用。

一、课程总体设计

课程总体设计是翻转课堂模式应用的首要步骤，涉及教学目标的确定、教学内容的选择以及教学活动的规划。

（一）确定教学目标

1. 明确具体教学目标

在课程设计的初始阶段，教师需要明确教学目标。这些目标不仅是教学活动的导向，也是评价学生学习成果的重要标准。教学目标应该具有明确性、具体性，便于学生清楚地了解本节课的学习重点和预期效果。例如，篮球教学中的教学目标可以是"使学生能够熟练掌握篮球传球、接球和投篮的基本技巧"。

2. 保证目标的可衡量性

为了确保教学目标的达成，教学目标应该是可衡量的。这意味着教师需要设定明确的评价标准和方法，以便在教学过程中和课程结束后对学生的学习成果进行评估。在乒乓球教学的例子中，教师可以通过观察学生的动作是否标准、记录学生的得分等方式来衡量教学目标的达成情况。

3. 契合学生实际需求

教学目标的设定还需要充分考虑学生的实际需求。教师应该了解学生的兴趣、基础知识和技能水平，以便设定既具有挑战性又符合学生实际的教学目标。在跳水教学中，如果教师发现学生对跳水运动有浓厚兴趣但基础技能薄弱，那么教学目标就可以设定为"在巩固基础技能的同时，提升学生的跳水技巧"。

（二）设计教学活动和内容

1. 增强教学活动的互动性

翻转课堂模式下的教学活动应该注重互动性，以激发学生的学习兴趣和主动性。教师可以通过设计丰富的互动形式，鼓励学生积极参与课堂活动。

2. 融入探究性学习

为了培养学生的自主学习能力和批判性思维，教师可以在教学活动中融入探究性学习元素。通过提出问题、设置情境等方式，引导学生主动探索和解决问题。在棒球教学中，教师可以设置一系列问题，如"如何提高击球得分""如何有效投球"等，让学生在探究过程中深化对棒球技巧的理解和运用。

3. 实践与理论相结合

翻转课堂模式下的教学活动应该注重实践性，让学生在实际操作中运用和巩固所学知识。同时，教师也要注重理论与实践的结合，引导学生在实践中反思和总结，提升学习效果。在棒球教学中，教师可以合理安排实践练习时间，让学生在实战中运用所学技巧，同时结合理论讲解和动作示范，帮助学生更好地理解和掌握棒球技能。此外，教师还可以组织学生进行比赛，让学生在真实的比赛场景中体验棒球运动的魅力，提升其实战能力。

4. 个性化教学活动的考量

在设计教学活动时，教师还需要考虑到学生的个性化需求。由于每个学生的基础、兴趣和学习习惯都有所不同，教师应该设计多样化的教学活动，以满足不同学生的需求。

5. 持续的教学反馈与调整

教学活动的设计并非一成不变，而是需要根据学生的实际情况和教学效果进行持续的反馈和调整。教师应该密切关注学生的学习进展和存在的问题，及时调整教学策略和活动设计，以确保教学目标的有效达成。在棒球教学中，如果发现某些学生在某些技巧上存在困难，教师可以有针对性地设计辅助练习或者提供额外的指导，以帮助学生克服困难并取得进步。

二、材料准备

材料准备是翻转课堂模式应用的关键环节。它直接影响到学生的课前学习效果。

（一）如何选择或制作视频材料

1. 确定视频材料的内容与重点

在选择或制作视频材料时，教师首先要明确视频的内容和教学重点。这要求教师对教学目标有清晰的认识，确保视频材料能够涵盖本节课的核心知识点。例如，在篮球教学中，若要教授"三步上篮"的技巧，视频材料就应聚焦于这一技巧的动作分解、步骤说明及常见错误纠正。

2. 确保视频的直观性、生动性与趣味性

为了确保学生能够被视频材料吸引并保持学习兴趣，教师需要特别关注视频的直观性、生动性和趣味性。直观性要求视频能够清晰地展示每一个动作细节，便于学生观察和模仿。生动性则体现在通过丰富的画面、动态的演示以及贴近学生实际的例子来讲解知识点。趣味性则可以通过添加轻松的音乐、有趣的解说或者动画效果来实现，使得学习过程更加愉快。

3. 适应不同学生的学习习惯和节奏

教师在选择或制作视频时，还需要考虑到不同学生的学习习惯和节奏。有些学生更喜欢快节奏、简洁明了的讲解，而有些学生需要更详细的步骤分解和慢动作演示。因此，教师可以根据需要提供不同版本的视频材料，或者在同一视频中设置快进、慢放等选项，以满足不同学生的需求。

（二）准备阅读材料

1. 精选阅读材料内容

除了视频材料，阅读材料也是翻转课堂模式中不可或缺的一部分。教师需要精心挑选与教学内容紧密相关的阅读材料，如教材章节、技术动作解析、历史背景资料等。这些材料不仅能够帮助学生巩固视频中所学的知识点，还能开阔他们的视野。

2. 注重材料的层次性和拓展性

阅读材料的选择还应注重层次性和拓展性。层次性指的是材料应根据学生的不同基础和需求进行分层设计，既有基础知识的介绍，也有深入拓展的内容。拓展性则要求教师在准备材料时考虑到学生的进一步学习需求，提供相关的延伸阅读或学习资源链接，以便学生根据自己的兴趣进行深入研究。

三、课前学习

（一）大学生自主学习

1. 自主观看视频与阅读材料

在翻转课堂模式下，大学生自主学习是课前学习的重要环节。学生需要利用课余时间观看教师提供的视频材料，并阅读相关的教学资料。这一过程要求学生保持专注，对新知识进行初步理解和吸收。例如，在棒球教学中，学生可以通过观看教学视频，了解投球、击球、防守等基本动作的要领和技巧。

2. 主动思考与积极探究

在观看视频和阅读材料的过程中，学生需要主动思考，对所学知识进行深入探究。学生可以尝试将新知识与已有的知识体系进行联系，发现其中的关联和差异。同时，学生还可以思考这些知识在实际应用中的可能性和限制，培养批判性思维和创新能力。

3. 完成教师布置的学习任务

为了检验学生的课前学习效果，教师通常会布置一些学习任务。这些任务可能包括回答问题、完成练习题、进行实践操作等。学生需要独立完成这些任务，以巩固所学知识，并为课堂活动做好准备。

（二）教师提供指导问题或学习任务

为了引导学生进行有效的课前学习，教师可以设计一些指导问题。这些问题应围绕教学重点和难点展开，激发学生的学习兴趣和探究欲望。

除了指导问题，教师还可以布置一些具有挑战性的学习任务。这些任务应具有一定的难度和层次性，以适应不同学生的学习水平和需求。

四、课堂活动规划与实施

（一）课堂活动规划

1. 设计具有针对性的课堂活动

在课堂活动规划阶段，教师需要首先明确活动的目标，确保每一项活动都紧密围绕课前学习的内容展开。这样，学生在参与活动时能够直接应用到课前所学的知识，从而加深理解和记忆。例如，在棒球教学中，如果课前学习的内容是投球技巧，那么课堂活动可以设计为投球技巧展示，让学生有机会实践并展示自己的学习成果。

2. 融入探究性与实践性元素

翻转课堂模式下的课堂活动应注重学生的探究和实践能力。教师可以通过设计问题探究、案例分析、实验验证等类型的活动，激发学生的好奇心和探索欲。在棒球教学中，可以设置一个战术分析的环节，让学生通过观看比赛视频，探究不同战术的应用和效果，培养学生的战术意识和分析能力。

（二）课堂活动实施

1. 发挥教师的主导作用

在课堂活动实施过程中，教师应扮演好引导者和促进者的角色。教师需要创造一个良好的学习氛围，鼓励学生积极参与，提出自己的观点和问题。同时，教师应通过适时的提问和反馈，引导学生深入思考，激发他们的主体性。在棒球教学中，教师可以为学生示范正确的动作，然后鼓励学生模仿和实践，同时提供即时的反馈和指导。

2. 关注学生的个体差异与需求

在实施课堂活动时，教师需要关注学生的个体差异和需求差异。每个学生都有自己的学习特点和问题，教师应提供个性化的指导和帮助。对于进步较快的学生，可以及时给予更高层次的挑战；对于进步较慢的学生，则需要提供更多的支持和鼓励。在篮球教学中，这可以通过分组练习来实现，将水平相近的学生分在同一组，进行针对性的训练和指导。

3. 活动的有效组织与时间管理

课堂活动的有效组织和时间管理是确保翻转课堂模式顺利实施的关键。教师需要明确每个活动的目标和时间分配，确保活动能够有序进行。同时，教师还需要灵活应对可能出现的突发情况，如设备故障等。在篮球教学中，这意味着教师需要合理安排各项练习的时间，确保每个学生都有足够的机会进行实践，并在必要时对活动进行调整以适应实际情况。

五、评估与反馈

（一）课前学习评估

1. 利用在线测试和问卷调查进行评估

通过在线测试，教师可以有效地衡量大学生对课前材料的理解和掌握程度。例如，在太极拳教学中，教师可以设计关于基本技巧或武术理论的测试题，以此来检验学生的自学效果。同时，问卷调查可以帮助教师了解学生在学习过程中遇到的困难和挑战，从而为课堂活动提供更加精准的指导。

2. 评估结果的运用与课堂活动的调整

课前学习评估的结果不仅是对学生学习效果的反馈，也是教师调整课堂活动的重要依据。根据评估结果，教师可以发现学生在哪些方面存在疑惑或误区，从而在课堂活动中重点讲解和演示。此外，教师还可以根据学生的掌握情况，调整课堂活动的难易程度和节奏，确保每个学生都能在课堂上学有所获。

3. 引导学生自我评估与反思

课前学习评估也是引导学生自我评估和反思的过程。通过查看评估结果，学生可以清楚地了解自己已经掌握了哪些方面，哪些方面还需要加强。这种自我认知和反思能力对学生的自主学习和终身学习能力的培养至关重要。

（二）课堂表现观察与反馈

1. 密切观察学生课堂表现

在课堂活动中，高校教师需要密切观察学生的表现和反应。这不仅包括学生对知识点的掌握情况，还包括他们的学习态度、参与度以及团队协作能力等方面。在篮球教学中，教师可以通过观察学生的动作是否标准、反应是否迅速等来判断学生的学习效果，并及时给予指导和帮助。

2. 提供即时反馈和指导

基于对学生的观察，教师需要提供即时的反馈和指导。这种反馈应该是具体的、有针对性的，能够帮助学生明确自己的不足并找到改进的方向。例如，在篮球教学中，当学生做出错误的动作时，教师应立即指出并示范正确的动作要领，以便学生能够及时调整和改正。

3. 鼓励学生自我评价与相互评价

除了教师的反馈，还应鼓励学生进行自我评价和相互评价。自我评价可以帮助学生更好地认识自己，发现自身的优点和不足；而相互评价则可以促进学生之间的交流和合作，共同提高学习效果。在各类体育项目的教学中，教师可以组织学生进行小组练习，并让他们在练习结束后进行相互评价。

第三节　高校体育翻转课堂的教学案例

一、案例选择与背景介绍

随着现代教育技术的不断发展，翻转课堂作为一种创新型的教学模式，正逐渐在高校教育中得到广泛应用。本案例以某高校篮球课程为例，探讨翻转课堂在高校体育教学中的应用及其带来的变革。

篮球作为一项充满激情与活力的运动项目，深受大学生的喜爱。它不仅能够锻炼大学生的身体素质，还能培养其团队协作精神和竞争意识。然而，在传统的篮球教学中，由于学生个体差异、教学内容繁多以及课堂时间有限等因素，教师往往难以做到因材施教，难以充分满足每个学生的学习需求。翻转课堂的出现，为解决这一问题提供了有效途径。

翻转课堂，顾名思义，是将传统课堂中的"讲授"与"练习"两个环节进行翻转。在课前，教师通过发布在线视频、教学资料等方式，让学生自主学习新知识；在课堂上，教师则主要负责解答疑问、组织实践活动和进行个性化指导。

在某高校的篮球课程中，翻转课堂的应用取得了显著的成效。课前，教师通过学校的教学平台发布篮球技术动作的教学视频,并附带相关的理论知识和练习方法。学生可以自主安排学习节奏,反复观看视频,模仿技术动作,为课堂上的实践练习做好准备。

在课堂上,教师要根据学生的课前学习情况进行有针对性的指导。对于那些基础较差的学生,教师可以提供更多的辅助练习和基础训练;而对于那些基础较好的学生,教师可以设置更高难度的挑战,帮助他们进一步提升技术水平。同时,教师还可以组织学生进行小组对抗赛、技术挑战赛等活动,让学生在实战中检验自己的学习成果,增强学习的趣味性和实用性。

通过翻转课堂在篮球课程中的应用,我们可以看到它具有显著的优势。首先,它充分考虑了学生的个体差异,体现了因材施教的教学理念;其次,翻转课堂提高了学生的学习兴趣和参与度,使学习变得更加主动和高效;最后,翻转课堂加强了师生互动和生生互动,促进了教学相长。

二、案例实施过程

(一)课前自学阶段

在翻转课堂模式下,课前学生自学阶段是整个教学流程的重要一环。本案例以某高校篮球课程为例,详细阐述课前学生自学阶段的实施过程。

1. 明确教学目标与准备自学材料

在课前准备阶段,教师首先明确本节课的教学目标:以篮球运球、传球和投篮的基本技术为核心,旨在通过翻转课堂模式,使学生能够熟练掌握这些技术动作,提高篮球技术水平。为了实现这一目标,教师精心准备了相关的教学视频和阅读材料。

教学视频主要包括篮球运球、传球和投篮的基本技术示范,以及技术动作的详细解析。这些视频内容清晰明了,重点突出,便于学生反复观看和学习。同时,教师还为学生提供了相关的阅读材料,包括篮球技术的理论知识、技术要领和练习方法等,以帮助学生更全面地理解和掌握篮球技术。

这些自学材料通过高校的教学平台发布,确保每个学生都能够方便地获取和学习。学生可以利用课余时间随时观看视频、阅读相关材料,并根据自己的学习进度进行自主学习。

2. 自主学习与模仿练习

在收到自学材料后，学生开始利用课余时间进行自主学习。他们通过观看教学视频，学习篮球运球、传球和投篮的基本技术动作，并尝试模仿练习。在练习过程中，学生可以反复观看视频，以便更好地掌握技术要领和动作细节。

此外，学生还可以根据阅读材料中的技术要领和练习方法有针对性地进行练习，以加深对篮球技术的理解和掌握。在自学过程中，学生需要充分发挥自己的主观能动性，积极思考和探索，不断提高自己的篮球技术水平。

3. 自学检测与反馈

为了检验学生的自学效果，教师布置了一些自学检测题。这些题目涵盖了篮球运球、传球和投篮的基本技术知识，旨在帮助学生巩固所学知识，并发现自己的不足之处。学生完成自学检测题后，可以通过教学平台提交答案，并查看正确答案和解析。

同时，教师还鼓励学生通过教学平台提出自学过程中遇到的问题和困惑。教师会定期查看学生的问题和反馈，并针对问题进行解答和指导，以便更好地帮助学生解决学习中遇到的困难。

通过课前自学阶段的实施，学生可以充分利用课余时间进行自主学习和模仿练习，初步掌握篮球运球、传球和投篮的基本技术。同时，自学检测和反馈机制也能帮助学生及时发现并纠正自己的错误，为接下来的课堂活动做好准备。

（二）课堂活动组织阶段

在课堂活动组织阶段，教师通过一系列精心设计的活动，进一步巩固和提升学生的篮球技能，同时培养他们的团队协作精神和竞争意识。以下是本阶段的具体实施过程。

1. 课堂检测与分组

在课堂活动开始前，教师首先对学生的课前自学情况进行检测。通过简单的测试，如运球、传球和投篮的基本技术动作展示，教师能够了解学生的掌握程度，并为后续课堂活动提供相应的指导。

根据学生的实际情况和技术水平，教师将学生分成若干小组。每组学生根据自己在课前学习中遇到的问题进行小组讨论和交流，共同寻找解决方案。这种分组方式不仅能够促进学生的合作学习，还能够使教师更加关注每个学生的个体差异和学习需求。

2. 组织丰富多样的课堂活动

为了巩固和提升学生的篮球技能，教师组织了一系列丰富多样的课堂活动。首先是篮球技术挑战赛，学生需要在规定时间内完成一系列技术动作，如连续运球、准确传球和投篮等，以此检验学生的技术水平和反应能力，同时激发他们的竞争意识。

接下来是小组对抗赛，每个小组之间展开激烈的篮球比赛。在这个过程中，学生需要将课前学到的技术动作应用到实践中，通过比赛来巩固和提高自己的技术水平。同时，教师还对每组学生的表现进行了点评和指导，帮助他们纠正错误动作，提升篮球技能。

此外，教师还可以根据学生的学习情况和需求，设计其他有针对性的课堂活动，如技术动作纠正、战术演练等，借此帮助学生更全面地掌握篮球技术，提高他们的实战能力。

3. 互相评价与自我评价

在课堂活动的最后，教师将安排学生之间进行互相评价和自我评价。学生之间互相评价可以让他们更加客观地了解自己的技术水平和表现情况，发现自身的优点和不足。同时，通过互相学习、互相借鉴的方式，学生可以共同进步、共同提高。

自我评价能让学生对自己的学习成果有客观、全面而清晰的认识，反思自己在课前自学和课堂活动中的表现，并设定下一步的学习目标和计划。这种评价方式能够激发学生的自主学习意识和自我提升动力，促使他们在今后的学习中更加努力。

三、案例效果分析

翻转课堂作为近年来兴起的教学模式，在某高校篮球课程中得到了成功应用，不仅提高了教学效果，更在多方面对大学生产生了积极的影响。

从教学效果的角度来看，翻转课堂显著提升了大学生对篮球技术的掌握程度。在传统的篮球教学中，由于课堂时间有限，教师往往难以在短时间内系统地传授所有技术要点。而在翻转课堂模式下，学生通过课前的自主学习，已经对篮球运球、传球、投篮等基本技术有了初步的了解和掌握。这种预习不仅为课堂上的深入学习做好了铺垫，还使得教师在课堂上能够更多地聚焦于技术的细节指导和实战应用。因此，学生在课堂上能够更快地掌握技术要领，提高技术水平。

翻转课堂极大地提升了学生的学习兴趣和参与度。在翻转课堂模式中，教师不再单纯地进行知识灌输，而是通过设计丰富多样的课堂活动，如技术挑战赛、小组对抗赛等，让学生在实践中学习和提高。这种寓教于乐的方式深受欢迎。同时，由于课堂活动需要学生主动参与和团队合作，这也进一步提高了学生的课堂参与度。

除了教学效果和学习兴趣的提升，翻转课堂还培养了学生的自主学习能力。在课前自学阶段，学生需要独立完成学习任务，这一过程不仅锻炼了学生的自主学习能力，还培养了他们的自我管理能力。学生学会了如何制订学习计划、安排学习时间，以及如何有效地利用学习资源。

此外，翻转课堂也强化了学生的团队协作能力。在课堂活动中，学生需要与小组成员密切合作，共同完成学习任务。这不仅要求他们具备良好的沟通能力，还需要他们学会倾听他人的意见、协调团队内部的分歧。

从学生的反馈来看，翻转课堂的教学模式获得了成功。学生普遍认为，这种教学模式使他们能够更加主动地参与到学习中来，提高了学习效果和学习兴趣。

第四节　翻转课堂在高校体育教学中的应用效果评估

一、评估方法

在评估翻转课堂在高校体育教学中的应用效果时，为了确保评估的全面性和准确性，高校与体育教师需要综合运用多种评估方法和工具。以下详细阐述了几种主要的评估方法及其具体运用。

（一）学生成绩提升评估

学生成绩是衡量教学效果最为直观和量化的指标，通过对比翻转课堂实施前后的成绩变化，可以客观地评估新的教学模式是否有效。

1. 前后测对比

在实施翻转课堂之前，教师要首先对学生进行一次全面的体育技能和理论知识的测试。这次测试旨在了解学生的初始水平。测试内容应涵盖篮球运球、传球、投篮等基本技术，以及相关的理论知识。通过标准化的评分体系，对学生的各项技能进行量化评分，形成每个学生的初始成绩单。

翻转课堂实施一段时间后，教师要对学生进行相同内容的再次测试。通过对比实施前后的测试成绩，可以直观地看到学生在各项技能上的进步程度。这种对比不仅有助于评估翻转课堂的教学效果，还能为高校教师提供反馈，以便调整和完善教学内容和方法。

为了确保前后测对比的有效性，教师需要保证测试内容的一致性和评分的客观性。同时，还应考虑学生个体差异、学习投入时间等因素对成绩的影响。

2. 与传统教学班对比

为了更全面地评估翻转课堂的效果，高校与体育教师可以选择相同年级、相同专业的两个班级进行对比实验。其中一个班级采用翻转课堂模式进行教学，另一个班级则继续采用传统的教学模式。在实验过程中，需要确保两个班级的教学内容、教学进度和师资力量等条件一致。经过一段时间的教学后，对两个班级的学生进行统一的体育测试。通过对比两个班级的成绩差异，可以进一步验证翻转课堂在高校体育教学中的优势和效果。

这种方法的关键在于控制变量，确保实验结果的可靠性和有效性。同时，教师还应注意保护学生的隐私和权益，避免实验对学生造成负面影响。

（二）学习态度变化评估

学习态度是影响学生学习效果的关键因素之一。翻转课堂强调学生的自主学习和合作探究，有望激发大学生的学习积极性和主动性。为了深入评估翻转课堂对学生学习态度的影响，以下提供三种具体的评估方法。

1. 问卷调查法

高校可设计一份针对学生学习态度的问卷，问卷内容应涵盖学生的学习兴趣、学习动机、学习自主性等方面，在实施翻转课堂前后，分别向学生发放问卷进行调查。

通过对问卷数据的统计和分析，高校与体育教师可以了解学生在学习态度方面的变化情况。例如，学生是否对体育课程产生了更浓厚的兴趣？他们的学习动机是否有所增强？在学习自主性方面是否有明显的提升？这些问题的答案都可以通过问卷调查来揭示。

同时，为了保证问卷的有效性和可靠性，教师需要在设计问卷时充分考虑问题的针对性和客观性。在数据分析阶段，还应采用科学的统计方法，以确保结果的准确性。

2. 课堂观察法

在翻转课堂教学中，教师要密切观察学生的课堂表现。具体包括学生的参与度、合作意愿以及探究精神等方面。

通过观察，教师可以直观地感受到学生在学习态度上的变化。例如，学生是否积极参与了课堂讨论？他们是否愿意与同伴合作解决问题？在面对难题时，他们是否表现出积极的探究精神？观察结果可以作为评估学生学习态度变化的重要依据。

课堂观察法的优势在于其直观性和实时性。然而，为了保证观察的客观性和全面性，教师需要具备一定的观察技巧和经验。同时，观察结果可能受到教师主观因素的影响，因此需要在多次观察的基础上进行综合分析。

为了确保学生满意度调查的有效性和可靠性，高校教师需要在设计问卷或访谈提纲时充分考虑问题的针对性和开放性。在数据分析阶段，还应采用科学的统计方法，以便准确反映学生的真实想法和需求。

3. 教师反馈收集

在翻转课堂实施过程中，教师的感受和体验同样重要。因此，需要定期收集教师在翻转课堂实施过程中的反馈意见。

教师可以通过教学反思、教学日志等方式记录自己在教学过程中的感受和建议。这些反馈信息可以为教学团队提供宝贵的改进意见和方向。例如，哪些教学环节需要优化？哪些教学资源需要更新或补充？如何更好地激发大学生的学习兴趣和积极性？这些问题的答案都可以通过教师反馈来揭示。

同时，为了充分利用教师反馈的价值，高校需要建立一个有效的反馈收集和处理机制。这包括对反馈信息的及时收集、整理和分析，以及针对问题提出具体改进措施等方面。通过不断优化和完善教学模式和方法，可以进一步提升翻转课堂的教学效果。

二、应用效果分析

根据上述评估方法收集到的数据，可以对翻转课堂在高校体育教学中的应用效果进行深入分析。

（一）大学生成绩显著提升

1. 成绩对比与原因分析

在翻转课堂实施前后，教师对学生进行了体育技能和理论知识的测试，通过对比测试成绩发现，实施翻转课堂后，学生的平均成绩有了显著提升，学生在技能掌握和理论理解上的深度和广度都得到了拓展。

以下是对原因的分析。首先，翻转课堂模式强调学生的自主学习。在课前，学生需要通过在线学习平台预习相关知识和技能，这种预习不仅让学生提前了解了课堂内容，还为他们在课堂上进行深入学习和实践打下了坚实的基础。其次，翻转课堂中的互动讨论和小组合作活动增多，这让学生有更多的机会参与到学习中来，通过实践操作和讨论交流，加深对知识和技能的理解。最后，翻转课堂模式下的即时反馈机制也让学生能够及时了解自己的学习情况，从而调整学习策略，提高学习效果。

2. 对大学生成绩提升的持续性观察

通过持续的跟踪观察和测试发现，实施翻转课堂一段时间后，学生成绩的提升并不是短暂的或偶然的，而是具有持续性和稳定性的。这表明，翻转课堂模式不仅能在短期内提高学生的学习成绩，还能在长期的教学过程中持续发挥作用，帮助大学生更好地掌握体育技能和理论知识。

为了保持这种成绩提升的持续性，教师需要在翻转课堂的教学过程中不断优化和完善教学内容和方法。例如，根据学生的反馈和学习情况，及时调整课前预习资料和课堂活动内容，以确保教学的针对性和有效性。同时，还需要关注学生的个体差异和学习需求，提供个性化的指导，帮助他们更好地适应翻转课堂模式并取得更好的学习成绩。

（二）大学生学习态度积极转变

1. 学习态度的转变与表现

在翻转课堂实施过程中，通过问卷调查和课堂观察发现，高校学生的学习态度发生了积极的变化。他们更加主动地参与到学习中来，对体育课程的兴趣和热情有所提高。具体表现为：学生积极发言、提问和讨论；在小组合作活动中，学生更加愿意承担责任，与团队成员共同解决问题；在课后，学生也能够主动进行体育技能训练，巩固和深化所学知识。

这种学习态度的转变不仅提高了大学生的学习效果，还有助于培养他们的团队协作精神和创新能力。

2. 大学生学习态度转变的影响因素

大学生学习态度的转变受到了多种因素的影响。首先，翻转课堂的教学模式本身就能够激发大学生的学习兴趣和积极性。其次，教师的引导和鼓励也对学生学习态度的转变起到了重要的作用。在翻转课堂中，教师需要关注学生的学习情况和学习需求，提供及时的指导和帮助，让学生感受到教师的关心和支持。最后，学生自身的努力和坚持也是学习态度转变的关键因素。只有学生真正认识到学习的重要性并付诸实践，才能实现学习态度的积极转变。

为了进一步提高学生的学习积极性，高校需要继续优化和完善翻转课堂的教学模式和方法。例如，增加课堂活动的多样性和趣味性，以吸引学生的注意力；加强师生互动和生生互动，提高学生的参与度；关注学生的个体差异并提供个性化的辅导和指导，以满足他们的学习需求。

（三）自主学习能力与合作探究能力的提升

翻转课堂模式不仅提高了大学生的成绩和学习态度，还显著提升了他们的自主学习能力和合作探究能力。在翻转课堂中，学生需要在课前自学相关知识，这锻炼了他们的自主学习能力。同时，课堂中的小组合作和讨论活动也要求学生与同伴进行交流和合作，有利于培养他们的合作探究能力。

自主学习能力能够帮助大学生更好地适应未来不断变化的学习环境和工作需求，而合作探究能力有助于他们在团队中更好地发挥自己的作用，实现共同的目标。

第五节　翻转课堂在高校体育教学中的发展

一、发展趋势

（一）技术融合推动教学创新

随着信息技术的迅猛发展，教育领域正面临着前所未有的变革。翻转课堂作为一种新型的教学模式，其与技术的融合将为高校体育教学带来革命性的创新。先进的科学技术不仅改变了传统的教学方式，还为大学生提供了更多学习的可能性和便捷性。

1. VR 与 AR 技术的应用

应用 VR 和 AR 技术，可以模拟出真实的体育运动场景，让大学生在虚拟的环境中进行体育技能训练。例如，在篮球教学中，大学生可以通过 VR 头盔进入一个仿真的篮球场，进行投篮、运球等技能的模拟练习。这种沉浸式的学习方式将极大地提升大学生的学习兴趣和技能掌握速度。

VR 和 AR 技术的引入，使得学生可以随时随地进行模拟训练，不受天气、场地等条件的限制。同时，通过技术的精确反馈，大学生可以及时了解自己的错误动作并进行纠正，从而更快地掌握正确的运动技能。这种即时的反馈机制将大大提升他们的学习效果。

2. 大数据分析技术的应用

大数据分析技术可以对大学生的学习数据进行深入挖掘和分析，为高校教师提供更加精准的教学反馈。教师可以通过分析学生的学习时长、学习频率、正确率等数据，了解学生的学习状况和需求，从而调整教学策略和内容。

基于大数据的分析结果，教师可以根据学生的个体差异和学习进度，制订更加符合学生需求的教学计划。

（二）个性化学习成为新潮流

随着翻转课堂模式的应用，个性化学习逐渐成为教育领域的热点话题。翻转课堂强调学生的自主学习和合作探究，为个性化学习提供了广阔的空间，促进了学生的全面发展。

以某高校体育教学为例，教师根据学生的体能测试数据、学习习惯等信息，为每个学生推荐适合的训练项目和训练难度，并帮助其制订个性化的体育训练计划。经过一段时间的实践后，学生的体能水平普遍得到了提升，并且对体育课的兴趣也明显增加。

尽管个性化学习具有诸多优势，但在实际应用中也面临着一些挑战。如高校教师需要投入更多的时间和精力来制订个性化教学方案、大学生需要适应不同的学习方式等。为了克服这些挑战，教师需要不断学习和更新教育理念和技术手段，而大学生也需要培养自己的自主学习能力和合作精神。

二、挑战与机遇

（一）大学生自主性的挑战与机遇

1. 大学生自主性的挑战

相较于传统的讲授式教学，翻转课堂模式更加强调学生的自主学习。在这种模式下，大学生需要在课前通过观看视频、阅读资料等方式，完成对新知识的学习和理解。然而，这一转变对大学生的自主性提出了更高的要求，也带来了一系列的挑战。

部分大学生可能缺乏自律性和自我管理能力，导致课前学习不充分，进而影响课堂内的讨论和实践效果。他们可能习惯于传统的被动学习方式，对于翻转课堂所要求的主动学习模式感到不适应。

为了应对这些挑战，教师需要采取一系列措施来提高学生的自主性。例如，可以设定明确的课前学习目标，提供丰富的学习资源，以及建立有效的激励机制和监督机制等。

2. 学生自主性提高带来的机遇

提高学生的自主性有助于培养他们的创新能力和批判性思维。在翻转课堂的学习过程中，学生需要主动思考问题、解决问题，这有助于激发他们的创新意识和批判性思维。

学生自主性的提高有助于培养他们的终身学习能力。在翻转课堂模式下，学生需要学会如何有效地获取、整合和应用知识，这将为他们未来的学习和职业发展奠定坚实的基础。

提高学生的自主性，还有助于培养他们的团队协作能力。在翻转课堂模式中，学生需要与其他同学共同完成学习任务，这将有助于培养他们的团队协作精神和沟通能力。

（二）技术支持的挑战与机遇

1. 技术支持的挑战

翻转课堂模式的实施离不开现代信息技术的支持。然而，在实际应用过程中，信息技术的应用面临着一系列的挑战。

一些高校可能面临技术设备落后的问题。由于经费限制或其他原因，部分高校可能无法及时更新教学设备，导致翻转课堂所需的硬件和软件条件无法得到满足。

网络不稳定可能影响翻转课堂的实施效果。在网络环境不佳的情况下，学生可能无法顺利观看教学视频或参与在线讨论，进而影响学习效果。

教师对技术的掌握程度可能成为翻转课堂实施的障碍。一些教师可能缺乏必要的技术培训和支持，导致他们在制作教学视频、组织在线讨论等环节遇到困难。

为了克服这些挑战，高校需要加大技术投入，更新设备、提升网络质量，并为教师提供必要的技术培训和支持。

2.信息技术为翻转课堂带来的机遇

随着云计算、大数据等技术的发展，教师可以更加方便地获取和整合教学资源，为学生提供更加丰富多样的学习内容。

人工智能技术的应用为翻转课堂带来了创新的教学方式。例如，教师可以利用智能教学系统进行个性化辅导和智能推荐学习资源，从而提高教学效果和学习效率。

技术支持有助于实现教学过程的可视化和数据分析。教师可以通过数据分析工具对学生的学习情况进行实时监控和评估，以便及时调整教学策略，满足学生的个性化需求。这将有助于提升翻转课堂的教学效果和学生的学习体验。

三、发展策略

（一）加强教师培训与技术支持

教师是翻转课堂实施的关键角色，他们的专业素养和教学能力直接影响着翻转课堂的教学质量。因此，提升高校教师的专业素养和教学能力是推动翻转课堂持续发展的重要环节。通过定期培训，教师可以了解并掌握先进的教学理念和教学方法，从而更好地应对翻转课堂中的挑战和问题。

针对翻转课堂的特点和需求，高校的教师培训应该包括以下几方面。首先，教师需要了解翻转课堂的基本理念和实施步骤，明确翻转课堂与传统课堂的区别和联系；其次，教师需要掌握制作高质量教学视频和课件的技能，以便为学生提供丰富多样的学习资源；最后，教师还需要学习如何有效地组织和引导课堂讨论，激发学生的学习兴趣和积极性。

翻转课堂依赖于现代信息技术的支持。因此，建立专业的技术支持团队是确保翻转课堂顺利实施的重要保障。技术支持团队应该由教师、技术人员和教育专家组成，他们应为教师提供及时、有效的技术支持服务，解决教师在翻转课堂实施过程中遇到的技术问题。同时，技术支持团队还可以根据教师的需求，开发适合翻转课堂的教学工具和平台。

（二）构建优质教学资源共享平台

1. 优质教学资源共享的意义

构建优质教学资源共享平台是推动翻转课堂模式发展的重要举措。通过共享平台，教师可以获取国内外优质的体育教学资源，从而丰富自己的教学内容和教学手段。同时，共享平台还能促进教师之间的交流与合作，推动高校体育教学的创新与发展。

2. 在线教学平台的搭建与管理

在线教学平台应该具备以下功能：支持多种类型的教学资源上传与下载、提供便捷的检索和浏览功能、支持在线播放和学习等。同时，为了保障平台资源的质量和安全性，还需要建立完善的管理机制，对上传的资源进行审核和筛选，确保资源的准确性和适用性。

3. 鼓励学生参与教学资源的创作与分享

学生是翻转课堂的主体，也是教学资源的重要来源。因此，鼓励学生参与教学资源的创作与分享是构建共享平台的重要环节。高校可以通过开展相关活动和比赛来激发学生的创作热情和积极性，从而形成良性的教学互动和资源共享机制。

（三）完善跨学科学习

翻转课堂让跨学科学习变得愈加简单。教师可以提前设计主题，如"运动与健康"或"体育与社会"，设计跨学科的教学单元，让学生从不同角度探讨问题；可以与其他学科教师合作，共同设计和实施跨学科的教学活动，如与生物教师合作讲解运动生理学；可以与当地社区合作，让学生认识体育在日常生活中的作用及其重要性等。

通过跨学科的视角，学生可以更全面地理解体育活动，发现体育与其他学科领域的联系，从而提高学习的兴趣和动机。在这期间，学生的思维能力也会被调动起来，从而获得更加完整且有意义的学习体验。

（四）完善评价与反馈机制

完善的评价与反馈机制是确保翻转课堂教学质量的关键环节。通过定期的教学质量评估和学生满意度调查，教师可以及时了解翻转课堂的实施效果及存在的问题。针对评估结果及反馈意见进行调整。优化教学策略是提高教学质量的有效途径。

例如,针对学生在学习中遇到的问题和困难,教师可以提供个性化的辅导和指导;针对教学资源的不足和缺陷,教师可以积极寻找并整合更多的优质资源;针对课堂讨论的冷清和沉闷,教师可以设计更加生动有趣的话题和活动来激发学生的学习兴趣和积极性。通过不断调整、优化教学方法,教师可以更好地满足学生的学习需求,提高翻转课堂的教学质量。

第十章　慕课与微课在高校体育教学中的应用

第一节　慕课与微课概述

一、慕课（MOOC）

（一）慕课的定义

慕课，或称 MOOC（Massive Open Online Course），意为大规模开放在线课程，这种课程模式起源于开放教育资源（OER）运动和学习管理系统（LMS）的兴起。随着网络技术的不断进步，以及全球教育资源共享理念的推广，慕课逐渐崭露头角，并在全球范围内获得了广泛的关注。它打破了地域、学校、时间的限制，使得每一个想要学习的人都能借助互联网享受到高质量的教育资源。

慕课不仅为广大学子提供了一个便捷的学习途径，更推动了教育普及化和全球化。

（二）慕课的发展历程

慕课的发展历程可谓短暂而迅速。从最初的几个高校和教授的实验性尝试，到现在众多世界顶尖大学和机构的积极参与，慕课已经成为一种全新的教育模式。这背后，除了网络技术的飞速发展，更重要的动力在于全球范围内对教育资源公平分配的渴望和追求。

起初，慕课只是个别教授与高校为了分享知识和经验而进行的尝试。但随着其影响力不断扩大，越来越多的教育机构看到了慕课的巨大潜力和价值并纷纷加入，与全球的学习者分享自己的优质课程和资源。

（三）慕课对传统教育模式的影响

慕课的出现对传统教育模式产生了深远的影响。首先，它突破了传统课堂的种种限制，为更多人提供了接受高质量教育的机会。其次，慕课为教育机构提供了一个全新的教学模式和平台。通过慕课，学校和教育机构可以更加灵活地设计课程，吸引更多的学生，同时也可以借此机会与其他学校和教育机构进行合作和交流。

（四）慕课的特点与价值

1. 慕课的开放性

慕课的开放性是其最为引人注目的特点之一。这种开放性不仅体现在课程的参与上——任何对学习有兴趣的人都可以加入，还体现在教学资源的共享上。慕课平台上的大部分学习资源，如课程视频、PPT、教学资料等都是公开且免费提供的。这种开放性极大地降低了学习的门槛，使得更多人有机会接触到高质量的教育资源。

慕课的开放性还体现在其教学理念上。它鼓励学习者自主学习、探索和创新，为每个人提供了一个平等、开放、共享的学习环境。

2. 慕课的大规模参与性

由于慕课的开放性和便捷性，它吸引了大量学习者的参与。与传统课堂相比，慕课的学习者数量往往要多得多。这种大规模参与性不仅为学习者提供了一个更加广阔、多元的交流平台，还使得教育机构能够更广泛地传播其知识和经验。

此外，慕课的大规模参与性也为教育机构提供了宝贵的数据和反馈。通过对学习者行为数据的分析，教育机构可以更好地了解学习者的需求和偏好，从而优化其课程设计和教学方法。

3. 慕课内容的丰富性

慕课涵盖了各个学科领域，从自然科学到社会科学，从基础理论到实践应用，几乎无所不包。这意味着，无论学习者的兴趣和需求如何多样化，都能在慕课平台上找到适合自己的课程。同时,慕课还提供了多种学习模式和互动方式，如在线讨论、小组合作等，这不仅丰富了学习内容，还提高了学习的趣味性和实效性。

慕课内容的丰富性还体现在其教学资源的多样性上。除了传统的课程视频和PPT，慕课还提供了实验演示、实地考察、专家访谈等多种教学资源，为学习者提供了全方位、多层次的学习体验。

二、微课

（一）微课的定义与构成

1. 微课的定义

微课，顾名思义，即微小的课程，但这里的"微小"并非指课程内容上的缩减，而是指课程时长与形式的精简。微课以流媒体形式展示，通常是围绕某个具体的知识点或教学环节而设计的简短、完整的教学活动。它以视频为主要载体，详细记录教师针对某一知识点或教学环节所进行的教学活动。这种教学活动不仅涵盖了知识的传授，还包括了学习方法的指导、思维的启发等多方面的内容。

在现代教学技术快速发展的背景下，微课作为一种新型的教学模式，正逐渐受到越来越多教育工作者和学习者的关注和喜爱。微课以其短小精悍、主题突出、便于传播和学习等特点，成为传统教学模式的有力补充，为教育教学事业注入了新的活力。

2. 微课的核心构成

微课的核心构成部分是课堂教学视频，这些视频通常是教师精心设计和录制的课例片段。除了视频，微课还包括与该教学主题紧密相关的教学设计、素材课件等辅助性教学资源。这些资源以一定的组织关系和呈现方式，共同构建了一个半结构化、主题式的资源单元应用"小环境"。

其中，教学设计是微课的灵魂，决定了微课的教学内容、教学目标和教学方法；素材课件是微课的重要组成部分，为学习者提供了丰富的学习材料和实例；教学反思是教师对教学活动的总结和思考，有助于改进和完善微课的教学质量。

微课并不是对传统教学资源的简单切割或缩减，而是在其基础上进行的一种创新和发展。它通过对知识点的精细化处理，使得学习者能够更高效地理解和掌握所学内容。同时，微课还充分利用了现代信息技术的优势，为学习者提供了更加便捷、灵活和个性化的学习体验。

（二）微课的特点与价值

1. 微课时长短而高效

微课的显著特点之一就是其时长较短，通常在 5~10 分钟，最长也不会超过20分钟。这种设计充分考虑了现代人忙碌的生活节奏和学习者的注意力在集中时间方面的特点和规律。在如此短的时间内，微课能够精准地传递一个知识点或技能点，使学习者能够在短时间内集中精力完成学习任务，从而有效提高学习效率。

此外，短时间的学习也有助于减少学习者的疲劳感，让他们能够在轻松愉快的氛围中掌握知识。这种高效的学习方式，不仅适用于在校大学生，也深受在职人员等时间有限的学习者喜爱。

2.微课内容的精练与针对性

微课的内容非常精练，通常聚焦于一个具体的知识点或教学环节。这种设计使得微课主题突出、目标明确，能够让学习者有针对性地解决学习中的疑难问题。与传统课堂的冗长复杂内容相比，微课更能抓住学习者的注意力，让他们在有限的时间内获得最佳的学习效果。

同时，微课的针对性也非常强。教师可以根据不同的学习需求和层次，设计不同难度和深度的微课内容。这种个性化的教学方式，能够更好地满足学习者的实际需求，提升他们的学习兴趣和动力。

3.微课主题明确，重点突出

每节微课都有一个明确的主题或知识点作为核心内容。这种设计使得学习者在开始学习之前就能够清晰地了解每节课的学习目标和重点难点。在学习过程中，学习者可以紧紧围绕课程主题及相关知识点进行深入探讨和思考，从而更好地掌握所学知识。

明确的主题和重点不仅有助于学习者的理解和记忆，还能够提高他们的学习效果和成绩。通过微课的学习，学习者可以更加明确自己的学习方向和目标，为未来的学习和职业发展打下坚实的基础。

4.微课的便捷性与灵活性

微课以流媒体形式展示且时长较短，这种特点使其非常适合利用碎片时间进行学习。无论是在公交车上、排队等候时还是午休时间，学习者都可以随时打开手机或电脑进行学习。这种学习方式打破了时间和空间的限制，让学习者能够随时随地获取知识，极大地提高了学习的便捷性和灵活性。

在现代社会快节奏的生活中，微课的灵活性显得尤为重要。它不仅能满足大学生学习者个性化的学习需求，还能帮助他们在忙碌的生活中不断提升自己，实现自我价值的最大化。

第二节　慕课与微课在高校体育教学中的应用策略

一、慕课在高校体育教学中的应用策略

慕课作为大规模开放在线课程的代表，近年来在全球范围内迅速兴起，为教育领域带来了新的变革。在高校体育教学中，慕课的应用同样展现出巨大的潜力和价值。

（一）提供全面的体育教学资源，满足大学生自主学习的需求

1. 慕课资源的丰富性与全面性在体育教学中的应用

传统的体育教学，受限于场地、器材以及教师资源，往往难以提供多样化的教学内容。慕课则打破了这些限制，通过在线平台，为大学生提供了从基础理论到实战技巧的全方位体育教学资源。

在体育教学中，慕课不仅能涵盖传统的体育项目，如篮球、足球、排球等，还涉及一些小众或新兴的运动项目，如攀岩、滑板、瑜伽等。这样的丰富性使得学生可以找到自己感兴趣的内容，从而提高学习的积极性。

同时，慕课还能提供多角度、多层次的教学内容。例如，对于同一个体育项目，慕课可以从技术要领、训练方法、比赛策略等多方面进行讲解，帮助学生全面、深入地掌握该项运动。

2. 突破时空限制，实现高校体育的个性化学习

慕课的最大优势之一就是能够突破时空限制，为学生提供随时随地的学习机会。在高校体育教学中，这一点尤为重要。由于体育项目的实践性很强，许多学生通过大量的练习和反复训练才能掌握技术要领。然而，传统的体育教学往往只能在特定的时间和地点进行，这对于学生来说是一个很大的限制。

而慕课完全打破了这种限制。学生可以随时随地通过手机或电脑访问慕课

平台，进行体育知识和技能的学习。这种灵活性使得学生能够更加自由地安排自己的学习计划，根据自己的身体状况和时间安排进行训练，从而实现个性化的学习。

此外，慕课还能为大学生提供个性化的学习路径。每个学生都有自己的学习特点和进度，慕课平台可以根据学生的学习情况和反馈，推荐适合他们的教学内容和训练计划，从而进一步提高学习效果。

3. 教师角色转变与学生学习方式革新在体育教学中的体现

在慕课模式下，高校体育教师的角色发生了显著的转变。他们不再仅仅是课堂上的主导者，而是成为学生学习的引导者和支持者。这种转变对于提高大学生的学习效果和创新能力具有重要意义。

教师角色的转变使得学生能够更加主动地参与到学习中来。在传统的体育教学中，学生往往是被动接受知识和技能的。而在慕课模式下，教师可以通过设计富有挑战性和探索性的教学任务，引导学生主动思考和解决问题。

学生学习方式的革新是慕课模式带来的重要变化之一。在慕课平台上，学生可以通过观看视频、参与讨论、完成在线测试等多种方式进行学习。例如，学生可以通过反复观看视频来加深对技术要领的理解，通过参与讨论来拓宽自己的视野和思路，通过完成在线测试来检验自己的学习成果。

（二）结合在线测试和讨论，加强大学生对体育知识的理解

1. 在线测试在高校体育教学中的实时反馈与学习效果检验

在线测试是慕课平台提供的一个重要功能，能够帮助大学生实时检验自己的学习成果，从而及时调整学习策略和方法。在高校体育教学中，这一功能尤为重要。高校体育项目的技术要领和规则往往较为复杂，学生需要通过反复练习和测试来加深理解。

通过在线测试，学生可以及时了解自己在哪些方面还存在不足，从而进行有针对性的训练和提高。同时，高校教师也可以通过学生的测试成绩来了解他们的学习情况和问题所在，为后续的教学提供参考。

此外，在线测试还能提供即时的反馈和评估。学生在完成测试后，可以立即查看自己的成绩和解析，从而快速了解自己的薄弱环节并进行改进。这种即时的反馈机制有助于提高大学生的学习积极性和自信心。

2.在线讨论在高校体育教学中的交流与知识深化作用

在线讨论是慕课平台的一个重要功能，为大学生提供了一个开放、互动的学习环境。在体育教学中，学生可以通过在线讨论与其他同学交流和分享自己的学习心得和经验，从而拓宽视野、增进理解。

通过在线讨论，学生可以就某个技术动作或战术策略进行深入探讨，从不同的角度和层面来理解体育知识。这种互动和交流不仅能帮助学生解决学习中遇到的问题，还能激发他们的创新思维和批判性思维。

同时，高校教师也可以通过参与在线讨论来了解学生的观点和疑问，及时进行解答和引导。这种即时的互动和反馈有助于增强学生的学习体验和效果。

（三）利用慕课平台进行远程教学，扩大高校体育教学的影响力

1.慕课平台可突破地域限制

慕课平台的开放性和大规模性使得高校体育教学能够突破地域限制，让全球各地的学生都能接触到优质的体育教学资源。这一特点在扩大我国高校体育教学影响力方面具有显著优势。

通过慕课平台，教师可以录制并上传高质量的体育教学视频和资料，供全球范围内的学生学习。这种教学方式不仅打破了地域限制，还能让更多人接触到先进的体育理念和训练方法。

同时，慕课平台还提供了多语种支持，使得不同国家和地区的学生能以自己熟悉的语言进行学习。这种无障碍的学习环境有助于促进全球体育文化的交流和传播。

2.慕课平台在推广与宣传高校体育教学方面的作用

为了吸引更多大学生参与体育学习，慕课平台在推广和宣传方面发挥着重要作用。通过社交媒体、学术论坛等渠道进行课程的推广和宣传，慕课平台能让更多对体育感兴趣的人了解到这些优质的教学资源。

此外，慕课平台还可以与体育机构与组织、赛事组织者等进行合作，共同推广体育课程和项目。这种合作模式不仅能提高慕课的知名度和影响力，还能为体育产业的发展注入新的活力。

3.提高远程体育教学的效果和质量

虽然慕课平台为远程体育教学提供了便利的条件，但如何提高教学效果和质量仍然是高校教师需要关注的问题。首先，教师应选择适合远程教学的内容和方式，确保学生能够清晰地理解和掌握所学内容。其次，教师应及时关注学生的学习反馈和问题，进行针对性的指导和解答。最后，教师可以通过设置作业、测试等方式来检验学生的学习成果，从而确保远程教学的质量。

二、微课在高校体育教学中的应用策略

随着信息技术的飞速发展，微课作为一种新型的教学资源，正以其独特的优势在高校体育教学中发挥着越来越重要的作用。微课以时间短、内容精练、主题突出的特点，为大学生提供了更加便捷、高效的学习方式。

（一）针对具体技能或知识点制作微课，便于学生随时随地学习

1.精选教学内容，制作高质量微课

微课的核心特点是"微"，即时间短、内容精练。因此，在制作微课时，教师需要精选教学内容，确保微课视频围绕具体的体育技能或知识点进行深入浅出的讲解。这就要求教师对教学内容有深入的理解和把握，能够准确提炼出教学重点和难点，并以此为基础制作高质量的微课视频。

例如，在篮球教学中，高校教师可以针对"三步上篮""低手上篮"等具体技能制作微课视频，详细展示动作要领和注意事项，帮助学生快速掌握这些关键技能。

2.注重视频质量和教学效果

微课视频的质量和教学效果直接影响着学生的学习体验和学习效果。因此，教师在制作微课时应注重视频的清晰度和流畅性，确保学生能够清晰地看到每一个动作和细节。同时，教师还可以通过添加文字说明、图解、动画等元素来丰富视频内容，帮助学生更好地理解和掌握所学内容。

例如，在展示某个复杂动作时，教师可以利用图解或动画来分解动作步骤，让学生更加直观地了解动作要领和技巧。此外，教师还可以利用慢动作或重复播放等功能来强调关键动作和细节，帮助学生加深理解。

3. 便于学生随时随地学习

微课的一个重要优势是便于学生随时随地学习。教师可以将制作好的微课视频上传到网络平台或 APP 上，供学生随时访问和学习。这种学习方式打破了时间和空间的限制，让学生可以根据自己的时间安排和学习需求进行自主学习。

为了方便学生学习，教师还可以提供微课视频的下载链接或二维码，让学生可以将视频下载到手机或平板电脑上进行离线学习。这样可以确保学生在没有网络的情况下也能正常学习。

（二）结合实际教学场景，利用微课进行预习和复习

1. 紧密结合实际教学场景制作微课

为了更好地帮助学生理解和掌握知识点，高校教师应紧密结合实际教学场景制作微课视频。这意味着教师需要在实际教学过程中拍摄和记录相关的教学场景和动作示范，让学生更加直观地了解所学内容在实际教学中的应用情况。

例如，在足球教学中，教师可以拍摄一场真实的足球比赛片段，并结合比赛场景详细讲解足球技巧和战术应用。这样的微课视频不仅能激发学生的学习兴趣和热情，还能帮助他们更好地理解和掌握所学知识点。

2. 制订合理的预习和复习计划

利用微课进行预习和复习是提高学生学习效果的重要环节。教师应根据课程进度和学生的实际情况设置合理的预习和复习计划，确保学生能够按照计划有序地进行学习。

在预习方面，教师可以提前发布微课视频和相关学习资料，让学生提前了解课程重点和难点并做好准备。在复习方面，教师可以针对已学过的知识点制作相应的微课视频供学生回顾和巩固所学知识。同时，教师还可以设置一些测试项目来检验学生的学习效果并帮助他们及时发现和纠正自己的错误和不足之处。

3. 引导学生积极参与预习和复习活动

为了确保预习和复习的效果，教师需要引导学生积极参与这些活动并提高他们的学习积极性和自主性。教师可以通过设置问题、布置作业、开展小组讨论等方式提高学生的思辨能力和参与度。同时，教师还可以利用网络平台或社交媒体与学生进行互动和交流，及时了解他们的学习情况和存在的问题，并给予及时的

指导和帮助。

（三）通过微课引导学生进行自主探究和合作学习

1. 设置探究任务和提供学习资源

为了引导学生进行自主探究和合作学习，教师可以通过微课设置具体的探究任务，并提供相关的学习资源。这些探究任务可以围绕某个具体的体育技能或知识点展开，让学生利用微课视频和其他学习资料进行自主学习和合作探讨。

例如，在羽毛球教学中，教师可以设置一个关于"如何提高发球质量"的探究任务，并提供相关的微课视频、技术文章和实战案例等学习资源供学生参考和学习。通过这样的探究任务，学生可以更加深入地了解发球技术的要点和技巧，并通过实践不断提高自己的发球水平。

2. 培养大学生的自主学习能力和团队协作精神

微课的灵活性和便捷性使得学生可以随时随地进行自主学习和合作学习成为可能。

在实施过程中，高校教师可以通过分组合作、角色扮演等方式引导大学生进行合作学习，让他们在共同完成任务的过程中相互学习、相互帮助、共同进步，同时，教师还可以利用网络平台或社交媒体，与学生进行实时互动和交流，及时解决他们在学习过程中遇到的问题和困难，提高他们的学习效果和学习兴趣。

为了更好地引导大学生进行自主探究和合作学习，教师应注重微课资源的整合和优化，为学生提供丰富多样的学习资源，同时关注学生的学习过程和成果，并给予及时的指导和评价，帮助他们不断提高自主学习和合作学习的能力。

3. 激发学生的创新思维和实践能力

微课作为一种新型的教学资源，为高校体育教学注入了新的活力和创新元素，教师可以通过微课引导学生进行创新性思维训练和实践能力的培养，让他们在自主探究和合作学习的过程中不断挖掘新的知识和技能，提高自己的综合素质和能力水平。

例如，教师可以鼓励学生利用微课资源进行创新性实践探索，设计新的训练方法、开发新的运动项目等。同时，教师还可以利用网络平台、社交媒体，以线上的途径和方式展示学生的创新成果和经验，让更多的人了解和关注他们的学习和成长。

第三节　高校体育教学中慕课与微课的实践应用案例

一、高校体育教学中慕课的实践应用案例

某高校为了响应教育信息化、现代化的号召，推动体育教学改革，满足学生多样化的学习需求，学校决定利用慕课平台开设一系列体育课程。这一举措旨在为学生提供更加便捷、灵活的学习途径，同时丰富体育教学的手段和形式。

（一）课程内容选择与设计原则

在开设慕课之前，该校进行了充分的市场调研和学生需求调查，以了解学生的兴趣和需求。调查发现，学生对于篮球、足球、瑜伽等课程有着浓厚的兴趣。因此，学校决定首先在这三门体育课程中应用慕课模式开展教学。为了确保课程内容的专业性和趣味性，学校聘请了资深的体育教师和专业运动员进行课程内容的设计和制作。

在课程内容的选择上，设计者遵循了以下几个原则。一是内容要具有实用性和针对性，能够满足学生的实际需求；二是要注重基础知识和技能的传授，帮助学生打下坚实的基础；三是要结合实战案例和具体应用场景，提高学生的实践能力和解决问题的能力。

在课程设计方面，设计者采用了模块化的设计理念，将每门课程分为若干个模块，每个模块包含若干个知识点。同时，为了增加课程的趣味性和互动性，设计者还融入了一些游戏元素和竞技元素，让学生在轻松愉快的氛围中学习知识和技能。

（二）教学视频制作与发布

教学视频是慕课的核心组成部分，其质量直接影响学生的学习效果和体验。为了确保视频质量，该高校采用了高清的摄影设备和专业的后期制作团队进行视频的拍摄和剪辑。每个视频都围绕一个具体的主题或技术动作进行讲解，时长控制在 10~15 分钟，便于学生利用碎片时间进行学习。

视频制作过程中,教师与制作团队紧密合作,共同确定每个视频的主题和内容。在拍摄过程中,教师会亲自示范技术动作,并详细讲解每个动作的要领和注意事项。后期制作团队则负责视频的剪辑、特效处理、字幕添加等工作,以确保视频的质量和观赏性。

视频发布后,学生可以通过慕课平台随时随地进行观看和学习。为了方便学生的学习和管理,慕课平台还提供了课程大纲、学习进度跟踪、笔记记录等功能。学生可以根据自己的学习进度和兴趣做计划。

(三)互动环节与作业设置

为了增强学生的学习体验和效果,慕课中设置了丰富的互动环节和作业任务。这些环节和任务旨在激发学生的学习兴趣和积极性,提高他们的自主学习能力和解决问题的能力。

在线讨论区是学生之间交流和互动的重要平台。学生可以在讨论区发表自己的观点和问题,与其他学生或教师进行交流和互动。这种互动不仅可以帮助学生及时解决学习中的疑难问题,还可以开阔他们的思路和视野。

小组作业是教师布置给学生的一种合作学习任务。学生需要分组完成指定的作业任务,并在规定的时间内提交成果。这种作业形式可以培养学生的团队合作精神和协作能力,提高他们的实践能力和创新能力。

教师答疑是教师针对学生在学习过程中遇到的问题进行解答的环节。学生可以通过慕课平台向教师提问,教师会及时回复并解答学生的问题。这种互动可以帮助学生及时解决学习中的困惑和难题,提高他们的学习效率和自信心。

同时,教师还会定期发布作业和测验,以检验学生的学习成果并督促他们持续学习。作业和测验的内容紧密围绕课程内容进行设计,旨在帮助学生巩固所学知识并提高他们的应用能力。

二、高校体育教学中微课的实践应用案例

随着互联网技术的快速发展和普及,以及教育理念的不断更新,微课作为一种创新的教学方式逐渐被引入高校体育教学中。传统的高校体育教学往往受到时间、场地等因素的限制,而微课打破了这些限制,使大学生能够随时随地

学习体育知识和技能。同时，随着学生对个性化、自主化学习需求的增加，微课以其独特的优势满足了学生的这些需求。某高校积极探索微课在体育教学中的应用策略，并形成了一系列可供推广的经验和做法。该校的微课应用经验总结如下。

（一）技术动作分解与讲解的微课应用

在体育教学中，技术动作的掌握是教学目标之一。然而，传统的示范和讲解方式往往受到时间和空间的限制，无法确保每个学生都能清晰、准确地观察到教师的示范动作。通过微课的形式，教师可以将技术动作进行详细分解，并配以清晰的解说和图示，使学生能够更加直观地了解每个动作的要领和技巧。例如，在篮球教学中，教师可以利用微课对三步上篮、投篮等关键技术进行分解讲解，帮助学生快速掌握这些技术动作。

此外，微课还可以结合慢动作演示、多角度展示等手段，使学生更加深入地理解和掌握技术动作的细节和关键点。

（二）课堂辅助教学与课后复习的微课应用实践

微课在高校体育课堂中可以作为辅助教学的有力工具。教师可以在课堂上播放相关微课视频，引导学生进行模仿练习，并针对学生的问题进行个别指导。这种教学方式能够帮助学生更加直观地了解技术动作要领，提高课堂的教学效率。同时，微课还可以作为课后复习的重要资源。学生在课后可以反复观看微课视频，巩固和加深对课堂所学知识的理解和记忆。

为了更好地满足学生的学习需求，教师还可以根据教学内容和学生的学习情况定制个性化的微课资源，供学生课后自主学习和复习。这种方式不仅能够帮助学生巩固所学知识，还能够培养他们的自主学习能力和创新思维。

（三）学生自主学习与拓展延伸的微课探索

除了在课堂上的辅助教学，微课还可以作为学生自主学习的有力支持。教师可以鼓励学生利用课余时间观看与课程内容相关的微课资源，进行自主学习和拓展延伸。这些微课资源可以涵盖更多的体育知识和技能，帮助学生开阔视野、增长见识。例如，高校教师提供了不同风格的瑜伽练习方法、足球比赛中常见的战术分析等微课资源，供学生选择和学习。

同时，教师还可以设置一些开放性的问题或任务，引导学生利用微课资源进行自主探究和学习。这种方式不仅能培养学生的创新思维和实践能力，还能增强他们的学习动力和自信心。通过与同学、教师的交流和分享，学生还能进一步巩固学习成果，提升体育技能和知识水平。

第四节　慕课与微课在高校体育教学中的应用效果评估

一、慕课与微课在高校体育教学中的应用效果评估方法

（一）问卷调查法

1.问卷的设计

在高校体育教学中，为了系统地评估慕课与微课的教学效果，问卷调查法成为一种重要且常用的数据收集手段。设计一份科学合理的问卷是关键，这需要结合体育教学的特点和慕课与微课的教学模式进行。问卷中的问题不仅要涵盖学生对慕课与微课的接受程度、满意度，还要探究学生在学习过程中的实际体验、遇到的困难和挑战等方面。

问卷的设计应遵循以下几个原则。首先，要明确调查的目的和内容，确保问卷中的问题紧密围绕慕课与微课的教学效果展开；其次，要保证问题的客观性和中立性，避免引导性或暗示性的问题；最后，要注意问题的逻辑性和连贯性，便于学生进行回答。

2.问卷的发放与回收

问卷的发放和回收环节同样重要。在发放问卷时，要确保目标样本的广泛性和代表性。这意味着问卷不仅要发放给参与慕课与微课学习的学生，还要尽可能覆盖不同年级、不同专业的学生，以获得更全面、准确的数据。同时，问卷的发放时间也要合理安排，避免在学生学习压力大或考试时间等敏感时期进行，以保证问卷的有效回收率。

回收问卷后，要对数据进行初步筛选和清洗，剔除无效或明显错误的问卷，确保后续数据分析的准确性和可靠性。

3. 数据的统计与分析

对回收的问卷数据进行科学的统计和分析，是评估慕课与微课教学效果的关键步骤。在这一过程中，可以运用统计学的方法和软件对数据进行处理，如描述性统计、相关性分析、因子分析等。通过这些分析方法，高校可以深入了解学生对慕课与微课的整体评价、学习过程中遇到的困难和挑战，以及他们对教学改进的期望和建议。

此外，还可以将数据进行可视化处理，如制作柱状图、饼图等，以便更直观地展示分析结果。这些分析结果不仅可以为教师提供宝贵的教学反馈，还可以为高校体育教学管理部门制定相关政策和措施时提供重要参考。

（二）测试成绩分析法

1. 测试题的设计与制作

为了科学评估慕课与微课在高校体育教学中的实际应用效果，设计一份全面且有效的测试题至关重要。测试题不仅要涵盖体育教学的核心知识和技能点，还要真实反映学生的实际应用能力和问题解决能力。

在设计测试题时，高校教师应结合慕课与微课的教学内容和目标，设计包含知识理解、技能掌握和应用能力等多方面的题目。同时，要保证测试题的难度适中、区分度合理，既要避免题目过于简单而无法真实反映学生的水平差异，又要防止题目过难而导致大部分学生无法完成。

2. 测试的组织与实施

在实施测试前，教师要确保学生已经充分了解测试的目的和要求。测试可以在线上或线下进行，具体形式可根据实际情况灵活选择。为了保证测试的公正性和客观性，教师应严格遵守测试纪律和规定，防止作弊行为的发生。

在测试过程中，教师要注意观察学生的反应和表现，及时记录并处理可能出现的异常情况。测试结束后，要对测试卷进行认真批改和评分，确保评分的准确性和公正性。

3. 成绩的统计与分析

对测试成绩的统计和分析是评估慕课与微课教学效果的重要环节。教师可以通过对比慕课与微课学习前后的测试成绩直观反映出这两种教学方式对学生学习

· 229 ·

效果的影响。具体分析方法包括描述性统计（平均分、最高分、最低分等）、差异性检验（t检验、方差分析等）以及相关性分析（计算相关系数等）。

通过这些分析方法，高校可以深入探究慕课与微课对大学生体育成绩的影响程度以及不同学生群体在学习效果上的差异。同时，这些分析结果还可以为教师提供针对性的教学改进建议，如调整教学内容和方法、优化慕课与微课的制作和设计等，从而进一步提高高校体育教学的质量和效果。

二、慕课与微课在高校体育教学中的应用效果分析

（一）提高学生的学习兴趣

1. 新颖的教学形式有吸引力

慕课与微课作为新颖的教学形式，通过视频、动画、图文等多媒体手段呈现教学内容，使得抽象、枯燥的体育理论和技术动作变得生动、形象。这种新颖的教学形式更符合当代大学生的学习习惯和兴趣点，因此能够迅速吸引学生的注意力，激发他们的学习兴趣。

2. 能提供更多的学习选择和参与机会

慕课平台的开放性和互动性为大学生提供了更多的学习选择和参与机会。学生可以根据自己的兴趣和需求，在慕课平台上自主选择课程和学习进度。同时，他们还可以通过在线讨论、作业提交、互动问答等方式积极参与学习过程，与教师和其他同学进行交流和互动，从而增强学习体验和参与感。

3. 培养大学生的自主学习能力和终身学习意识

慕课与微课的应用有助于培养大学生的自主学习能力和终身学习意识。通过自主学习慕课与微课，学生需要自我规划学习时间并独立完成学习任务。这种学习方式不仅提高了学生的自我管理能力，还培养了他们的独立思考和解决问题的能力。同时，慕课与微课的便捷性也使学生能够随时随地进行学习，有助于培养他们的终身学习意识。

（二）提升学生的学习效果

1. 优质教学资源提高学习效果

慕课平台上汇聚了众多优质的教学资源，包括一流大学的体育课程、名师讲

解、实战演示等。这些资源为大学生提供了更广阔的学习视野和更深入的知识解析，有助于他们更全面地理解和掌握体育知识和技能。同时，微课的针对性讲解和示范也能帮助学生快速掌握重点和难点内容，从而提高学习效果。

2. 个性化学习路径提升学习效率

慕课与微课的应用还为大学生提供了个性化的学习路径。学生可以根据自己的实际情况和学习需求，选择适合自己的课程和学习进度，更加高效地掌握知识和技能，避免盲目学习和时间的浪费。同时，慕课平台上的智能推荐系统还能根据学生的学习情况和兴趣点，为他们推荐相关课程和资源，进一步提升学习效率。

3. 实时反馈机制优化学习策略

慕课与微课的结合应用还提供了实时的反馈机制，有助于学生及时调整和优化学习策略，针对自己的薄弱环节进行有针对性的学习和训练，从而提升学习效果。

（三）促进高校体育教学的创新与发展

1. 推动体育教学手段和方法的创新

慕课与微课的应用为高校体育教学的创新提供了新的手段和方法。教师可以利用慕课平台上的丰富资源和工具进行课程设计和组织教学活动，使教学内容更加生动、有趣且富有互动性。同时，微课短小精悍的特点也使得教师能够针对特定知识点或技能点进行精细化讲解和演示，提高教学效果和学生的学习体验。

2. 促进高校教师之间的交流与合作

慕课与微课的开放性和共享性特点有助于高校教师之间的交流与合作。教师可以通过慕课平台分享自己的教学经验和成果，与其他教师进行交流和探讨，共同推动体育教学理念和方法的创新与发展。这种交流与合作不仅能够提升教师的教学水平，还能够促进高校体育教学资源的共享和优化配置。

3. 推动高校体育教学的持续发展和进步

随着慕课与微课技术的不断进步和教育理念的不断创新，它们在高校体育教学中的应用将更加广泛和深入。慕课与微课的结合应用将推动体育教学的持续发展和进步，使得体育教学更加符合当代大学生的需求和兴趣点。同时，这种创新的教学方式也将为培养更多具备健康体魄和良好运动习惯的高素质人才提供有力支持。

第五节　慕课与微课在高校体育教学中的发展

一、慕课与微课在高校体育教学中的发展趋势

（一）技术驱动的个性化学习

1. 大数据分析与智能推荐

在互联网技术的推动下，大数据分析正逐渐成为慕课与微课个性化学习的重要驱动力。通过收集和分析大学生在学习过程中的数据，如观看视频的时间、频率、完成作业的准确率等，系统能够精准地掌握每个学生的学习情况和需求。基于这些数据，智能推荐系统可以为学生推送符合其学习风格和兴趣爱好的体育课程，实现个性化学习资源的精准匹配。

个性化学习不仅体现在课程资源的推荐上，还包括对学习路径的定制。系统可以根据学生的实际情况，为其规划出一条高效的学习路径，帮助学生更快地掌握知识和技能。同时，这种个性化学习模式还有助于发现学生的潜在能力和兴趣点，为他们提供更多元化的发展机会。

2. 人工智能助教的引入

随着人工智能技术的不断发展，未来的慕课与微课平台有望引入人工智能助教。这些助教能够根据学生的学习进度和反馈，提供及时、个性化的辅导。例如，当学生在某个体育动作上遇到困难时，人工智能助教可以提供针对性的指导和建议，帮助学生克服困难。

此外，人工智能助教还可以协助高校教师进行学生管理、作业批改等工作，减轻教师的负担，提高教学效率。

3. 学生学习自主权的提升

技术驱动的个性化学习还将赋予学生更多的学习自主权。学生可以根据自己的时间、地点和进度进行学习，不再受制于传统的课堂教学模式。同时，学生还

可以根据自己的需求和兴趣选择学习的内容和方式,实现真正的自主学习。

(二) VR 与 AR 技术的应用

1. 创造身临其境的学习体验

VR 技术能够为大学生创造一个身临其境的虚拟环境,使他们在学习体育运动时能够更加直观地了解动作要领和技巧。通过 VR 技术,学生可以在一个安全、受控的环境中模拟各种体育运动场景,如篮球比赛、足球比赛等,从而提高学习的趣味性和实践性。这种身临其境的学习体验不仅能够激发学生的学习兴趣,还能够帮助他们更好地理解运动技巧和规范,提升学习效果。

2. 促进交互式学习与实践

AR 技术则能够将虚拟信息与现实世界相结合,为大学生提供一种全新的交互式学习方式。通过 AR 技术,学生可以在现实环境中看到虚拟的体育运动元素,如虚拟的篮球、足球等,从而更加直观地了解运动轨迹和动作要领。

此外,AR 技术还可以用于体育动作的实时分析和反馈。大学生在学习过程中,可以通过 AR 技术查看自己的动作是否标准,并得到及时的指导和建议。这种交互式学习方式将有助于他们更快地掌握体育运动技能,提高学习效果。

3. 技术与教学的深度融合

随着 VR 和 AR 技术的不断发展,未来这些技术将与体育教学实现更深入的融合。高校教师可以利用这些技术设计更丰富、更生动的教学内容,提高学生的学习兴趣和积极性。同时,VR 和 AR 技术还可以用于体育科研和训练,为运动员提供更加科学、高效的训练方法和手段。

(三) 社交化学习的兴起

1. 利于构建学习共同体

慕课与微课平台将更加注重社交化学习,为大学生提供更多与其他学习者交流和互动的机会。大学生可以在平台上创建或加入学习小组,与其他志同道合的学习者一起讨论问题、分享经验和学习资源,形成学习共同体。

这种社交化学习方式不仅能够增强学生的归属感和参与感,还能够促进他们之间的知识共享和协作学习。

2. 加强教师与学生的实时互动

在社交化学习趋势下，慕课与微课平台还将加强教师与学生之间的实时互动。教师可以通过平台发布讨论话题、组织在线答疑等活动，及时了解学生的学习情况和反馈。同时，学生也可以随时向教师提问或寻求帮助，获得及时的指导和建议。

这种实时互动的教学方式将有助于拉近高校教师与学生之间的距离，增强教学效果。教师还可以根据学生的反馈及时调整教学策略和内容，以满足学生的实际需求。

3. 社交化学习对教学效果的促进作用

社交化学习不仅能够提升学生的学习兴趣和积极性，还能够对教学效果产生积极的促进作用。同时，社交化学习还能够培养学生的沟通能力和团队协作精神，为未来的职业发展和社会交往打下坚实基础。

二、慕课与微课在高校体育教学中面临的挑战与机遇

（一）挑战

1. 如何确保学生学习的自律性

慕课与微课作为在线学习的一种形式，赋予了学习者极大的自由度和灵活性，但也对学生的自律性提出了更高要求。在传统的教学模式中，教师可以直接监督学生的学习状态，而在慕课与微课的学习环境下，这种监督被弱化了。因此，保证学生的学习自律性成为一个重要的挑战。

为了应对这一挑战，教师可以通过设置阶段性目标、提供在线测试和作业、定期组织线上讨论等方式，来增强学生的学习责任感和参与度。

2. 能否提供有效的学习支持

慕课与微课虽然为学生提供了随时随地学习的便利，但学生在自主学习过程中难免会遇到问题和困难。由于教师和学生的时空分离，学生在遇到学习障碍时可能无法及时获得帮助，从而影响他们的学习积极性和效果。

为了提供有效的学习支持，教师可以通过定期在线答疑、建立学习社区、提供详细的学习指南和资源链接等方式，帮助学生解决学习中的困惑。同时，平台

方也可以通过技术手段，如智能答疑系统、学习分析工具等，为学生提供更加个性化和精准的学习支持。

3. 技术与资源能否持续更新

慕课与微课的制作和维护需要专业的技术和资源支持。随着技术的不断发展和教育理念的更新，如何保持慕课与微课内容的时效性和质量成为一个重要的挑战。此外，不同学生的设备条件和网络环境也可能影响他们的学习体验。

为了解决这一问题，高校教师需要与专业的技术人员紧密合作，确保课程内容的及时更新和优化。同时，有关部门与高校也应该加大对在线教育资源的投入和支持，推动教育信息化的发展，从而为大学生提供更加优质和公平的教育机会。

（二）机遇

1. 带来更广阔的发展空间

慕课与微课的开放性使得高校体育教学可以覆盖更广泛的学生群体，不再局限于传统的课堂和校园。这种教学模式不仅为在校大学生提供了更多的学习选择和灵活性，也为社会学习者提供了接受高质量教育资源的机会。

随着全球化和信息化的发展，慕课与微课有望成为全球范围内共享的教育资源。这将为高校体育教学提供更广阔的发展空间，促进国际教育交流与合作。

2. 增加创新机会

慕课与微课的灵活性为高校教师在教学方法上的创新提供了更多可能。教师可以根据学生的需求和兴趣，设计更加生动、有趣的教学内容，采用多样化的教学手段，如视频、动画、互动游戏等，提高学生的学习兴趣和参与度。

此外，慕课与微课平台还可以为教师提供丰富的教学数据和反馈，帮助他们更好地了解学生的学习情况和需求，从而进行针对性的教学改进和创新。这种以数据驱动的教学模式有望提高教学效果和学生的学习成果。

3. 促进大学生的自主学习与终身学习

慕课与微课的学习模式有助于培养大学生的自主学习能力。学生可以根据自己的兴趣、时间和进度进行学习，这种个性化的学习方式有助于激发大学生的学习兴趣和动力，培养他们的自主学习习惯。

同时，慕课与微课的便捷性和可重复性也使学生可以随时随地进行学习，有助于培养他们的终身学习意识和能力。

三、慕课与微课在高校体育教学中的未来发展策略

（一）加强师资队伍建设

为了充分发挥慕课与微课在高校体育教学中的优势，首先需要加强师资队伍建设，提升教师的信息技术水平和教学设计能力。

1. 提高教师的信息技术水平

随着信息技术的快速发展，高校有必要定期组织教师参加信息技术培训，使他们熟练掌握慕课与微课的制作工具和技术。例如，高校可以引入专业的培训机构或专家，对教师进行系统培训，包括视频剪辑、音频处理、动画制作等技能，从而提高课程制作效率和质量。

此外，高校还可以建立信息技术交流平台，鼓励教师在平台上分享自己的经验和技巧，共同提高信息技术水平。同时，学校应该为教师提供良好的信息技术环境，如配备先进的计算机设备、提供专业的软件支持等。

2. 提升教师的教学设计能力

教学设计能力是制作高质量慕课与微课的关键。高校可以组织体育教师参加教学设计研讨会，与其他高校的教师交流教学设计的经验和心得。同时，可以观摩优秀的慕课与微课案例，从中汲取灵感和借鉴优点，不断提升自己的教学设计水平。

此外，高校还可以为教师提供教学设计方面的专业指导，如邀请专家开展讲座或提供一对一的辅导，以使教师可以更好地理解学生的需求和学习特点，设计出更符合学生实际的慕课与微课。

（二）完善慕课与微课教学平台

慕课与微课教学平台是实施在线教学的重要载体，因此需要不断完善平台功能，丰富教学资源，提高学习工具的效率。

1. 丰富教学资源

为了提供更优质的教学资源，高校可以与体育机构、专家等进行合作，共同开发适合在线教学的体育课程。同时，也可以引入其他高校或机构的优质教学资

源，为学生提供更多样化的学习内容。这些资源包括教学视频、教案、课件、习题等，以满足不同学生的学习需求。

此外，平台还可以设置资源共享区，鼓励教师和学生上传自己的教学资源和学习心得，促进教学资源的共享和交流。

2. 提高学习工具的效率

慕课与微课教学平台应该提供高效的学习工具，帮助大学生更好地规划学习路径和提高学习效率。例如，高校可以开发智能推荐系统，根据学生的学习情况和兴趣推荐合适的课程和学习资源。同时，平台还可以提供学习轨迹分析功能，帮助学生了解自己的学习情况和进度，及时调整学习策略。

此外，平台还可以提供在线测试和作业提交功能，方便学生进行自我检测和巩固所学知识。通过这些高效的学习工具，学生可以更加自主地规划自己的学习进程，提高学习效果。

（三）结合学生实际需求优化教学内容和方法

为了更好地满足学生的实际需求，高校体育教学需要结合慕课与微课的特点优化教学内容和方法。

1. 深入调研学生需求

在制作慕课与微课前，教师需要深入了解学生的实际需求和学习特点。可以通过问卷调查、访谈等方式收集学生的学习反馈和需求，了解他们的学习偏好和难点。同时，也可以利用大数据分析工具对学生的在线学习行为进行分析，以更准确地把握学生的学习需求。

根据调研结果，教师可以有针对性地设计慕课与微课的教学内容和方法，以满足不同学生的学习需求。例如，对于基础较差的学生，可以提供更多的基础知识讲解和练习；对于基础较好的学生，可以提供更高难度的挑战和拓展内容。

2. 定制化设计教学内容

根据大学生的实际需求和学习特点，教师可以定制化设计慕课与微课的教学内容。例如，针对不同年级、不同专业的学生提供不同难度和不同侧重点的体育课程。对于体育专业的学生，可以设计更加深入和专业的课程内容；对于非体育专业的学生，可以提供更加基础和实用的体育知识和技能训练。

同时，教师还可以根据学生的兴趣和爱好设计特色课程内容，如瑜伽、舞蹈、武术等。这些特色课程可以激发学生的学习兴趣和积极性，提高他们的学习效果。

3. 创新教学方法

为了激发大学生的学习兴趣和积极性，教师需要尝试采用创新的教学方法。例如，可以利用游戏化教学法将体育知识与游戏相结合，让学生在轻松愉快的氛围中学习知识；可以采用情境模拟教学法创设真实的体育场景，让学生在模拟实践中掌握体育技能；还可以利用小组合作学习法鼓励学生进行团队协作和互助学习，培养他们的团队协作能力和问题解决能力。

同时，教师还可以利用慕课与微课的灵活性进行翻转课堂等创新教学模式的尝试。在翻转课堂中，学生可以在课前通过慕课与微课预习新知识，在课堂上则进行深入的讨论和实践操作。这种教学模式可以充分发挥学生的主体作用和教师的主导作用，提高教学效果。

第十一章　自主学习与合作学习在高校体育教学中的应用

第一节　自主学习的理念与培养策略

一、自主学习的定义与重要性

（一）自主学习的定义

自主学习，也称作自我导向学习或自我调节学习。它代表着一种以学习者为主体的学习模式。在这种模式下，学习者不再是被动地接受知识，而是主动地参与到学习活动的每一个环节中。以下是关于自主学习的详细定义。

1.自主学习的本质

自主学习的本质在于学习者的主动性。它要求学习者在一定程度上从元认知、动机和行为三方面出发，积极主动地参与自己的学习活动。这意味着学习者需要对自己的学习过程有清晰的认识，能主动设定学习目标，选择适合自己的学习方法和策略，并在学习过程中进行自我监控和调整。

2.自主学习的特点

（1）自我设定学习目标。在自主学习的过程中，学习者根据自己的需求和兴趣设定明确的学习目标。这些目标指引着学习的方向，也是评价学习效果的重要依据。

（2）自主选择学习方法。自主学习鼓励学习者根据自己的学习风格和习惯，选择适合自己的学习方法。这有助于提高学习效率，同时也有助于提升学习者的创新思维和解决问题的能力。

（3）自我监控学习过程。在自主学习的过程中，学习者需要时刻关注自己的学习进度和效果，及时调整学习方法和策略。这种自我监控能力是保证学习效果的关键。

（4）自我评价学习结果。自主学习要求学习者对自己的学习效果进行客观评价。这不仅有助于学习者了解自己的进步和不足，还能为他们提供学习动力并明确改进方向。

3.自主学习与传统学习的区别

与传统的学习模式相比，自主学习更加强调学习者的主体性。他们需要主动探索知识、解决问题，并对自己的学习效果负责。

（二）自主学习的重要性

随着信息时代和知识经济时代的到来，自主学习的重要性日益凸显。以下是关于自主学习重要性的详细论述。

1.适应知识更新的需求

在当今社会，知识更新的速度非常快，新的技术、新的理念和新的方法层出不穷。要想跟上时代的步伐，大学生就必须具备自主学习的能力。通过自主学习，大学生可以不断地吸收新知识、掌握新技能，从而保持自己在体育专业领域内的竞争力，这也将使他们在开拓其他领域的过程中获得巨大的帮助。

2.培养终身学习的习惯

自主学习是培养终身学习习惯的关键。在自主学习的过程中，学习者需要不断地设定目标、探索知识、解决问题，这种持续的学习过程有助于形成终身学习的意识。终身学习是现代社会对人才的基本要求之一，能帮助大学生在未来的职业生涯中不断进步，实现自我价值。

3.提升创新思维和解决问题的能力

自主学习有助于提升学习者的创新思维和解决问题的能力。在自主学习的过程中，学习者需要独立思考，勇于尝试新的方法和策略。这种学习方式能激发学习者的创新思维。同时，自主学习也要求学习者具备解决问题的能力。通过不断的实践和反思，学习者解决问题的能力也会得到提高，对于大学生而言同样如此。

二、自主学习的理论基础

（一）心理学的相关原理

自主学习在心理学领域有着深厚的理论基础，这些理论为人们理解和推动自主学习提供了重要的视角。以下从心理学的角度探讨自主学习相关的三个理论。

1. 元认知理论

元认知是指个体对自己的认知过程及其结果的认知和调控。在自主学习中，元认知起着至关重要的作用。它涉及学习者对自己学习过程的计划、监控和调节，以及对学习策略的选择和使用。具体来说，元认知理论包括元认知知识和元认知控制两方面。

（1）元认知知识

元认知知识主要是指学习者对自己的学习能力、学习任务以及学习策略的认识。这种知识能帮助学习者更好地理解自己的学习特点和需求，从而制订出更有效的学习计划。

（2）元认知控制

元认知控制是指学习者对自己的学习过程进行有意识的监控和调节。这包括对学习计划执行情况的检查，对学习效果的评估，以及对学习策略的调整等。通过元认知控制，学习者可以及时发现并解决学习过程中出现的问题，从而确保学习的顺利进行。

元认知理论在自主学习中的应用主要体现在学习者需要不断地对自己的学习过程进行反思和调整，以实现更高效的学习。

2. 自我效能感理论

自我效能感是指个体对自己是否有能力完成某一行为的推测和判断。在自主学习中，自我效能感对学习者的学习态度和行为具有重要的影响。自我效能感高的学习者通常对自己的学习能力有较强的信心，他们更愿意接受具有挑战性的学习任务，并能在遇到困难时保持积极的心态和持久的努力。相反，自我效能感低的学习者则可能对自己的学习能力缺乏信心，面对困难时他们容易放弃。

自我效能感理论在自主学习中的应用主要体现在学习者需要通过不断地获得

成功体验来提高自己的自我效能感,从而增强学习的动力和信心。同时,教师也可以通过适当地支持和引导,帮助大学生建立积极的自我效能感。

3. 内在动机理论

内在动机,是指个体由于对学习内容的兴趣或对学习目标的追求而引发的学习动力。在自主学习中,内在动机是推动学习者持续学习的关键因素。具体来说,具有强烈内在动机的学习者会更加专注于学习任务本身,而不是外部的奖励或惩罚。他们更容易获得学习的乐趣和成就感,从而更加积极地投入学习中去。

在自主学习的过程中,高校教师需要关注如何激发和维持大学生的内在动机。例如,教师可以设计具有挑战性和趣味性的学习任务引发大学生的兴趣;同时,也可以通过及时的反馈和评价,让大学生感受到自己的进步和成长。

（二）教育学的相关原理

教育学为自主学习提供了深厚的理论基础,特别是建构主义学习理论,它为人们理解和实践自主学习提供了关键的视角。以下从教育学的角度探讨自主学习的理论基础。

1. 建构主义学习理论的基本观点

建构主义认为,学习不是简单地通过教师传授得到的,而是学习者在一定的情境下,借助其他辅助手段,利用必要的学习资料,通过意义建构的方式获得的。这种理论强调学习者的主动性、社会性和情境性,认为知识不是通过教师传授从外界搬到记忆中来的,而是通过学习者与外部环境交互作用而逐渐建构的。

2. 自主学习与建构主义的契合点

自主学习的核心在于学习者的主动性和独立性,这与建构主义强调的学习者主动性不谋而合。在自主学习的过程中,学习者需要自己设定学习目标、选择学习策略、监控学习过程并评价学习结果,这一系列过程正是学习者主动建构知识的过程。同时,自主学习也强调学习环境的社会性和情境性,即学习者需要在与他人的交流和合作,以及在不同的学习情境中,不断地调整和完善自己的知识结构和认知策略。

3. 建构主义在自主学习中的应用

在自主学习的过程中,体育教师可以运用建构主义的理论来指导大学生的学习。首先，教师可以为大学生提供丰富的学习资源和真实的学习情境，以激发他们的学习兴趣和动机。其次，教师可以引导大学生进行主动探索和发现式学习，鼓励他们通过独立思考、合作交流来解决问题和完成任务。最后，教师还可以通过及时的反馈和评价，帮助大学生更好地监控自己的学习过程和成果。

三、自主学习能力的培养策略

在高校体育教学中，培养大学生自主学习的能力对于提高学生体育技能、增强身体素质及培养终身运动的习惯至关重要。以下是关于在体育教学中有效培养大学生自主学习能力的详细策略。

（一）设定明确的学习目标

设定明确的学习目标是培养大学生自主学习能力的第一步。目标指引学生学习的方向，也是评价学习效果的重要依据。

1. 引导大学生设定具体目标

教师应根据学生的实际情况，引导他们设定具体、可衡量的学习目标。这些目标可以是短期的技能掌握目标，也可以是长期的体能提升目标。例如，对于篮球课程，短期目标可以是掌握正确的投篮姿势，长期目标可以是提高学生在篮球比赛中的得分能力。

2. 确保目标具有挑战性

设定的目标应具有一定的挑战性，以激发学生的学习动力。过于简单的目标可能让学生失去兴趣，而过于困难的目标则可能让他们感到沮丧。因此，教师需要根据学生的个体差异，为他们量身定制适合的目标。

3. 定期回顾与调整目标

教师应与学生一起定期回顾学习目标，并根据学习目标的完成情况进行调整。这有助于学生保持对学习的关注，并及时纠正学习方向上的偏差。

（二）教授学习策略与技巧

掌握有效的学习策略和技巧是培养大学生自主学习能力的重要一环。教师需要向学生传授相关的学习策略和技巧，以帮助他们更好地应对学习挑战。

1. 传授记忆与复习策略

对于需要记忆的动作要领和体育知识，教师可以教授学生一些记忆技巧，如联想记忆、重复记忆等。同时，教师还可以引导学生安排合理的复习，以确保所学知识得到及时巩固。

2. 培养解决问题的能力

在体育学习的过程中，学生可能会遇到各种问题。教师需要教会学生正确地分析问题、寻找解决方案并付诸实践的方法。这种解决问题的能力不仅有助于大学生在体育学习中取得进步，还能为他们未来的发展打下基础。

3. 引导合作学习与互助学习

教师可以鼓励学生进行合作学习与互助学习，通过小组讨论、角色扮演等方式，共同解决问题并分享学习经验。这种学习方式能提高学生的团队协作能力，同时也有助于他们从不同的角度理解体育知识和掌握相关技能。

（三）提供自主练习的机会

自主练习是培养大学生自主学习能力的重要环节。通过自主练习，大学生可以体验动作技能的形成过程，加深对动作的理解和掌握。

1. 安排适当的自主练习时间

在体育课上，教师应给学生足够的自主练习时间。这可以让学生在教师的指导下进行有针对性的练习，从而更好地掌握所学技能。

2. 提供多样化的练习方式

为了满足不同学生的学习需求，高校教师应提供多样化的练习方式。例如，教师可以设置不同难度的练习任务，让学生根据自己的实际情况进行选择。此外，教师还可以引导学生利用课余时间进行自主练习，以巩固所学技能。

3. 鼓励自我监控与调节

在自主练习的过程中，高校教师应鼓励学生进行自我监控和调节。学生可以通过记录练习数据、观察动作质量等方式来评估自己的练习效果，并根据评估结果进行调整。这种自我监控和调节能力对大学生的长期发展具有重要意义。

（四）鼓励反思与自我评价

反思与自我评价是培养大学生自主学习能力的重要手段。通过反思和自我评价，大学生可以更好地了解自己的学习状况，为下一阶段的学习做好准备。

1. 引导学生课后反思

在每节课后，教师应鼓励学生进行反思。学生可以回顾自己的学习过程，总结收获和不足，并思考如何改进。这种反思过程有助于大学生发现自己的问题并找到解决方案。

2. 培养自我评价能力

除了教师的评价，学生还需要学会自我评价。教师可以引导学生设定评价标准和方法，让他们对自己的学习成果进行客观评价。这种自我评价能力有助于大学生更加明确自己的学习目标。

3. 利用反馈促进学习

教师应及时地为学生提供反馈和建议。这些反馈可以帮助学生了解自己学习的进步和不足，从而调整学习策略和方法。同时，教师还可以鼓励学生间进行互相评价和反馈，以促进彼此的学习和交流。

（五）营造积极的学习氛围

积极、宽松的学习氛围对于培养大学生的自主学习能力至关重要。在这种氛围中，大学生会更加自信地面对学习挑战并敢于探索新的学习方法和途径。

1. 建立和谐的师生关系

教师应与学生建立良好的关系，尊重他们的个性和差异。这种和谐的师生关系可以让学生感受到教师的关心和支持，从而更加积极地投入高校体育课程及其他各类课程的学习中去。

2. 创造多样化的学习环境

为了满足不同学生的学习需求，高校体育教师应创造多样化的学习环境。例如，教师可以利用多媒体教学资源、组织体育活动等方式来激发学生的学习兴趣和积极性。同时，教师还应鼓励学生参与到学习环境的创设中，让他们感受到自己是学习的主人。

3. 及时鼓励与肯定

当学生在学习过程中取得进步时，教师应及时给予鼓励和肯定。这种正面的激励可以增强学生的自信心和学习动力，促使他们更加努力地追求更高的目标。

同时，教师还应注意评价的多元化和个性化，让每个学生都能感受到自己的价值和被认可。

第二节　高校体育教学中合作学习的模式与实践经验

一、合作学习的基本概念

（一）合作学习的定义

合作学习，作为一种富有创意和实效的教学理论与策略体系，已经成为当代主流教学理论与策略之一。它被誉为近年来最重要和最成功的教学改革之一。合作学习不仅对提高学生成绩、改善班级社会心理气氛、提升学生心理品质和交际技能等具有显著效果，还极大地激发了学生的学习热情。在合作学习过程中，学生以小组的形式共同解决问题和完成任务，使学习变得更加有趣、生动且富有挑战性。

1. 合作学习的核心理念

合作学习的核心理念在于，通过学生间积极的相互依赖和面对面的促进性互动，达成共同的学习目标。在合作学习过程中，每个学生都有明确的责任分工，他们需要相互支持、配合，从而实现个人与小组的共同进步。这种学习方式不仅有助于丰富学生的知识，提高他们的技能水平，还能培养他们的团队协作能力、沟通技巧和解决问题的能力。

2. 合作学习的教学活动

为了实现合作学习的目标，高校体育教师可以设计多种教学活动，如小组讨论、角色扮演、团队项目等。这些活动旨在促进学生间的互动与合作，让他们在共同完成任务的过程中，学会与他人有效沟通、协调和解决问题的方法。通过这些活动，学生不仅能提升自己的学术能力，还能培养团队协作精神和领导能力。

3. 合作学习与传统学习的区别

与传统的学习模式相比，合作学习更加强调学生间的合作与互动。在传统学习过程中，学生往往是孤立的，缺乏与他人交流和合作的机会。而合作学习鼓励学生以小组的形式共同学习,通过互相帮助和分享知识达成学习目标。这种方式不仅能提高学生学习的积极性,还能提升他们的团队协作能力和沟通技巧。

(二)合作学习在高校体育教学中的优势

合作学习在高校体育教学中的优势显而易见。它不仅提高了学生学习的积极性,培养了他们的团队协作能力,还提升了学生的沟通能力和批判性思维,同时也有助于增强学生自主学习的能力。以下是对这些优势的详细论述。

1. 提高学生学习的积极性

合作学习通过鼓励学生积极参与讨论和活动,使学习变得更具互动性和趣味性。在小组中,学生可以相互交流、分享彼此的观点和经验,这种学习方式比传统的讲授式教学更能激发学生学习的兴趣。教师可以通过设计具有挑战性和趣味性的小组任务,进一步激发学生的学习动力。当学生共同完成任务并取得成果时,他们会感受到成功的喜悦和成就感,这将进一步激发他们的学习热情。

2. 培养学生的团队协作能力

在合作学习过程中,学生被分成小组,共同完成任务。这需要他们学会分工合作、互相协调和支持。通过这种方式,学生可以逐渐培养出团队协作精神和集体荣誉感。

同时,在合作学习中培养出的团队协作能力还有助于学生形成良好的人际关系。在小组活动中,学生需要相互沟通和理解,以达成共识和解决问题。这不仅能增强他们的社交技能,还能让他们学会尊重和理解他人。因此,合作学习在培养学生的团队协作能力方面具有不可替代的作用。

3. 提高学生的沟通能力和批判性思维

合作学习要求学生间进行有效的沟通和交流。在小组讨论中,学生需要清晰地表达自己的观点,倾听他人的意见。这不仅能锻炼他们口头表达的能力,还能提高他们倾听和理解的能力。通过不断的沟通和交流,学生的沟通能力会得到显著提高。此外,合作学习还能培养学生的批判性思维。

4. 增强学生的自主学习能力

合作学习鼓励学生主动参与到学习过程中,积极寻找资料并解决问题。在小组活动中,学生需要共同完成任务,这就需要他们自己去查找相关资料、分析问题并找出解决方案。这种学习方式不仅能让学生更加深入地了解所学知识，还能培养他们自主学习和解决问题的能力。

同时，教师在合作学习过程中也可以引导学生进行自主学习。教师可以为学生提供一些学习资源和指导建议，让他们自己去探索和研究相关知识。通过这种方式，学生可以逐渐养成自主学习的习惯，从而增强学生的自主学习能力。在未来的学习和工作中，这种自主学习能力将帮助他们更好地适应不断变化的环境和挑战。

二、合作学习模式的类型

合作学习有多种模式，每种模式都有其独特的特点和适用范围。以下是几种常见的合作学习模式。

（一）小组讨论

1.小组讨论的定义与特点

小组讨论是合作学习的重要模式，其核心理念是将学生分成若干小组，每个小组围绕特定的主题或问题进行深入讨论。这种模式具有灵活性和互动性的特点。它能使学生充分发挥主观能动性，提升他们的学习参与度。

在小组讨论中，每个学生都有机会发表自己的观点，与他人交流思想。这种互动不仅有助于提高学生的沟通能力和批判性思维。通过小组讨论，学生可以学会有效地表达自己的观点，倾听并尊重他人的意见，以及在团队中发挥自己的作用。

2.小组讨论的实施步骤

小组讨论的实施通常包括以下几个步骤。首先，教师需要选择合适的讨论主题，确保主题具有讨论价值和教育意义；其次，教师需要根据学生的特点进行分组，确保每个小组的成员具有多样性；再次，教师需要引导学生展开讨论，确保每个学生都有机会发言；最后，教师需要对学生的讨论结果进行总结和评价，并为学生提供反馈和建议。

3.小组讨论的优势与局限性

小组讨论的优势在于其能使学生充分发挥主观能动性，提升学习参与度。然而，小组讨论也存在一定的局限性，如部分学生可能过于内向或缺乏自信而不敢发言，或者部分学生可能过于强势而占据主导地位等。因此，教师在实施小组讨论时需要注意平衡和引导。

（二）角色扮演

1. 角色扮演的定义与价值

角色扮演是一种模拟实际情境的合作学习模式。学生在此模式下需要扮演不同角色并模拟实际场景进行交流与互动。这种模式不仅有助于学生深入理解所学内容，还能提升他们的同理心、沟通技巧以及解决问题的能力。通过角色扮演，学生可以更加直观地了解各种社会角色和职业的特点，为未来的社会生活做好准备。

在角色扮演中，学生需要充分发挥自己的想象力和创造力来塑造角色形象并展现角色特点。这种学习方式不仅能激发学生的学习兴趣和积极性，还能培养他们的创新思维和表演能力。同时，通过观察和评价其他同学的表演，学生还可以学习到更多的知识和技能，从而提升自己的综合素质。

2. 角色扮演的实施过程

实施角色扮演活动时，教师需要先确定活动的目标和内容，然后选择合适的场景和角色进行分配。在活动开始前，教师需要向学生明确活动的规则和要求，确保每个学生都能知道自己的任务和责任。在活动过程中，教师需要密切观察学生的表现并给予及时的指导和帮助。活动结束后，教师还需要组织学生进行反思和总结，以便他们能更好地理解和吸收所学知识。

为了更好地实施角色扮演活动，教师可以采取一些有效的策略和方法。例如，教师可以利用多媒体资源为学生创设更加真实和生动的场景；教师还可以鼓励学生自由发挥和创作，以增加活动的趣味性和挑战性；同时，教师也需要注重活动的评价和反馈，以便学生能及时了解自己的表现并及时进行改进。

（三）团队项目

1. 团队项目的意义与目标

团队项目作为一种合作学习模式，强调学生在小组内通过共同完成任务达到学习目标。这种模式不仅能锻炼学生的团队协作能力、实践能力和创新能力，还能培养他们的责任感和集体荣誉感。通过参与团队项目，学生可以学会如何与他人有效沟通、如何分工合作以及如何解决问题，这些技能对他们未来的学习和工作都具有重要意义。

在团队项目中，每个学生都有明确的任务和责任，他们需要共同制订计划，分配任务并监控进度。这种学习方式能让学生更加深入地了解所学知识的实际应用，提升他们的实践能力和解决问题的能力。同时，通过与其他小组成员间的互动和合作，学生还可以拓展自己的人际关系和提高自己的社交技能。

2.团队项目的实施与管理

要成功实施团队项目，教师需要做好充分的准备工作。首先，教师需要选择合适的项目主题并确保其具有挑战性和教育意义；其次，教师需要根据学生的特点和兴趣进行分组并明确每个小组成员的任务和责任；最后，教师需要提供必要的指导和支持以确保项目的顺利进行。

在项目实施过程中，教师需要密切关注学生的进展并及时提供反馈和建议。同时，教师还需要定期组织学生进行成果展示和经验分享，以便学生能相互学习和借鉴。为了确保团队项目的有效性和教育性，教师还需要设定科学的评价标准和方法，对学生的表现进行客观评价。

3.团队项目的挑战与应对

团队项目虽然具有诸多优势，但在实施过程中也可能遇到一些挑战和问题。例如，部分学生可能因缺乏团队合作精神或技能而导致项目进度受阻，或者由于任务分配不均而导致部分学生负担过重等。为了应对这些挑战和问题，教师需要采取一系列的措施和方法加强团队管理和协调，例如定期组织团队建设活动、提供个性化的指导和支持及建立有效的沟通机制等。通过这些措施和方法，教师可以帮助学生更好地完成团队项目并提升他们的综合素质和能力。

三、合作学习的实践经验

在高校体育教学中，合作学习模式得到了广泛应用。以下是一个成功应用合作学习的案例。

在某高校的体育课上，教师采用合作学习的模式进行体育舞蹈教学。首先，教师将学生分成若干小组，每个小组由不同水平和技能的学生组成。然后，教师给每个小组分配了一个技能学习任务，如跳跃、转体等。小组成员需要共同学习和练习这些技能，并在课堂上进行展示和比赛。

通过合作学习，学生积极参与篮球技能的学习中。他们互相帮助、互相鼓励，共同克服困难，共同提高自己的体育舞蹈技能水平。同时，在小组展示和比赛中，学生展现出了出色的团队协作精神和集体荣誉感。

这个案例表明，合作学习在高校体育教学中具有显著的效果。它不仅能提高大学生的运动技能和身体素质，还能培养他们的团队协作能力、沟通技巧和解决问题的能力。因此，在高校体育教学中，应广泛推广和应用合作学习模式，以便更好地促进学生全面发展。

当然，除了上述案例，还有许多其他成功应用合作学习的实践经验。例如，在足球、排球等团队运动中，高校教师也可以采用合作学习模式进行战术配合和团队协作的训练；在健身课程中，教师可以让学生分组制订健身计划并实施等。这些实践经验都证明了合作学习在高校体育教学中的重要性和有效性。

第三节　自主学习与合作学习在高校体育教学中的结合运用

一、自主学习与合作学习的互补性

（一）自主学习的优势与局限

1. 自主学习的优势

自主学习是一种以学生为学习主体的学习方式。它鼓励学生根据自己的兴趣、能力和需求，自主选择学习内容、设定学习目标，并独立地监控自己的学习过程。在高校体育教学中，自主学习展现出了显著的优势。

自主学习能极大地提升学生自我管理的能力。由于学习内容和进度由学生自己掌控，学生需要安排学习计划，监控学习过程，并对自己的学习成果负责。这种自我管理的过程不仅有助于学生培养自律性，还能帮助他们形成良好的学习习惯。

自主学习能满足学生的个性化需求。每个学生都有自己独特的学习方式和兴趣点，学生在自主学习的过程中根据自己的特点进行定制化的学习，从而提高学习效率和学习兴趣。

2. 自主学习的局限

自主学习也存在一定的局限性。首先，自主学习缺乏社交互动。由于学习过程主要由学生独立完成，他们可能缺乏与他人交流和讨论的机会，这在一定程度上限制了他们的视野和思路。

其次，自主学习容易使学生陷入学习误区。在没有他人指导的情况下，学生可能会在学习方法、学习内容选择等方面出现偏差，甚至走入歧途。

此外，自主学习对学生的自律性要求较高。对于自律性较差的学生来说，他们可能难以坚持自主学习，甚至会出现半途而废的情况。

（二）合作学习的优势与局限

1. 合作学习的优势

合作学习是一种以小组为单位的学习方式。它侧重于学生间的协作与交流。在高校体育教学中，合作学习同样展现出了其独特的优势。

合作学习能培养学生的团队协作能力。在小组合作学习过程中，学生需要与他人共同完成任务，这不仅能锻炼他们的团队协作能力，还能帮助他们学会如何与他人有效沟通和协调。

合作学习能够提升学生的沟通技巧。在小组合作学习过程中，学生需要清晰地表达自己的想法和观点，同时也要倾听和理解他人的意见。这种沟通过程不仅能提升学生口头表达的能力，还能培养他们倾听和理解的能力。

合作学习有助于培养学生的集体荣誉感。当小组取得优异成绩时，每个成员都会感到自豪，这种集体荣誉感能激励学生更加努力地学习和表现。

2. 合作学习的局限

尽管合作学习具有诸多优势，但它也存在一些局限性。部分学生可能过于依赖他人。在小组合作学习过程中，一些学生可能会寄希望于其他成员，从而降低了自己的学习积极性和参与度。

合作学习可能导致部分学生失去独立思考的意识，而倾向于附和他人的观点，跟随他人的行动。在小组讨论或团队项目中，部分学生可能会受到他人观点的影响而失去自己的独立见解。

此外，合作学习还需要教师进行有效的组织和引导。如果教师未能合理分组或任务分工不明确，可能会导致小组合作学习的效果大打折扣。

（三）自主学习与合作学习的互补性

自主学习与合作学习在高校体育教学实践中具有显著的互补性。将两者有效结合，可以充分发挥各自的优势，弥补彼此的不足，从而实现学习效果的最大化。

1. 自主学习为合作学习提供基础

自主学习能够帮助大学生建立扎实的基础知识体系并掌握基本技能和方法。在自主学习过程中，大学生可以通过独立思考和实践来深化对知识的理解和应用。这为后续合作学习提供了有力的支撑。当学生在小组合作学习过程中遇到问题时，他们可以运用在自主学习中掌握的知识和技能来解决问题，从而提高小组合作的效率和成果质量。

2. 合作学习深化自主学习成果

合作学习能让学生在交流中深化对知识的理解并拓展学习思路。在小组合作学习过程中，学生可以分享自己的观点和见解，并从其他成员的反馈中不断完善自己的思考。这种互动和交流的过程不仅能帮助学生发现和理解问题的多方面，还能激发他们的创新思维和批判性思维。同时，合作学习还能提升学生的团队协作能力和沟通技巧等社会技能。这些技能的培养对学生的全面发展和未来的职业生涯发展都具有重要意义。

3. 自主学习与合作学习有机结合促进全面发展

自主学习与合作学习有机结合，可以促进学生全面发展并提高他们的综合素质。在自主学习过程中，学生可以培养自我管理、独立思考和解决问题的能力；在合作学习过程中，学生可以学会与他人协作、沟通和协调，培养集体荣誉感和团队协作精神。这种学习方式不仅能够提升学生的学业成绩，还能帮助他们更好地适应社会和未来的工作环境。

二、结合运用自主学习与合作学习的策略

在高校体育教学中,自主学习与合作学习结合运用是一种富有创新性和实效性的教学模式。为了充分发挥这一模式的优势,高校教师需要采取一系列策略与方法,确保两者能够有机融合,从而提升教学质量,促进学生全面发展。

(一)明确教学目标与任务

在高校体育教学中,明确教学目标与任务是确保教学质量的关键。教师需要根据教学大纲和学生的实际情况,设定具体、可行的教学目标,并以此为指导设计教学任务。

1. 制订个性化的学习计划

在明确教学目标的基础上,高校教师应引导大学生制订个性化的学习计划。这要求学生根据自己的兴趣、能力和学习需求,自主选择学习内容、设定学习目标和规划学习时间。通过这种方式,学生能更加主动地参与到学习的过程中,提高学习效率。

2. 鼓励自主学习与合作学习相结合

在设计教学任务时,教师应充分考虑自主学习与合作学习的结合点。例如,教师可以设计一些需要学生通过自主学习掌握基本知识和技能、通过合作学习进行深化和拓展的任务。这样既能培养学生的自主学习能力,又能提升他们的团队协作能力。

3. 设定明确的任务要求

为了确保学生自主与合作学习的效果,教师需要明确任务要求。这包括任务的目标、完成时间、成果形式等。通过明确任务的要求,教师可以更好地掌握学生的学习进度,及时提供指导和帮助。

(二)创设良好的学习环境

为了促进学生进行自主学习与合作学习,教师需要创设良好的学习环境,激发学生的学习兴趣和积极性。

1. 构建和谐的课堂氛围

教师应努力营造一个和谐、平等的课堂氛围,让学生能在轻松愉快的环境中

学习。这需要教师尊重学生的个性差异，关注学生的情感需求，及时给予学生鼓励和支持。

2. 提供丰富的教学资源

为了满足大学生自主学习的需求，高校教师应提供丰富的教学资源，包括图书资料、网络资源、教学视频等。这些资源可以帮助学生解决学习中遇到的问题，拓宽他们的视野。

3. 鼓励课堂互动与交流

教师应通过提问、讨论、小组展示等方式，促进学生积极参与课堂互动与交流，并鼓励学生分享自己学习的心得和体会。

第四节　高校体育教学中实施自主学习与合作学习的挑战与对策

一、高校体育教学中实施自主学习与合作学习面临的挑战

在高校体育教学中，实施自主学习与合作学习相结合的教学模式，对于提升学生的主动性和团队协作能力有着显著的效果，但在实际操作过程中，这种新型教学模式也面临着一系列困难和挑战。

（一）自主学习能力的差异

高校学生自主学习能力存在显著差异，是实施自主学习与合作学习时首先需要面对的问题。

1. 自主学习习惯的差异

长期以来，很多大学生习惯了传统的以教师为中心的教学模式，部分大学生可能对于自主学习感到迷茫或不适。他们缺乏自我规划和管理的能力，难以有效地制订学习计划并监控自己的学习进度。

2. 学习动力的差异

不同的学生有着不同的学习动力来源和学习兴趣。一些大学生可能缺乏内在的学习动力，对自主学习不感兴趣，因而在自主学习环节中表现消极。

3. 自我学习能力的培养

为了缩小大学生间自主学习能力的差异，高校体育教师需要关注每个学生的需求和特点，提供个性化的指导和支持。通过设定明确的学习目标、提供丰富的学习资源和策略指导，帮助大学生逐渐提高自主学习的能力。

（二）小组合作中的搭便车现象

在合作学习中，小组合作是核心环节，但"搭便车"现象却普遍存在。

1."搭便车"现象的表现

在小组合作中，部分学生可能依赖其他成员来完成任务，自己不参与或参与度很低。这不仅会影响小组合作的效果，还可能削弱其他学生的积极性和责任感。

2.解决"搭便车"现象的策略

为了解决"搭便车"现象，教师需要设计具有挑战性和吸引力的合作学习任务，激发学生的参与热情。同时，教师需要明确小组成员的责任分工和建立小组内部评价机制，确保每个学生都能积极参与到合作学习中。

（三）教学资源与环境的限制

实施自主学习与合作学习需要丰富的教学资源和开放的教学环境作为支持，但在实际操作中，教学资源和环境往往成为制约因素。

1.教学资源的限制

一些高校可能存在教学资源紧张的问题，如教学资料有限、体育器材与设备不足等。这会影响学生自主学习的效果和小组合作学习的开展。

2.教学环境的限制

开放、灵活的教学环境对自主学习与合作学习的实施至关重要。然而，一些高校的硬件设施可能无法满足这种新型教学模式的需求，如缺乏足够的空间、缺乏先进的多媒体教学设备等。

为了突破这些限制，高校需要加大教学资源的投入，改善教学环境。同时，教师也可以充分利用网络资源和技术手段来丰富教学的内容和形式，以满足学生自主学习与合作学习的需求。

（四）高校教师对新教学模式的适应问题

自主学习与合作学习的教学模式对高校教师提出了新的要求，而部分教师可能对这种新教学模式感到陌生或不适应。

1. 教学观念的转变

教师需要转变传统的教学观念，从以教师为中心转向以学生为中心。教师需要放手让学生自主探索和合作学习，而不再是简单地传授知识。

2. 教学方式的调整

为了适应自主学习与合作学习的教学模式，教师需要调整自己的教学方式。为了帮助教师适应新教学模式，高校可以提供相关的培训和支持。同时，教师自身也需要积极学习和探索新的教学方法和策略，不断提高自己的教学水平和能力。

（五）评价与反馈机制的建立

自主学习与合作学习的评价方式与传统教学有所不同，它更注重过程评价和学生的自我反思。因此，建立完善的评价与反馈机制是实施这一教学模式的关键。

1. 过程评价的挑战

在自主学习与合作学习中，过程评价比结果评价更重要。然而，如何科学、客观地评价学生的学习过程和成果，是现今高校体育教学实践中的一个挑战。教师需要关注每个学生的学习表现和进步情况，提供及时、有针对性的反馈。

2. 引导学生自我反思

引导学生进行自我反思是自主学习与合作学习的重要环节。通过自我反思，学生可以总结自己学习的经验和教训。但如何有效地引导学生进行自我反思并给出有价值的建议，也是一个挑战。

为了建立完善的评价与反馈机制，教师需要设定明确的评价标准和方法，还要注重学生的个体差异和进步情况。同时，教师还需要关注学生的情感需求和心理健康状况，在评价过程中给他们足够的支持和鼓励。通过科学、客观、全面的评价方式，教师可以更好地了解学生的学习情况并提供有针对性的指导建议。

二、高校体育教学中实施自主学习与合作学习的应对策略

在高校体育教学中，自主学习与合作学习的结合被视为一种创新且富有成效

的教学模式。

（一）加强学生自主学习能力的培养

为了有效提升学生的自主学习能力，教师需要采取一系列的策略和方法。

1. 开设自主学习指导课程

针对学生自主学习能力的差异，高校可以开设有针对性的自主学习指导课程。这类课程可以帮助学生理解自主学习的意义，掌握自主学习的方法和技巧，如制订学习计划的方法、高效利用学习资源的技巧等。

2. 提供学习资源导航

面对海量的学习资源，学生往往会感到迷茫。因此，教师可以为学生提供学习资源导航，帮助他们筛选和整合优质的学习资源，从而提高自主学习的效率。

3. 量身定制个性化的学习计划

每个学生都有自己独特的学习特点和兴趣，教师应根据学生的个体差异，为他们量身定制个性化的学习计划。

（二）优化小组合作机制

小组合作是合作学习的核心。教师需要精心设计小组合作机制。

1. 明确小组成员的分工和责任

在小组合作中，教师应明确每个小组成员的分工和责任，确保每个学生都能在自己的职责范围内发挥作用。这样不仅可以避免部分学生偷懒，还能提高小组合作的效率和成果质量。

2. 引入竞争和激励机制

为了激发学生的参与热情，教师可以引入竞争和激励机制，如小组间的比赛或成果展示。这种机制可以增强学生的团队意识和责任感，促使他们更加积极地参与到小组合作学习中。

（三）改善教学资源与环境

教学资源和环境对自主学习与合作学习的实施具有重要影响。因此，高校需要在这方面进行改善。

1. 加大体育教学的投入

高校应重视体育教学，加大在这方面的投入，包括资金、设备、场地等。这样可以为学生提供更好的学习条件和环境，有利于自主学习与合作学习的开展。

2. 完善教学设施

针对教学设施不完善的问题，高校应积极改善。例如，建设多功能体育场馆、引进先进的体育教学器材等，以满足学生多样化的学习需求。

（四）加强教师培训与指导

教师是实施自主学习与合作学习的关键，因此加强教师的培训与指导至关重要。

1. 组织教师培训

高校应定期组织教师进行相关的培训，帮助他们掌握自主学习与合作学习的教学理念和方法。通过培训，教师可以更好地理解和运用这种教学模式，从而提高教学质量。

2. 提升教师的教学能力

除了培训，教师还可以通过观摩优秀教学案例、参加教学研讨会等方式来提升自己的教学能力。这些活动可以让教师接触到更多的教学理念和方法，拓宽他们的教学视野。

第五节　体育教学中自主学习与合作学习的实施效果评估与改进

一、效果评估方法

在高校体育教学中，自主学习与合作学习模式的实施效果评估是确保教学质量、优化教学方法的关键环节。通过科学、系统的评估，教师不仅能够了解学生的学习效果，还能针对存在的问题及时调整教学策略。以下是对自主学习与合作学习实施效果评估方法的详细论述。

（一）学业成绩评估

学业成绩评估是衡量学生学习效果的一种传统且直接的方法。在自主学习与合作学习的过程中，学业成绩的评估依然具有重要意义。

1. 成绩对比分析

通过对比实施自主学习与合作学习前后学生的成绩，可以分析出这种教学模式对学生学业水平的影响。若学生成绩有所提升，说明该模式在一定程度上促进了学生的学习效果。

2. 成绩稳定性观察

除了对比成绩变化，高校教师还应关注学生成绩的稳定性。若学生在自主学习与合作学习的过程中能够保持稳定的成绩，甚至有所提升，那么这种教学模式的效果就得到了进一步的验证。

3. 标准化测验

为了更客观地评估学生的学业水平，教师可以定期进行标准化测验。这些测验通常具有统一的评分标准和难度，能够更准确地反映学生的真实水平。

（二）学生参与度评估

学生参与度是评估自主学习与合作学习效果的关键指标之一。它反映了大学生对教学活动的投入程度和积极性。

1. 课堂活跃度观察

教师可以通过观察学生在课堂上的表现评估他们的参与度。例如，学生是否积极参与小组讨论、是否主动发言、是否对学习内容表现出浓厚的兴趣等。

2. 小组合作积极性评估

在合作学习中，小组合作的积极性是衡量学生参与度的重要标志。教师可以通过小组内部的互动情况、任务分配情况和任务完成质量等方面来评估学生的合作积极性。

3. 课后自主学习时间投入调查

自主学习要求学生具备一定的自我管理和自我驱动能力。通过调查学生在课后自主学习的过程中投入的时间，可以间接地评估他们对自主学习的态度和参与度。

二、效果分析与改进建议

在高校体育教学实施自主学习与合作学习模式后，教师可以通过科学、全面的评估方法衡量其效果，并根据评估结果提出相应的改进建议，进一步优化教学模式，提升学生的学习效果。

（一）效果分析

1. 学业成绩分析

学业成绩是衡量学生学习效果的重要指标之一。在实施自主学习与合作学习后，笔者对学生的成绩进行了对比分析。结果显示，部分学生的成绩有了显著提高，他们能够更好地理解和掌握知识，运用所学技能。这主要得益于自主学习与合作学习的结合，使学生在独立思考和团队协作中相互促进，提高了学习效果。

然而，也有一部分学生的成绩提升不明显，甚至出现了下滑。通过深入分析，笔者发现这些学生在自主学习方面存在不足，无法有效地进行独立学习和思考。同时，他们在小组合作中也未能充分发挥作用，可能是因为角色定位不明确或者缺乏足够的沟通和协作能力。

2. 学生参与度分析

学生参与度的高低直接反映了学生对教学活动的投入程度和兴趣。在自主学习与合作学习模式下,大部分学生的参与度得到了显著提升。他们积极参与课堂活动,对体育课程表现出浓厚的兴趣。这主要归功于教学模式的转变,使学生从被动接受转变为主动探究,提高了他们学习的积极性和自主性。

但是,仍有部分学生参与度不高,表现出对教学活动冷漠和消极的态度。这可能与他们的学习兴趣、学习习惯及性格特点有关。针对这部分学生,高校教师需要采取更具针对性的措施,激发他们的学习兴趣和动力。

3. 问卷调查与反馈分析

通过问卷调查和反馈收集,笔者了解到大部分学生对自主学习与合作学习模式持积极态度。同时,他们也提出了一些宝贵的意见和建议,如希望教师能提供更多的学习资源和指导,优化小组合作机制等。

然而,也有部分学生对此模式表示不满或提出疑问。他们认为自主学习与合作学习的结合给自己带来了较大的学习压力,由于小组合作中经常出现"搭便车"的现象而影响自己的学习效果。针对这些问题,教师需要深入分析和改进。

(二)改进建议

根据以上效果分析,笔者提出以下针对性的改进建议。

1. 加强自主学习能力的培养

针对体育成绩不佳的学生,教师应加强自主学习能力的培养。教师可以通过开设自主学习指导课程、提供个性化的学习计划以及定期收集学习反馈等方式,帮助学生提高体育课程的自主学习能力。

2. 优化小组合作机制

教师可以引入竞争和激励机制,如小组间的比赛或成果展示,提高学生的参与度和责任感。另外,高校教师还可以定期组织小组合作技能培训和实践活动,帮助学生提升团队协作能力和沟通能力。

3. 改进教学策略和方法

针对学生参与度和兴趣的问题,高校教师需要改进教学策略和方法,可以通过设计更多具有挑战性和趣味性的教学活动激发学生的学习兴趣和动力。例如,教师可以结合体育项目的特点和大学生的实际需求,创设生动、有趣的教学情境和任务驱动式的教学活动。

4. 及时回应学生的反馈并调整教学策略

针对学生的反馈意见和建议，教师应及时回应并调整教学策略。首先，教师需要认真倾听学生的声音并了解他们的学习需求和困难所在。其次，教师可以根据学生的反馈意见进行针对性的教学改进和优化，如调整教学内容、改进教学方法或提供额外的学习支持等。最后，教师还需要定期与学生沟通和交流，建立良好的师生关系，以便更好地了解学生的学习情况和存在的问题，并及时提供帮助和指导。

第十二章 如何在体育教学中培养大学生的创新能力

第一节 创新能力的定义与重要性

一、创新能力的定义

（一）创新能力的基本含义

创新能力，是个体或组织在面对问题时能提出新颖、有价值的解决方案并实施的能力。这种能力不局限于科技领域，也广泛存在于各个行业和领域中。创新能力不仅是一种思维方式的体现，更是一种行动力的展现。它要求人们在面对已有问题或新挑战时，能跳出传统的思维模式，寻找和实施新的解决方法。

创新能力的核心在于"新颖性"和"创造性"。新颖性指解决方案必须是前所未有的，或是对现有问题的新视角、新解读；创造性强调这种解决方案不仅要新，还要有价值，能解决实际问题或满足某种需求。因此，创新不仅是提出新奇的想法，更要将这些想法转化为实际的解决方案，并带来积极的影响。

（二）创新能力与问题解决方法

具有创新能力的人能从不同角度审视问题，提出非传统的解决方案，并勇于尝试和实施这些方案。

创新能力还包括对现有资源的重新组合和利用。一个具有创新能力的人，不仅能看到事物的表面现象，还能洞察其背后的本质和规律。他们善于将看似不相关的事物联系起来，从而发现新的机会和可能性。

（三）创新能力与创造性思维

创造性思维是创新能力的重要组成部分。它要求人们打破常规，挑战传统观念，以全新的视角去看待问题。创造性思维不仅是一种思维方式，更是一种态度和精神。它鼓励人们勇于尝试、不怕失败，以开放的心态去接受和尝试新事物。

创造性思维还需要人们具备丰富的想象力和联想力。想象力是创新的源泉，能帮助人们构思出前所未有的解决方案。联想力则能帮助人们将不同的概念和想法连接起来，从而发现新的机会和可能性。

二、创新能力的重要性

（一）创新能力在当今社会的作用

创新能力是推动社会进步的重要力量。从工业革命到信息革命，每一次重大的社会变革都离不开创新的推动。正是那些具有创新精神的人们，通过不断的尝试和探索，才带来我们今天所享受的各种便利和进步。

（二）创新能力在个人发展中的关键作用

在个人发展层面，创新能力同样具有不可替代的作用。拥有创新能力可以帮助个人在职业生涯中取得更多的成就。那些能提出新颖想法并付诸实践的人，往往更容易获得上司和同事的认可和赏识，从而获得更多的晋升机会和发展空间。

创新能力可以帮助个人拓展人际关系。具有创新精神的人往往能吸引更多志同道合的人，与他们建立深厚的友谊和合作关系。这些人际关系不仅可以为个人带来更多的资源和机会，还能提升个人的社交能力和影响力。

创新能力是实现大学生个人价值和梦想的重要途径。通过创新实践，大学生可以将自己的想法和理念转化为具体的成果，从而实现自我价值和社会价值的双重提升。

第二节 高校体育教学与创新能力培养的关联与策略

一、高校体育教学与创新能力培养的内在联系

(一) 体育教学与创新思维的相互促进

高校体育教学不仅是传授技能和增强体质的过程,更是培养大学生创新思维和实践能力的重要环节之一。身体活动与创新思维间存在着密切的联系。一方面,体育教学中的各种身体活动能刺激大脑皮层活动,提高大学生神经系统的灵活性和反应速度,为其创新思维的发展提供良好的生理基础;另一方面,体育运动本身需要不断的创新和尝试,大学生在参与体育活动的过程中,会不自觉地进行策略调整、技巧改进等,这些都是创新思维的具体体现。

通过引导学生进行多样化的身体活动,体育教学不仅能够锻炼他们的身体素质,还能在运动中激发他们的创新思维。例如,在球类项目的教学中,教师可以通过设计不同的战术配合和进攻方式,培养学生的策略意识和团队协作能力,同时让学生在实践中理解和掌握各种球类运动的规律。这种教学模式不仅能提高大学生的运动技能,还能在潜移默化中培养他们的创新思维和解决问题的能力。

(二) 体育教学对创造力的促进作用

体育教学对创造力的培养也具有显著的影响。体育教学为学生提供了一个广阔的实践平台,学生可以尽情地发挥自己的想象力和创造力。在参与体育活动的过程中,学生会遇到各种各样的问题和挑战,这时就需要他们运用自己的创造力去寻找解决问题的方法。例如,在舞蹈教学中,教师可以通过引导学生编排舞蹈动作和队形,激发他们的创造力和艺术表现力。

体育教学能够培养大学生的抗挫折能力和敢于尝试的精神。这种敢于面对挑战、勇于尝试的精神是创造力的重要组成部分。

二、高校体育教学中培养创新能力的策略

(一) 情境教学

1. 情境教学的定义与重要性

情境教学是指在教学过程中,教师有目的地引入或创设具有一定情绪色彩、以形象为主体、生动具体的场景,帮助学生理解教学内容,并使学生的心理机能得到发展的教学方法。在高校体育教学中,情境教学能有效地激发大学生的学习兴趣,提高他们的学习积极性,进而培养他们的创新能力。

2. 创设生动具体的运动情境

为了在高校体育教学中实施情境教学,教师需要创设生动具体的运动情境。这可以通过模拟真实的运动场景,设计具有挑战性的运动任务,利用音乐、图片等多媒体手段来营造氛围等方式实现。例如,在足球、排球等教学中,教师可以组织比赛,让学生在实战中学习和运用相关技能。这种教学方式不仅能提高学生运动的技能水平,还能培养他们的团队协作精神和创新意识。

3. 利用科技手段增强情境教学效果

随着科技的发展,越来越多的科技手段可以被应用到情境教学中。例如,教师可以利用虚拟现实技术创设仿真的运动场景,让学生在虚拟环境中进行实战演练。教师还可以利用智能设备、运动 App 等科技手段来辅助情境教学,提高教学效果。

4. 情境教学中的教师角色

在情境教学中,教师需要扮演好引导者和促进者的角色。他们需要根据教学内容和学生特点来创设合适的情境,引导学生在情境中进行自主学习、合作学习和探究学习。同时,教师还需要及时给学生反馈和指导,帮助他们解决问题,提高学习效果,培养学生的团队协作精神、沟通能力和解决问题的能力,为他们的全面发展打下坚实基础。

(二) 问题解决学习

1. 问题解决学习的核心理念

问题解决学习是一种以问题为导向的教学方法。它鼓励学生面对实际问题,通过独立思考、合作探讨和实践操作寻找解决方案。这种方法不仅能帮助大学生

掌握知识和技能，还能培养他们的创新思维和解决问题的能力。在高校体育教学中，问题解决学习具有重要的应用价值。

2. 设计具有挑战性的问题

为了实施问题解决学习，教师需要设计具有挑战性的问题。这些问题应该与体育教学内容紧密相关，同时能激发大学生的好奇心和探索欲。例如，在田径教学中，教师可以通过如何提高短跑成绩、如何减少失误发生的问题，引导学生进行实践、观察和分析，寻找解决方法。

3. 小组合作与问题解决

小组合作是问题解决学习的重要形式之一。教师可以将学生分成若干小组，每个小组分配一个具有挑战性的问题。小组成员需要共同讨论、探索并解决问题。在小组合作中，学生能相互启发、共同进步。

4. 教师的角色与任务

在问题解决学习中，高校教师需要扮演好引导者和支持者的角色。教师需要为学生提供必要的资源和指导，帮助他们解决问题。同时，教师还需要关注学生的学习过程，及时进行反馈和评价，激励他们不断进步。

第三节　体育教学中培养大学生创新能力的实践案例与效果评估

一、实践案例介绍

（一）创新课程设计案例：篮球战术创新课

在某高校的体育课上，教师设计了一堂以篮球战术创新为主题的课程。在这堂课中，教师不仅要教授学生基本的篮球技巧和规则，更要引导学生通过团队合作自主设计篮球战术。学生被分成几个小组，每个小组需要在规定时间内设计出一套独特的进攻和防守战术，并在课堂上进行实践。

这个课程设计不仅提高了大学生对篮球运动的兴趣，还极大地激发了他们的创新思维。在设计和实践战术的过程中，大学生既锻炼了身体，又学会了在团队中发挥自己的想象力和创造力，共同解决问题。

（二）创新活动组织案例：校园趣味运动会

为了培养学生的创新能力，另一所高校组织了一场别开生面的校园趣味运动会。这次运动会的项目设计得充满了创意和挑战，如"盲人摸象接力""三脚跳接力"等，要求参赛者在遵守规则的前提下，发挥想象力和团队协作能力来完成比赛。

在运动会筹备和执行的过程中，大学生积极参与，提出了许多富有创意的建议和解决方案。通过这次活动，大学生既锻炼了身体，又提高了解决问题的能力，培养了创新思维。

二、效果评估方法

（一）开展创新能力测试

为了客观评估学生的创新能力是否得到提升，高校教师可以在体育教学前后对学生进行创新能力测试。这类测试通常包括一系列与创新能力及体育技能、技巧相关的具体问题，旨在评估学生的思维灵活性、想象力、问题解决能力等方面。通过对比教学前后的测试结果，可以分析出体育教学对学生创新能力的影响。

（二）对学生成果进行评价

在体育教学中，学生的成果是评价其创新能力的重要依据。例如，在篮球战术创新课中，教师可以通过评价学生设计的战术的创意性、实用性和团队协作情况评估学生的创新能力。同样，在校园趣味运动会中，教师可以通过观察学生的表现和参与情况评价他们的创新思维和团队协作能力。

（三）重视教师与学生的反馈

重视并收集、分析教师和学生的反馈也是评估创新能力提升效果的重要方法。教师可以通过观察学生在课堂上的表现、参与度和作业完成情况评价学生的创新能力。同时，学生也可以对自己的学习过程进行反思和评价，从而了解自己的创新能力是否得到提升。

三、案例分析与效果反馈

（一）案例分析

以上两个实践案例说明体育教学在培养学生创新能力方面有着巨大潜力。在篮球战术创新课中，学生通过自主设计战术，不仅提高了篮球技能，还培养了创新思维和团队协作能力。在校园趣味运动会中，学生通过参与富有创意的运动项目，同样锻炼了身体，培养了创新能力。

（二）效果反馈

根据创新能力测试的结果，参与这些高校体育教学实践的大学生在创新思维、问题解决能力等方面都有显著提升。同时，从学生的成果和教师的反馈来看，这些教学实践确实有效地培养了学生的创新能力。

具体来说，在篮球战术创新课后，学生设计的战术富有创意和实用性，得到了教师的高度好评。在校园趣味运动会中，学生的表现也充分展示了他们的创新思维和团队协作能力。这些成果都证明了高校体育教学在培养大学生创新能力方面的积极作用。

第四节 体育教学中培养大学生创新能力的挑战与对策

一、面临的挑战

在高校体育教学中培养大学生的创新能力具有深远的意义,但在实际操作过程中会面临多方面的挑战。

(一)传统教育观念的限制

传统的高校体育教学往往侧重于技能和体能的训练,而较少关注对大学生创新能力和思维能力的培养。这种教育观念导致许多体育教师对创新能力的培养不够重视,使得体育课堂成为单纯的技能传授场所,而非一个能够激发大学生创新思维的环境。

(二)教学方法的僵化

目前,许多高校体育教学方法比较传统和僵化,缺乏灵活性和多样性。教师往往采用固定的教学模式,忽视了学生的主体性和创造性,使得学生很难在课堂上发挥自己的想象力和创新精神,这不利于大学生创新能力的培养。

(三)教学资源的不足

要有效地培养大学生的创新能力,丰富多样的教学资源是必不可少的。然而,许多高校在体育教学资源上投入不足,缺乏创新教学所需的器材、场地和多媒体教学资源等。这限制了教师开展创新教学活动,也影响了大学生创新能力的培养。

(四)大学生创新意识的缺乏

受应试教育的影响,许多大学生在体育学习中过于注重分数和技能的掌握,而忽视了对自己创新能力的培养。他们缺乏实践创新的勇气和动力,对创新思维和创新能力的重要性认识不足。

(五)高校教师创新能力的欠缺

教师是培养学生创新能力的关键因素。然而,许多高校体育教师自身的创新能力就有所欠缺,他们难以有效地引导学生进行创新思考和实践。这既有教师自身能力的原因，也有教师素养及培训不足的原因，还有教育理念与规则、方法的原因。

二、应对策略

（一）更新教育观念

1. 转变传统的体育教育理念

传统的高校体育教学往往过分强调技能和体能的训练，而忽视了对学生创新能力等综合素质的培养。为了完成这一挑战，高校和体育教师首先需要更新教育观念，明确体育教学不仅是技能和体能的训练，更是培养学生创新能力、团队协作、问题解决能力等多方面素质的重要途径。

2. 将创新能力的培养融入日常教学

教师应将创新能力的培养融入日常体育教学的每一个环节。无论是在课程的设计、教学内容的选择，还是在教学方法的运用上，高校教师都应体现出对大学生创新能力培养的重视。例如，教师可以在教学中设置一些开放性的问题或任务，鼓励学生从不同的角度思考，提出新颖的解决方案。

3. 鼓励大学生勇于尝试和敢于创新

要培养大学生的创新能力，就必须鼓励他们勇于尝试新事物，敢于挑战传统观念。高校教师在教学中应给学生足够的自由和空间，允许他们在一定范围内自由发挥，探索未知领域。同时，对于大学生的创新尝试，教师应积极地反馈和支持，增强他们创新的信心和动力。

（二）改革教学方法

1. 引入创新性和启发性的教学手段

为培养学生的创新能力，高校教师需要改变传统的教学方法，引入更多具有创新性和启发性的教学手段。例如，教师可以采用探究式教学，让学生通过自主探索和发现解决问题；或者采用项目教学，让学生在完成实际项目的过程中培养创新思维和实践能力。

2. 利用科技手段创造真实、生动的学习环境

教师可以利用虚拟现实、增强现实等技术手段为学生创造更加真实、生动的

学习环境，让他们在模拟的实战场景中学习和运用体育技能。

3. 注重学生的主体性和参与性

在改革教学方法的过程中，教师还应注重学生的主体性和参与性。教师应鼓励学生积极参与教学过程，提出自己的观点和想法，与教师和其他同学进行互动交流。

（三）增加教学资源投入

1. 提供丰富多样的教学器材和场地设施

高校应加大对体育教学资源的投入，提供丰富多样的教学器材和场地设施，以满足创新教学的需要。这些资源不仅可以丰富教学内容和形式，还可以为大学生提供更多的实践机会和创新空间。例如，高校可以建设多功能的体育场馆、购买先进的运动器材等。

2. 开发多媒体和网络教学资源

除了实物资源，高校应积极开发多媒体和网络教学资源。这些资源可以为大学生提供更广阔的学习空间，让他们随时随地地进行自主学习和创新实践。例如，高校可以建设在线体育课程、开发体育教学APP等。

3. 建立资源共享机制

为了更好地利用有限的教学资源，高校还可以建立资源共享机制。通过与其他高校或机构合作与交流，实现教学资源共享与互补。这不仅可以降低教学成本，还可以提高教学资源的利用率和创新教学的效果。

（四）提升大学生的创新意识

1. 培养批判性思维和问题解决能力

提升大学生的创新意识，需要培养他们的批判性思维和问题解决能力。高校教师可以通过开展创新实践活动、组织创新竞赛等方式激发学生的创新热情和实践能力。在这些活动中，教师应引导学生从不同角度思考问题并尝试提出新颖的解决方案。

2. 改革评价方式以鼓励大学生创新

传统的评价方式往往过于注重学生技能和体能的表现而忽视了对他们创新能力的评价。为了改变这一现状，教师需要在评价方式上做出改革，将学生的创新能力纳入评价体系中。例如，教师可以设置一些创新性的任务或项目来考查学生的创新思维和实践能力并给予相应的奖励和鼓励。

3. 激发大学生的求知欲和探索精神

提升大学生的创新意识需要激发他们的求知欲和探索精神。高校教师可以通过设置趣味性的学习任务、引导式提问等方式激发学生的好奇心和探究欲望并鼓励他们勇于尝试新事物和新方法。同时，教师还应给学生足够的自由和空间，以支持他们进行自主探索和创新实践。

（五）加强高校教师培训

1. 提高教师对创新教育的认识和实践能力

为了提升教师的创新能力，高校应加强对体育教师的培训和教育。高校可以定期组织教师参加创新教育相关的研讨会、工作坊等活动，提高他们对创新教育的认识和实践能力。通过这些培训活动，教师可以了解最新的教育理念和方法，学习有效地培养大学生的创新能力的方法。

2. 引入具有创新教育理念和实践经验的教师

高校可以引入具有创新教育理念和实践经验的优秀教师，带动整个教师队伍提升创新素养。这些教师可以为其他教师提供宝贵的经验和启示，推动整个高校体育教学团队向更加注重创新的方向发展。

3. 建立激励机制以鼓励教师创新

除了培训和教育，高校还应建立相应的激励机制以鼓励教师进行创新教学。例如，高校可以设立创新教学奖、优秀教师奖等奖项来表彰在创新教学方面做出突出贡献的教师。这些奖项不仅可以激发高校教师的创新热情和教学动力，还可以提高他们的职业荣誉感和归属感。

（六）营造良好的创新氛围

1. 举办创新讲座和设立创新基金

高校可以通过举办创新讲座、设立创新基金等方式营造良好的创新氛围。创新讲座可以邀请行业内的专家学者或企业家来分享他们的创新经验和故事，激发学生的创新思维和创业激情。创新基金则可以为大学生的创新项目提供资金支持，降低他们创新的风险和成本。

2. 开展创新项目和实践活动

为了更好地培养大学生的创新能力，高校还可以积极开展各种创新项目和实践活动。这些活动可以是由学生自发组织的，也可以是由教师引导的。通过这些活动，学生可以亲身参与到创新过程中，体验创新的乐趣和挑战。同时，这些活动还可以为大学生提供展示自己才华和成果的平台，增强他们的自信心和成就感。

3. 打造开放、包容的创新文化

高校应努力打造一种开放、包容的创新文化。在这种文化中，每个人都能自由地表达自己的观点和想法，平等地与他人进行交流和讨论。同时，这种文化还应鼓励大学生勇于尝试和接受失败，只有经过不断尝试并从失败中改进，才能真正培养出具有创新精神的人才。通过这种文化的熏陶和影响，学生可以更加积极地投入创新实践，实现自我突破和创新发展。

参考文献

[1] 杨三连. 探讨竹竿舞在中学体育教学的应用 [J]. 田径, 2024(5):16-17.

[2] 袁刚, 孙启成, 左乐. 基于 SWOT 分析的退役运动员转型高校体育教师发展策略研究 [J]. 安徽体育科技, 2024,45(2):13-17+30.

[3] 周秉健. 吕梁市离石区中学健美操的开展现状与发展前景 [J]. 安徽体育科技, 2024,45(2):82-86.

[4] 李晓鹏, 徐成立, 田静, 等. 创新·构建·拓展：我国高校体育竞赛创新发展的三维审视 [J]. 体育学研究, 2024,38(2):119-126.

[5] 陈晓旭, 王玉龙. "立德树人" 背景下高校公共体育课程思政建设的实践路径研究 [J]. 体育世界, 2024(4):17-19.

[6] 刘荃钦. "后全运" 时代陕西高校学校体育高质量发展的实现路径研究 [J]. 体育世界, 2024(4):29-31.

[7] 杨泽华. 百年红色精神视域下高校体育课程思政建设的时代意蕴和协同路径 [J]. 体育世界, 2024(4):32-34.

[8] 崔洪佳. 论民族传统体育在高校体育文化中的作用 [J]. 体育世界, 2024(4):23-25.

[9] 张艳珍. 中学体育与劳务教育有效融合的探索与实践 [J]. 体育世界, 2024(4):84-86.

[10] 叶宇, 唐婉莹. 体教融合背景下高校羽毛球教学现状及对策 [J]. 西部素质教育, 2024,10(8):90-93.

[11] 袁雯娟. 高校体育信息化教育资源区域共建共享机制研究 [J]. 当代农机, 2024(4):91-92.

[12] 胡伟涛, 刘丹霞, 路惠捷. 课程思政背景下高校体育 "健康共同体" 教学

模式探讨 [J]. 中国学校卫生 ,2024,45(4):612–613.

[13] 辛宏 , 李平 . 学生体质健康供给侧改革研究 [J]. 中国教育技术装备 ,2024(8):132–134.

[14] 苏建林 . 应用型高校线上线下双轨并行社会实践管理创新体系建设——以 A 高校体育学院为例 [J]. 内江科技 ,2024(4):4–5.

[15] 范陈秦 , 黄庆 . 六安市中学羽毛球课程教学的现实困境与纾困策略研究 [J]. 内江科技 ,2024(4):21–24.

[16] 程璞 , 贺慨 ."三全育人"视域下高校体育育人探究——以北京市为例 [J]. 体育文化导刊 ,2024(4):105–110.

[17] 武银煜 . 信息化背景下高校体育信息技术教学改革创新途径探讨 [J]. 文体用品与科技 ,2024(8):112–114.

[18] 林立跃 . 基于服务全民健身理念的高校体育场馆信息化建设研究 [J]. 文体用品与科技 ,2024(8):133–135.

[19] 刘宏星 . 数字科技赋能中学体育高效教学的思考与实践 [J]. 文体用品与科技 ,2024(7):105–107.

[20] 王振亮 , 谢雨霏 , 高晓丽 , 等 . 场域理论视角下中学体育教师权力异化 [J]. 宁德师范学院学报 (自然科学版),2024,36(1):99–104.

[21] 邓佑南 , 孟丽娟 . 中学体育课程思政建设的现实意义、价值意蕴与实践路径 [J]. 大学 ,2024(9):11–14.

[22] 王泽谦 , 张爱民 . 中华传统武德融入中学体育与健康课程教学的价值意蕴与实践路径研究 [J]. 武术研究 ,2024,9(3):74–76.

[23] 周颖 , 贾智丰 . 新课标背景下体育走班制教学模式发展对策研究——以大庆实验中学为例 [J]. 体育世界 ,2024(2):30–32.

[24] 孔和平 . 信息化背景下初中体育教学模式的变革与思考 [J]. 中国新通信 ,2024,26(4):215–217.

[25] 魏贵男 , 杜宇 , 牛炳尧 . 西咸新区中学体育校本课程开发的必要性与可行性 [J]. 体育科技 ,2024,45(1):145–147.

[26] 李胜强 . 信息技术在中学体育管理中的应用 [J]. 文体用品与科技 ,2024

(3):106-108.

[27] 王艺霖. 浅谈体育运动对中学生心理健康的作用 [J]. 内江科技, 2024(1):65-66.

[28] 吕林波. 体育器材在中学体育教学中合理应用的探讨 [J]. 文体用品与科技, 2024(2):136-138.